高等职业教育创新型系列教材

物流仓储管理

主　编：张　璠　史　纪　唐军荣
副主编：刘　鑫　边　峰　高　飞　梁永富

北京理工大学出版社
BEIJING INSTITUTE OF TECHNOLOGY PRESS

版权专有 侵权必究

图书在版编目（CIP）数据

物流仓储管理 / 张璠，史纪，唐军荣主编. ——北京：北京理工大学出版社，2022.1（2022.2 重印）
ISBN 978-7-5763-0829-7

Ⅰ.①物… Ⅱ.①张… ②史… ③唐… Ⅲ.①物流-仓库管理-高等学校-教材 Ⅳ.①F253

中国版本图书馆 CIP 数据核字（2022）第 010806 号

出版发行 / 北京理工大学出版社有限责任公司
社　　址 / 北京市海淀区中关村南大街 5 号
邮　　编 / 100081
电　　话 / （010）68914775（总编室）
　　　　　（010）82562903（教材售后服务热线）
　　　　　（010）68944723（其他图书服务热线）
网　　址 / http://www.bitpress.com.cn
经　　销 / 全国各地新华书店
印　　刷 / 涿州市新华印刷有限公司
开　　本 / 787 毫米 × 1092 毫米　1/16
印　　张 / 14.5　　　　　　　　　　　　　　责任编辑 / 李　薇
字　　数 / 340 千字　　　　　　　　　　　　文案编辑 / 李　薇
版　　次 / 2022 年 1 月第 1 版　2022 年 2 月第 2 次印刷　　责任校对 / 周瑞红
定　　价 / 45.00 元　　　　　　　　　　　　责任印制 / 施胜娟

图书出现印装质量问题，请拨打售后服务热线，本社负责调换

前 言

仓储管理在物流业和整个经济活动中都具有重要的地位和作用。对仓储进行管理，主要是为了使仓库空间的利用与库存货品的处置成本实现平衡。它是降低仓储物流成本的重要途径之一。通过高效率的仓储活动，可使商品仓储在最有效的时间内发挥作用，创造商品仓储的"时间价值"和"空间价值"。

本书结合高职高专教育的实际，以理论为指导，以培养应用型技能人才为目标，以适应企业岗位群为定位进行编写。非常适合作为高职院校物流管理、电子商务、运输管理、经营管理、企业管理等专业供应链管理课程的教材使用，也可作为相关行业的科研、教学和管理人员的参考书使用。本书共十章，分别讲述：物流仓储概述、仓库与仓库设备、入库作业、在库管理、出库作业管理、库存管理、仓储商务管理、仓储信息管理、商品养护、仓储包装。

本书内容简明、案例与时俱进、考核全面、功能齐全，力求体现"教、学、做、评合一"和"以学生为主体，以教师为引导"的高职高专教育改革新思路。本书在每章内容里穿插案例分析、拓展阅读等内容，以方便学生对所学内容清晰理解与灵活应用。另外，每章配备导入案例、本章小结及知识考查等内容。知识考查内容丰富，为学生课上课下全面掌握本章重要知识点提供便利条件。

本书由辽宁省交通高等专科学校的张璠、盘锦职业技术学院的史纪及湖北交通职业技术学院的唐军荣担任主编，铁岭师范高等专科学校的刘鑫、辽宁铁道职业技术学院的边峰、盘锦职业技术学院的高飞和北京德廷律师事务所的主任律师、创始合伙人梁永富担任副主编。张璠编写第五章、第八章和第九章，史纪编写第二章和第十章，唐军荣编写第三章和第七章，刘鑫编写第四章，边峰编写第六章，高飞编写第一章，梁永富对书中有关案例和物流运输法律法规内容提供理论支持并提出建设性意见。最后，由张璠和史纪进行全书的统稿。

本书在编写的过程中参考了国内外大量的文献资料，引用了一些专家学者的研究成果，在此对这些文献的作者表示诚挚的谢意，由于物流管理特别是第三方物流、物流成本管理、供应链管理在我国正处在阶段性的变革发展中，一些理论和实际操作正在探索之中，加上编写时间紧迫、作者认识的局限性和研究有待进一步深入，本书在叙述中难免存在一些不足之处，我们衷心希望读者予以指正，以利于我们水平的提高和共同促进现代物流管理研究的发展。主编张璠的电子邮箱是 wealth_and_ability@126.com。

张璠

2018 年 12 月

目 录

第一章　物流仓储概述 （1）
第一节　仓储和仓储业 （2）
第二节　仓储管理 （5）
第三节　仓储在物流管理中的作用 （12）
第四节　仓储业发展的现状与趋势 （14）

第二章　仓库与仓库设备 （18）
第一节　仓库概述 （19）
第二节　仓储设备 （24）

第三章　入库作业 （36）
第一节　入库作业的基本流程 （38）
第二节　入库作业 （38）

第四章　在库管理 （58）
第一节　物品的装卸搬运 （59）
第二节　物品的保管作业 （62）
第三节　物品的养护作业 （67）
第四节　在库物品盘点 （71）
第五节　库存控制 （72）

第五章　出库作业管理 （79）
第一节　出库业务概述 （80）
第二节　出库业务流程 （82）
第三节　出库业务 （88）

第四节　退货作业 …………………………………………………………（93）

第六章　库存管理 ………………………………………………………………（102）
　　第一节　库存管理概述 ……………………………………………………（103）
　　第二节　仓储管理技术 ……………………………………………………（109）
　　第三节　仓储成本管理 ……………………………………………………（120）

第七章　仓储商务管理 …………………………………………………………（124）
　　第一节　仓储经营管理 ……………………………………………………（125）
　　第二节　仓储商务管理 ……………………………………………………（136）

第八章　仓储信息管理 …………………………………………………………（153）
　　第一节　仓储管理系统 ……………………………………………………（154）
　　第二节　仓储信息管理技术 ………………………………………………（157）

第九章　商品养护 ………………………………………………………………（178）
　　第一节　商品养护概述 ……………………………………………………（179）
　　第二节　温湿度管理 ………………………………………………………（180）
　　第三节　库存商品的变化及其影响因素 …………………………………（183）
　　第四节　库存商品的养护方法 ……………………………………………（190）
　　第五节　特殊商品 …………………………………………………………（195）
　　第六节　在库货品的保管 …………………………………………………（199）

第十章　仓储包装 ………………………………………………………………（206）
　　第一节　包装概述 …………………………………………………………（207）
　　第二节　包装标志 …………………………………………………………（213）
　　第三节　包装自动生产线 …………………………………………………（217）

参考文献 …………………………………………………………………………（224）

第一章

物流仓储概述

知识目标：
(1) 了解仓储业的发展和趋势。
(2) 熟悉仓储活动的类型、仓储在物流管理中的作用。
(3) 掌握仓储的含义、管理的内容、原则和模式。

能力目标：
(1) 能够正确理解仓储的内涵。
(2) 能够正确认识仓储业的行业类别。
(3) 能够界定仓储管理的基本范畴。
(4) 能够看清仓储业的发展趋势。

素质目标：
(1) 培养学生的爱国热情和民族自豪感。
(2) 培养学生自学能力。

导入案例

京东"亚洲一号"：你的包裹从这里发出

京东"亚洲一号"于2014年10月投入使用，在2017年9月，它首次面向媒体开放。

"亚洲一号"的建筑面积接近10万平方米，仓储高度达24米。京东按照快件的大小，将仓库也分为大件库、中件库和小件库。上海的"亚洲一号"就是一个中件库，快件尺寸为30~60厘米。

在"亚洲一号"内，商品在整个立体化存储、拣选、包装、输送、分拣等环节均大规模应用自动化设备、机器人、智能管理系统等，自动化程度可达90%。

其中，自动化立体仓库系统是"亚洲一号"的镇仓之宝。其有32个巷道，6.5万个托盘，存储效率是普通存储的5倍。该系统囊括了货到人系统、巷道堆垛机、输送系统、自动控制系统和库存信息管理系统。

商品到库时，工人只需要将货物放到机器托盘上，机器就会自动将货物摆放到仓储区指定位置。仓储区分为12层，每层都有一名工作人员。当收到订单时，工作人员会根据指示将指定的商品从货架取下，扫码后放到传送带上。接下来，商品会通过传送带来到打包区，并自动分配到空闲的工位。工作人员扫描包裹，然后机器打印出物流信息及发票，打包就完成了。打包好的商品会重新回到传送带上,被送至分拣系统。系统通过扫描识别包裹上的配送地点,会将包裹传送至相对应的货道,然后由工作人员运走进行发货。

2014年,刚刚建设完成的上海"亚洲一号"依托先进的自动化立体仓库系统和大型自动分拣设备,成了京东自建物流的旗舰工程。

2017年,京东的"亚洲一号"已经从上海的1座扩展到上海、广州、武汉等8个城市的9座,并且已在2017年的"6·18"期间投入使用。

不过青出于蓝而胜于蓝,新建成的"亚洲一号"在运营能力上都比上海的略胜一筹。上海"亚洲一号"的单台分拣机的分拣效率最高可达27 000件/小时,而昆山"亚洲一号"自动分拣系统的分拣能力超过4万件/小时,整个分拣中心日分拣能力超过100万件。

接下来,京东会在仓库中不断加大机器人的使用,从而提高整个运营效率。在江苏昆山,京东物流已经投入使用了全球首个最大、最完整的全流程无人分拣中心。其场内自动化设备覆盖率达到100%,分拣能力也已达到9 000件/小时。

未来,京东物流将在全国30多个核心城市陆续建造"亚洲一号",实现对全国七大区域的覆盖。

自营物流是京东最核心的竞争力,随着更多"亚洲一号"的陆续建成,京东的物流能力也会得到进一步的提升。这会使其接下来的物流开放战略更加底气十足。

嘉定"亚洲一号"立体仓库,如图1-1所示。自动分拣系统,如图1-2所示。

图1-1 嘉定"亚洲一号"立体仓库

图1-2 自动分拣系统

资料来源:http://tech.ifeng.com/a/20170922/44694546_0.shtml。

第一节 仓储和仓储业

一、仓储的含义

根据国家标准《物流术语》(GB/T 18354-2006)中的规定,仓储(warehousing)是指利用仓库及相关设施设备进行物品的入库、存储、出库的作业。

"仓"即仓库,是具有存放和保护物品功能的特定场所,可以是大型容器、房屋建筑等;"储"则表示收藏以备使用,包括收存、保管、交付使用等,适用于有形物品时又称为库存。"仓""储"并称就是指利用仓库存放、储存未及时使用的物品的行为。

仓储分静态的和动态的两种,当产品不能被及时消耗掉,需要专门场所存放时,就产生了静态的仓储;而现代仓储业则向流转中心发展,可集保管储存、流通加工、分类、拣选、商品输送等于一体，形成了动态的仓储。

> **拓展阅读**

与仓储相关的概念

刚上大一的小宇，刚刚接触专业知识。在老师介绍仓储时，小宇有一些困惑，仓储、储存、保管、仓库、库存等名词貌似是一回事啊，可是老师说不是一个意思，让他查阅资料，并思考一下。

小宇上网查了很多资料，并认真进行了区分。表1-1是小宇总结的仓储的相关概念。

表1-1 仓储的相关概念

序号	名词	英文	含义
1	仓储	warehousing	利用仓库及相关设施设备进行物品的入库、存储、出库的作业
2	储存	storing	保护、管理、储藏物品
3	库存	inventory	储存作为今后按预定的目的使用而处于闲置或非生产状态的物品，广义的库存还包括处于制造加工状态和运输状态的物品
4	保管	storage	对物品进行储存，并对其进行物理性管理的活动
5	仓库	warehouse	保管、储存物品的建筑物和场所的总称

二、仓储的功能

1. 储存功能

现代社会生产的一个重要特征就是专业化和规模化生产，劳动生产率极高，产量巨大，绝大多数产品都不能被及时消费，需要经过仓储手段进行储存，这样才能避免生产过程堵塞，保证生产过程能够继续进行。另外，对生产过程来说，适当的原材料、半成品的储存，可以防止因缺货造成的生产停顿。而对销售过程来说，储存尤其是季节性储存可以为企业的市场营销创造良机。适当的储存是市场营销的一种战略，它为市场营销中特别的商品需求提供了缓冲和有力的支持。

2. 保管功能

生产出的产品在消费之前必须保持其使用价值，否则将会被废弃。这项任务就需要由仓储来承担，在仓储过程中对产品进行保护、管理，防止损坏而丧失价值。如水泥受潮易结块，使其使用价值降低，因此在保管过程中就要选择合适的储存场所，采取合适的养护措施。

3. 加工功能

保管物在保管期间，保管人根据存货人或客户的要求对保管物的外观、形状、成分构成、尺寸等进行加工，使仓储物发生所期望的变化。

加工主要包括：一是为保护产品进行的加工，如对保鲜、保质要求较高的水产品、肉产品、蛋产品等食品，可进行冷冻加工、防腐加工、保鲜加工等；对金属材料可进行喷漆、涂防锈油等防锈蚀的加工。二是为适应多样化进行的加工，如对钢材卷板的舒展、剪切加工，对平板玻璃的开片加工，以及将木材改制成方材、板材等。三是为使消费者方便、省力的加工，如将木材直接加工成各种型材，可使消费者直接使用；将水泥制成混凝土拌和料，只需稍加搅拌即可使用等。四是为提高产品利用率的加工，如对钢材、木材的集中下料，搭配套材，减少边角余料，可节省原材料成本和加工费用。五是为便于衔接不同的运输方式，使物流更加合理的加工，如散装水泥的中转仓库担负起散装水泥装袋的加工及将大规模散装水泥转化为小规模散装的任务。六是为实现配送进行的加工，仓储中心为实现配送活动，满足客户对物品的供应数量、供应构成的要求，可对配送的物品进行各种加工活动，如拆整化零、定量备货，把沙子、水泥、石子、水等各种材料按比例要求转入水泥搅拌车可旋转的罐中，在配送的途中进行搅拌，到达施工现场后，混凝土已经搅拌好，可直接投入使用。

4. 调节功能

仓储在物流中起着"蓄水池"和"调节阀"的作用。一方面，仓储可以调节生产与消费的关系，使它们在时间上得到协调，防止生产和消费的失衡，消除过剩生产和消费不足的矛盾，保证社会再生产的顺利进行，体现出物流系统创造产品时间效用的基本职能。另一方面，仓储还可以实现对运输的调节。产品从生产地向消费地流转，主要依靠运输完成，但不同的运输方式在运向、运程、运量及线路和时间上存在着差距，一种运输方式一般不能直达目的地，需要在中途改变运输方式、线路、规模、方法和工具，协调运输时间及完成产品倒装、转运、分装、集装等物流作业，还会在产品运输的中途停留。

5. 配送功能

根据用户需要，对产品进行分拣、组配、包装和配发等作业，并将配好的产品送货上门，配送功能是储存保管功能的延伸，提高了储存的社会服务效能，确保储存产品的安全，最大限度地保持产品在储存中的使用价值，减少保管损失。现代仓库的发展趋势是从以保管储存为主要任务向流通型仓库的方向发展，形成流通、销售、零部件供应中心，其中一部分在所属物流系统中起着货物供应的组织协调作用。

6. 其他功能

仓储还可以调节商品的价格，可以降低运输成本，提高运输效率，可以更好地满足消费者的个性化需求。此外，通过商品在消费地的仓储，可以获得更好的客户满意度。

三、仓储活动的类型

按照仓储活动的运作方式不同，可以将仓储活动划分为自营仓库仓储、公共仓库仓储、第三方仓储。

1. 自营仓库仓储

自营仓库仓储是指由企业或各类组织自营自管，为自身提供储存服务的仓储活动。

2. 公共仓库仓储

公共仓库仓储是指面向社会提供物品储存服务，并收取一定费用的仓储活动。没有自营仓库的企业通常租赁公共仓库进行货物储存。

3. 第三方仓储

第三方仓储又称合同仓储，是指企业将仓储等物流活动转包给外部公司，由外部公司为企业提供综合物流服务。

第三方仓储不同于一般的公共仓库仓储，它能够提供专业化的，高效、经济、准确的分销服务。第三方仓储公司与传统仓储公司相比，具有能为企业提供特殊要求的空间、人力、设备和特殊服务等优势。

四、仓储业

仓储随着物资储存的产生而产生，又随着生产力的发展而发展。仓储是商品流通的重要环节之一，也是物流活动的重要支柱。由于仓储存在于各行各业的生产流通之中，导致大家模糊了仓储真正的行业归属。

仓储并不属于物流行业，仓储真正归属的是仓储业。所谓的仓储业是指专为他人储藏、保管货物的商业营业活动，是现代化大生产和国际、国内商品货物的流转中一个不可或缺的环节。到目前为止，仓储业的作用有输送、保管、配送、理货，是将货主与物流中心两者结合在一起的接口。所以，从仓储和仓储业二者的定义可以看出，仓储业包括仓储但是不仅限于仓储。

第二节　仓储管理

仓储管理：通过仓库对商品进行储存和保管

仓储管理（Warehouse Management），是指对仓储设施布局和设计以及仓储作业进行的计划、组织、协调与控制。它是一种对仓储货物的收发、结存等活动的有效控制，是为企业保证仓储货物的完好无损，确保生产经营活动的正常进行，并在此基础上对各类货物的活动状况进行分类记录，以明确的图表方式表达仓储货物在数量、品质方面的状况，以及所在的地理位置、部门、订单归属和仓储分散程度等情况的综合管理形式。

一、仓储管理的内容

仓储管理活动主要是在商品流通过程中对货物储存环节的经营管理，其管理的内容主要包括以下八个方面。

1. **仓库选址与布点**

仓库选址与布点包括：仓库选址应遵循的基本原则、仓库选址时应考虑的基本因素以及仓库选址的技术方法，多点布置时还要考虑网络中仓库的数量和规模大小、相对位置和服务的客户等问题。

2. **仓库规模的确定和内部合理布局**

仓库规模的确定和内部合理布局包括：仓库库区面积及建筑物面积的确定、库内道路和作业区的横向和竖向布置、库房内部各作业区域的划分和作业通道的大小及布置方式等。

3. **仓储设施和设备的选择和配备**

仓储设施和设备的选择和配备包括：如何根据仓库作业的特点和储存商品的种类和理化特性，合理地选择和配备仓库设施、作业机械以及如何合理使用和管理。

4. **仓储资源的获得**

仓储资源的获得即指企业通过什么方式来获得仓储资源。通常，一个企业获得资源的方式包括使用自有资金、使用银行借贷资金、发行企业债券、向企业内部职工或社会公众募股等。归结起来包括两种途径：一是企业内部资金；二是企业外部资金。不同的资源获得方式其成本不同，企业要通过有效的仓储管理尽可能地降低企业仓储资源的获得成本。

5. **仓储作业活动管理**

仓储作业活动随着作业范围和功能的不同，其复杂程度也不尽相同。仓储作业活动管理是仓储管理的重要内容，具体包括：仓储作业组织的结构与岗位分工、作业流程的设计、仓储作业中的技术方法和作业手段、仓储活动中的信息处理等。通过仓储管理可以提高仓储作业活动效率。

6. 库存控制

库存是仓储的最基本功能，企业为了能及时满足客户的需求，就必须经常保持一定数量的商品库存，存货不足会造成供应断档，存货过多会造成商品积压、仓储成本上升。库存控制是仓储管理中最复杂的内容，是仓储管理从传统的存货管理向高级的存货系统动态控制发展的重要标志。

7. 仓储经营管理

从管理学的角度来看，经营管理更加注重企业与外部环境的和谐，仓储经营管理是企业运用先进的管理方式和科学的管理方法，对企业的经营活动进行计划、组织、指挥、协调和控制，其目的是获得最大的经营效果。

8. 仓储人力资源管理

人在社会生活中是最具有主观能动性的，任何一个企业的发展和壮大都离不开人的参与，仓储企业也不例外。仓储人力资源管理主要涉及人才的选拔和合理使用、人才的培养和激励、分配制度的确立等。此外，仓储管理还涉及仓储安全管理、信息技术的应用、仓储成本管理和仓储经营效果评价等方面的内容。

二、仓储管理的原则

仓库因为其库存物品的不同有其个性的管理原则，例如食品类仓库、产品类仓库、工业设备类仓库等类型的管理原则是不同的。普通产品的仓储管理一般遵循以下七个原则。

1. 面向通道进行保管

为使物品出入库方便，容易在仓库内移动，基本条件是将物品面向通道保管。

2. 尽可能地向高处码放，提高保管效率

有效利用库内容积，应尽量向高处码放，为防止破损，保证安全，应当尽可能使用棚架等保管设备。

3. 根据出库频率选定位置

出货和进货频率高的物品应放在靠近出入口，易于作业的地方；流动性差的物品放在距离出入口稍远的地方；季节性物品则依其季节特性来选定放置的场所。

4. 同一品种在同一地方保管

为提高作业效率和保管效率，同一物品或类似物品应放在同一地方保管，员工对库内物品放置位置的熟悉程度直接影响着出入库的时间，将类似的物品放在邻近的地方也是提高效率的重要方法。

5. 根据物品重量安排保管的位置

安排放置场所时，当然要把重的东西放在下边，把轻的东西放在货架的上边。需要人工搬运的大型物品则以腰部的高度为基准。这对于提高效率、保证安全是一项重要的原则。

6. 依据形状安排保管方法

依据物品形状来保管也是很重要的，如标准化的商品应放在托盘或货架上来保管。

7. 依据先进先出的原则

保管的一条重要原则是对于易变质、易破损、易腐败的物品；对于机能易退化、老化的

物品，应尽可能按先入先出的原则，加快周转。

三、仓储管理的模式

仓储管理的模式可以按仓储活动的运作方分为自建仓库仓储和租赁仓库仓储。

1. 自建仓库仓储

自建仓库仓储就是企业自己修建仓库进行仓储。这种模式的优缺点如下：

（1）可以更大程度地控制仓储。由于企业对仓库拥有所有权，所以企业作为货主可以对仓储实施更大程度的控制，而且有助于与其他系统进行协调。

（2）管理更具灵活性。此处的灵活性并不是指能迅速增加或减少仓储空间，而是指由于企业是仓库的所有者，所以可以按照企业要求和产品特点对仓库进行设计与布局。

（3）长期仓储的成本低。如果仓库得到长期的充分利用，则可以降低单位货物的仓储成本，从某种程度上说这也是一种规模经济。

（4）可以为企业树立良好形象。当企业将产品储存在自有自建的仓库中时，会给客户一种企业长期持续经营的良好印象，客户会认为企业经营十分稳定、可靠，是产品的持续供应者，这有助于提高企业的竞争优势。

（5）占用企业资金。仓库固定的容量和成本使企业的一部分资金被长期占用，不管企业对仓储空间的需求如何，仓库的容量是固定的，不能随着需求的增加或减少而扩大或减少。当企业对仓储空间的需求减少时，仍需承担仓库中未利用部分的成本。而当企业对仓储空间有额外需求时，仓库却又无法满足。

（6）存在位置和结构的局限性。如果企业只能使用自有仓库，则会由于数量限制而失去战略性优化选址的灵活性。市场的大小、位置和客户的偏好经常变化，如果企业在仓库结构和服务上不能适应这种变化，企业就失去了许多商业机会。

2. 租赁仓库仓储

租赁仓库仓储就是委托营业性仓库进行仓储管理。这种模式的优缺点如下：

（1）从财务角度上看，租赁仓库仓储最突出的优点是不需要企业进行资本投资。任何一种资本投资都要在详细的可行性分析研究基础上才能实施，但租赁仓库仓储可以使企业避免资本投资和财务风险。企业可以不对仓储设备和设施做任何投资，只需支付相对较少的租金就可得到仓储服务。

（2）可以满足企业在库存高峰时大量额外的库存需求。如果企业的经营具有季节性，那么采用租赁仓库仓储的方式将满足企业在销售淡旺季不同需要的仓储空间；而自建仓库仓储则会受到仓库容量的限制，并且在某些时候仓库可能闲置。大多数企业的存货水平会因为产品的季节性、促销活动或其他原因而变化，利用租赁仓库仓储，则没有仓库容量的限制，从而能够满足企业在不同时期对仓储空间的需求，尤其是库存高峰时大量额外的仓库需求。同时，仓储的成本持有将直接随着储存货物数量的变化而变动，便于管理者掌握。

（3）减少管理的难度。员工的培训和管理是任何一类仓库面临的一个重要问题。尤其是对于产品需要特殊搬运或具有季节性的企业来说，很难维持一个有经验的仓库员工队伍，而使用租赁仓储则可以避免这一困难。

（4）通过规模经济可以降低货主的仓储成本。由于租赁仓库为众多企业保管大量库存，因此，与企业自建的仓库相比，租赁仓储通常可以大大提高仓库的利用率，从而降低仓库物品的单位储存成本；规模经济还使租赁仓库能够采用更加有效的物料搬运设备，从而提供更好的服务；此外，租赁仓库的规模经济还有利于拼箱作业和大批量运输，降低货主的运输成本。

（5）可使企业的经营活动更加灵活。如果企业自己拥有仓库，那么当市场、运输方式、产品销售或企业财务状况发生变化，或者企业搬迁需要设立仓库的位置发生变化时，原来的仓库就有可能变成企业的负担。如果企业租赁仓库进行仓储，而租赁合同都是有期限的，企业就能在已知的期限内灵活地改变仓库的位置；另外，企业还不必因仓库业务量的变化而增减员工，还可以根据仓库对整个分销系统的贡献以及成本和服务质量等因素，临时签订或终止租赁合同。

（6）增加了企业的包装成本。由于租赁仓库中存储了不同企业的各种不同种类的货物，而各种不同性质的货物有可能相互影响，因此，企业租赁仓库进行仓储时必须增强对货物保护性的包装，从而增加了包装成本。

（7）增加了企业控制库存的难度和风险。企业与仓库经营者都有履行合同的义务，但盗窃等给货主造成的损失远大于得到的赔偿，因此租赁仓库仓储在控制库存方面比使用自建仓库承担更大的风险。另外，在租赁仓库中泄露有关商业机密的风险也比自建仓库大。

四、仓储管理制度

仓库管理制度是指对仓库各方面的流程操作、作业要求、注意细节、6S 管理、奖惩规定、其他管理要求等进行明确的规定，给出工作的方向和目标、工作的方法和措施；且在广义的范畴内是由一系列其他流程文件和管理规定形成的，例如"仓库安全作业指导书""仓库日常作业管理流程""仓库单据及账务处理流程""仓库盘点管理流程"等。通过制定仓储管理制度，可以指导和规范仓库人员日常作业行为，通过奖惩的措施起到激励和考核人员的作用。

仓库管理制度主要针对仓库工作人员制定，一般包括总则、工作职责、作业管理规定（入库、保管、出库）、奖惩、其他规定、附则等。

五、仓储管理岗位

1. 仓储主管/经理

主要职责：

（1）全面管理公司仓储运作，根据公司发展制定物流长期、中期、短期战略规划。

（2）建立、完善并组织实施仓储物流管理工作体系，包括质量生产、仓储、人员管理等。

（3）组织制定、修改、调整和完善部门各项管理制度。

（4）制定本部门的年度工作计划，编制并规范执行部门年度预算。

（5）提高商品按时送达率，对物流环节进行有效监控，降低物流成本。

（6）负责对下属员工的管理、考核、培养。

（7）根据市场信息收集与分析的结果，以客户需求为导向，结合公司资源模式，并提供合作方案。

（8）根据企业定位积极寻找适合公司运作的客户，完成市场分析报告。

（9）领导提供决策依据。

（10）负责公司仓储管理体系总体架构的搭建和构造，能对目标和任务进行有效分解和完成。

（11）负责物流部 6S（整理、整顿、清扫、清洁、素养、安全）监督管理工作。

（12）接受并积极完成上级安排的工作任务。

2. 收货岗

主要职责：

（1）根据入库指令完成对货品的数量、款号、颜色、尺码等明细核对和质量查验工作。

（2）入仓货品及库存货品的条码更换。

（3）做好验收商品的记录，及时将入库信息反馈直属领导并做质检对接，确保实物入仓与系统入仓一致。

（4）按照货品系列，分款、分色、分码对商品进行整理。

（5）按照预设货位进行货品归位，保证货品归位准确、整齐、无串货。

（6）负责存储货区内 6S（整理、整顿、清扫、清洁、素养、安全）工作。

（7）接受并积极完成上级安排的工作任务。

3. 发货岗

主要职责：

（1）发货作业区的易耗品的补给和管理工作。

（2）核对发货单明细与实物相符，保证装箱货品、清单明细、发货单一致。

（3）根据发货货品的体积合理选定不同规格的纸箱进行装箱。

（4）易碎、易损货品加气柱、泡沫垫，外箱贴易碎、易损标识。

（5）自提客户外箱备注客户单据号。

（6）包裹称重计量，抽面单发货联。

（7）用发货登记本做好快递、货运提货交接工作。

（8）负责各楼道内 6S（整理、整顿、清扫、清洁、素养、安全）工作。

（9）接受并积极完成上级安排的工作任务。

4. 拣货岗

主要职责：

（1）根据发货清单或出库单据明细和货位信息进行货品拣选作业。

（2）严格按照订单需求在指定区域正确、快速拣选货品。

（3）熟悉货品信息知识及配货作业流程，清楚了解不同属性货品存放和搬移的注意事项。

（4）落实线下出库一箱一单（装箱单），便于客户收货核对到货明细。

（5）异常单据及时反馈上一级领导，并持续跟进，做到该单据处理完毕。

（6）负责各作业区内 6S（整理、整顿、清扫、清洁、素养、安全）工作。

（7）接受并积极完成上级安排的工作任务。

5. 盘点岗

主要职责：

（1）制订仓储的月盘点计划。

（2）实施实地盘点，制作盘点差异表。

（3）核查盘亏盘盈差异的原因，并对产生此差异的问题提出整改意见。

（4）监督仓库各部门日常错误操作，并配合各部门做好整改工作。

（5）负责每月盘点录入及数据整理。

6. 统计岗

主要职责：

（1）做好货品出、入、退库的对账及税票管理工作，提供仓储作业数据信息报表。

（2）仓储部各行政指令的传达和考勤、考核制作，内部福利申请及发放工作。

（3）做好易耗材料的统计、管理和请购工作。

（4）仓储部各类主要文件的整理、存档及流程优化，仓储部固定资产的管理、使用、维护及监督。

（5）仓储部辖内货品库存和质量抽查、抽盘。

（6）负责物流部6S（整理、整顿、清扫、清洁、素养、安全）监督管理工作。

（7）纠正不规范单据，不定期测算物流各岗位作业时效，做好绩效评估。

（8）妥善保管好原始凭证、账本以及各类文件，要保守商业秘密。

（9）接受并积极完成上级安排的工作任务。

拓展阅读

某企业仓储管理制度

1. 总则

1.1 通过制定仓库作业规定及奖惩制度，指导和规范仓储人员日常作业行为，通过奖惩的措施起到激励和考核人员的作用。

1.2 本制度条例适用于本企业仓库工作人员。

2. 工作职责

2.1 仓库管理员负责物料的收料、报检、入库、发料、退料、储存、防护工作。

2.2 仓库协调员负责物料装卸、搬运、包装等工作。

2.3 采购部和仓管部共同负责废弃物品处理工作。

2.4 仓管部对物料的检验和不良品处置方式的确定。

3. 作业管理规定

仓储的作业主要分为入库、出库、保管三大部分。

3.1 入库作业管理规定。

3.1.1 需严格按照企业"收货确认单"规定流程进行作业。

3.1.2 货物到达到仓库后，仓储人员需要将货物放在仓库内部，不允许放在仓库外，尤其不能隔夜放在仓库外，下班后必须将货物检查后放在仓库内部。

3.1.3 收货时需要求采购人员给送货单，没有时需要追查，直到拿到单据为止，并填写入库单。仓储人员负追查和保管单据的责任。

3.1.4 所有产品入库确认必须仓储人员和采购共同确认。新产品尤其需要共同确认。新产品需要仔细核对物料的产品描述，以避免出错。

3.1.5 仓库与采购共同确认入库单物料数量时，如发现送货总单上的数量不符，应找相应采购签字确认，由采购联络处理数量问题。

3.1.6 货物需要按照划分的区域进行摆放,不得随意摆放货物,不得在规划的区域外摆放货物,特殊情况需要在2小时内进行整理归位。

3.1.7 原则上当天收货的货物需要当天处理完毕。不需测试的当天安排点数,进行入库单入库信息的统计,点数入库。

3.1.8 仓库入库人员必须严格按照规定对每一个入库单入库货物进行数量确认,即确认登账入库数量和实际入库数量是否相符,不符合的需要追查原因并解决完成。

3.1.9 入库货物需要摆放至指定位置。

3.1.10 收货确认单需要按流程要求先给仓库入库人员确认登记,再给仓库主管签字,然后才能给采购。

3.2 出库作业管理规定。

3.2.1 需严格按照物料领用表来发物料,并填写出库单、借用单进行作业。

3.2.2 包装组给的出库单无特殊原因当天必须全部完成取货、包装。

3.2.3 取货时注意不要堆积过高损坏产品。取完货后将推车放在出货组指定位置。

3.2.4 出库单发完货后需要及时将物料给使用部门,并要求其签名确认。

3.2.5 内部领料需要部门主管签字,部门主管签字后方可发货。

3.3 保管作业管理规定。

3.3.1 仓库货架物品堆放整齐,分类清楚,标明分区及编号,需标示醒目,便于盘存和提取。

3.3.2 仓库保管员要及时登记各类货物明细,包括所有货物的成品数量、辅料(整套吊牌、封箱胶、拉牌)、各种包装(钱包包装盒、纸箱、退换货卡)、礼品(丝巾、香包),做到一个星期盘点一次,达到实际的库存数量和账物相符。

3.3.3 对次品统一放置,形成实体库,残次的记入残次库。

3.3.4 暂定每半个月进行一次库存盘点,要对当月各种货物予以汇总,并编制报表上报部门主管人员。

3.3.5 在保证货物供应、合理储备的前提下,力求减少库存量,并对货物的利用、积压产品的处理提出建议。

3.3.6 仓库管理员对常用或每日有变动的物资要随时盘点,若发现数量有误差,则须及时找出原因并更正。

3.3.7 库存信息及时呈报。须对数量、文字、表格仔细核对,确保报表数据的准确性和可靠性。

4. 奖惩规定

4.1 奖惩规定。

4.1.1 奖惩评估小组:由仓库主管、总经理组成奖惩评估小组,对责任事件进行评估。当评估小组人员为当事人时,由2名部门负责人代替评估。

4.1.2 奖惩结果最终由评估小组确定,并告知行政部及时沟通并予以执行。

4.1.3 部门将定期根据绩效考核表对员工的表现和业绩进行评估,以便肯定员工的工作成果,鼓励员工继续为公司做出更大的贡献。

4.1.4 仓库奖惩规定本着公平、合理、公正、有效的原则进行处理,起到激励、惩罚、指导、纠正的作用。

4.2 奖惩级别。

4.2.1 奖励。

4.2.1.1 通报表扬：对于日常工作表现优良的、按照仓库管理规定执行的，给予记"书面表扬"，并予以通告。

4.2.1.2 嘉奖：对于日常工作表现突出的、按照仓库管理规定执行的，给予记"表扬"，并予以通告，奖励20元。

4.2.1.3 小功：对于在工作上有特殊贡献的，给予记"小功"，并予以通告，奖励40元。

4.2.1.4 大功：对于在工作上有特大贡献的、按照仓库管理规定执行的，给予记"大功"，并予以通告，奖励100元。

4.2.2 惩罚。

4.2.2.1 通报批评：对于日常工作表现不好的、不按照仓库管理规定执行的，给予记"书面警告"处分，并予以通告，不予以罚款。

4.2.2.2 警告：对于日常工作表现差的、不按照仓库管理规定执行的，给予记"警告"处分，并予以通告，罚款40元。

4.2.2.3 小过：对于违反仓库管理规定且损害到公司利益的，给予记"小过"处分，并予以通告，罚款100元。

4.2.2.4 大过：对于严重违反仓库管理规定且损害到公司很大利益的，给予记"大过"处分，并予以通告，罚款140元；数额巨大的，根据公司财产损失的20%予以罚款，并提交公安机关追究法律责任。

5. 其他规定

5.1 下达的工作任务无特殊原因需要在规定时间内完成，且保证工作品质。

5.2 仓库每日根据仓库工作品质统计表对各组进行评比并进行工作指导和总结。

5.3 上班时间需要严格遵守公司劳动纪律，遵守作息时间，不得大声喧哗、玩闹、睡觉、长时间聊天、不应擅自离开岗位，不得以私人理由会客等。

5.4 需要严格遵守公司的各项管理规定。

5.5 仓储人员调动或离职前，首先必须办理账目及物料、设备、工具、仪器移交手续，要求逐项核对点收，如有短缺，则必须限期查清，方可移交，移交双方及部门主管等人员必须签名确认。

5.6 对于在工作中使用的办公设备、仪器、工具，必须妥善保管，细心维护，如造成遗失或人为损坏，则按公司规定进行赔偿。

5.7 仓储人员要保守公司秘密，爱护公司财产，发现异常问题及时反馈。

第三节 仓储在物流管理中的作用

一、仓储在物流管理中的地位

仓储是通过仓库对物资进行储存和保管。不同的企业即使使用相同的设备对相同的物资进行存储和保管，只要有一点运作上的差别和管理上的不同都会造成物流效率的大幅变动。

在物流业迅猛发展的今天，缩减物流成本已经成为各大企业体现竞争力的重要手段，仓储以不可忽视的作用影响着物流效率和物流成本。由此可见，仓储不仅仅在物流管理中有举足轻重的地位。

从仓储的性质来看，仓储总是出现在物流各环节的接合部，例如采购与生产之间、生产的初加工与精加工之间、生产与销售之间、批发与零售之间、不同运输方式转换之间等。仓储是物流各环节之间存在不均衡性的一种表现，仓储也正是解决这种不均衡性的手段。仓储集中了上下游流程整合的所有矛盾，所以物流的整合、优化实际上归结为仓储的方案设计与运行控制。仓储的高效是物流活动高效的前提，仓储运作的顺利进行决定了物流活动的顺利进行。

从仓储的经济效益来看，仓储的花费在整个供应链中占的比重较大，如果能采取合理的布局节约货物的占地空间、减少人工的需求量、加快存货周转次数，就能为缩减物流成本这个所有企业追求的目标做出不小的贡献。

综上所述，仓储对物流活动最能体现竞争优势的迅速高效、服务质量和运行成本有着决定性的作用，可见仓储在物流活动中占据核心地位。

二、仓储在物流管理中的作用

仓储是集中反映工厂物资活动状况的综合场所，是现代物流的重要组成部分，是连接生产、供应、销售的中转站，对促进生产提高效率起着重要的辅助作用。高效合理的仓储可以帮助企业加快物资流动的速度，降低成本，保障生产的顺利进行，并可以实现对资源的有效控制和管理。

1. 仓储是现代物流不可或缺的重要环节

从供应链的角度来看，物流过程可以看作由一系列的"供给"和"需求"组成，当供给和需求节奏不一致，也就是两个过程不能够很好的衔接，出现生产的产品不能即时消费或者存在需求却没有产品满足的时候，就需要建立产品的储备，将不能即时消费的产品储存起来以备满足后来的需求，即进行仓储活动，进而更好地衔接供给和需求这两个动态的过程。

2. 仓储对货物进入下一流通环节的质量起保证作用

在货物仓储环节对产品质量进行检验能够有效地防止伪劣产品流入市场，保护了消费者权益，也在一定程度上保护了生产厂家的信誉。通过仓储来保证产品质量主要有两个环节：一是在货物入库时进行质量检验，看货物是否符合仓储要求，严禁不合格产品混入库房；二是在货物的储存期间内，要尽量使产品不发生物理变化和化学变化，尽量减少库存货物的损失。

3. 仓储是保证社会再生产顺利进行的必要条件

货物的仓储过程不仅是商品流通过程顺利进行的必要保证，也是社会在生产过程得以进行的保证。首先，仓储能够克服生产与消费地理上的分离；其次，仓储能够衔接生产与消费时间上的背离；最后，仓储能够调节生产与消费方式上的差异。

4. 仓储是加快货物流通、节约流通费用的重要手段

虽然货物在仓库中进行储存时，是处于静止的状态，会带来时间成本和财务成本的增加，但事实上从整体而言，搞好仓储活动，可以在仓储过程中减少物资耗损和劳动耗损，可以加速物资的流通和资金的周转，从而节省费用支出，降低物流成本，提高社会和企业的经

济效益。

5. 仓储能够为货物进入市场做好准备

仓储能够在货物进入市场前完成整理、包装、质检、分拣等操作，这样就可以缩短后续环节的工作时间，加快货物的整体流通速度。

第四节 仓储业发展的现状与趋势

一、我国仓储业的发展

仓储的发展经历了不同的历史时期和阶段，从原始的人工仓储到现在的智能仓储，通过各种高新技术对仓储的支持，仓储的效率得到了大幅提高。

仓储业是指从事仓储活动的经营企业总称，仓储业是一个古老的行业，我国的仓储具有悠久的历史。随着社会经济的不断发展，仓储业已成为社会经济发展的重要力量，目前我国的仓储业已有了较大的规模，且形成了专业化的门类齐全的仓储分工，在数量上已能完全满足经济发展的需要，但是在服务质量和效益上存在明显的不足。纵观中国仓储活动的发展历史，大致经历了以下四个阶段。

1. 古代仓储业

中国古代商业仓库是随着社会分工和专业化生产的发展而逐渐形成和扩大的。"邸店"可以说是商业仓库的最初形式，它既具有商品寄存性质，又具有旅店性质。随着社会分工的进一步发展和商品交换的不断扩大，专门储存商品的"塌房"从"邸店"中分离出来，成为带有企业性质的商业仓库。

2. 近代仓储业

随着商品经济的发展和商业活动范围的扩大，中国近代商业仓库得到了一定的发展。19世纪的商业仓库叫作"堆栈"，即指堆存和保管物品的场地和设备。堆栈业初期的业务只限于堆存货物，物品的所有权属于寄存人。随着堆栈业务的扩大、服务对象的增加，中华人民共和国成立前的堆栈业已经具有码头堆栈、铁路堆栈、保管堆栈、厂号堆栈、金融堆栈和海关堆栈等专业划分。近代堆栈业的显著特点是建立起明确的业务种类、经营范围、责任业务、仓租、进出手续等。

3. 社会主义仓储业

中华人民共和国成立以后，接管并改造了中华人民共和国成立以前留下来的仓库，当时采取对口接管改造的政策，如铁路、港口仓库由交通运输部门接管；物资部门仓库由全国仓库物资清理调配委员会接管；私营库由商业部门对口接管改造；外商仓库按经营的性质，分别由港务、外贸、商业等有关部门接管收买。1962年，国家物资储运局（后改为中国物资储运总公司）成立。1984年，中国物资储运总公司在各地设有14个直属储运公司，下属76个仓库，主要承担国家掌握的机动物资、国务院各部门中转物资以及其他物资的储运任务，再加上各地物资局下属的储运公司以及仓库，在全国逐步形成了一个物资储运网。在这一阶段，无论是仓库建筑、装备，还是装卸搬运设施，都比中华人民共和国成立以前的商业仓库有了较大的发展。

4. 现代化仓储业

中国在一段较长的时间里，仓储业一直属于劳动密集型产业，即仓库中大量的装卸、搬运、堆码、计量等作业都是由人工来完成的，因此，仓库不但占用了大量的劳动力，而且劳动强度大、劳动条件差，特别在一些危险品仓库，还极易发生中毒等事故。为迅速改变这种落后状况，政府在这方面下了很大力气，首先重视旧式仓库的改造工作，按照现代仓储作业的要求，改建旧式仓库，增加设备的投入，配备各种装卸、搬运、堆码等设备，减轻工人的劳动强度，改善劳动条件，提高仓储作业化的机械水平；另外，新建了一批具有先进技术水平的现代化仓库。我国从20世纪70年代开始建造自动化仓库，并普遍采用电子计算机辅助仓库管理，使中国仓储业进入了自动化的新阶段。

二、仓储业的发展趋势

1. 仓储社会化

华南航空枢纽自动分拣中心

仓储社会化改变了仓储利用率低、效率低、自身发展能力低的不良状况，使仓储真正成为市场资源。随着公共仓库的发展，仓库已成为重要的货源地和货物集散中心，中小运输企业可以在这里找到合适的配载货物。

2. 仓储专业化

仓储专业化方向更明显，冷库、液体库、化工危险品库的需求进一步增加。企业通过专业化的发展提供个性产品，将企业资源充分利用到有特长的项目上，才能提高效益、形成竞争的优势。

3. 仓储标准化

仓储标准化是指采用法律法规规定的仓储标准或者行业普遍实行的惯例。不仅实现仓储环节与其他环节的密切配合，还是提高仓库内部作业效率、充分利用仓储设施和设备的有效手段，是开展信息化、机械化、自动化仓储的前提条件。

仓储标准化主要有：包装标准化、标志标准化、托盘标准化、容器标准化、计量标准化、条形码标准化、作业工具标准化、仓储信息等技术标准化、服务标准化、单证报表标准化、合同格式标准化。

4. 仓储自动化

仓储自动化是指对仓储作业进行计算机管理和控制。在仓储作业中通过物流条码技术、射频通信、数据处理、仓储信息管理等技术指挥堆垛机、传送带、自动导向车、自动分拣等自动设备完成仓储作业，并同时完成报表、单证的制作和传送。对于危险品仓储、冷库、粮食等特殊仓储，采用温度、湿度自动控制技术和自动监控技术，确保仓储安全。

5. 仓储信息化

仓储信息化是指通过计算机和相关信息输入输出设备，对货物识别、理货、入库、保管、出库进行操作管理，进行账目处理、货位管理、存量控制，制作各种报表和提供实时的查询。物流中心和配送中心的存货品种繁多，存量差异巨大，出入库频率各不相同。要提高仓库利用率，保持高效率的货物周转，实施精确的存货控制，必须进行计算机的信息管理和处理。仓储信息化管理是提高仓储效率、降低仓储成本的必要途径。

6. 仓储管理科学化

仓储管理科学化是指在仓储管理中采用合理、高效、先进的管理模式和方法。仓储管理科学化包括管理体制、管理组织、管理方法三个方面。采用高效化的组织机构，实行规章化的责任制度，建立动态的奖励分配制度，实施有效和系统的职工教育培训制度。仓储管理科学化是实现高效率、高效益仓储的保障。

本章小结

　　仓储是物流系统中不可或缺的构成要素，仓储是商品流通的重要环节之一，也是物流活动的重要支柱。通过有效的仓储管理，可以对仓储货物进行有效的计划、组织、协调和控制，确保企业仓储货物的完好无损，确保生产经营活动的正常进行。正确把握仓储业的发展现状和趋势，可以提高企业的仓储效率。

知识考查

一、单选题

1. （　　）是指利用仓库及相关设施设备进行物品的入库、存储、出库的作业。
   A. 储存　　　　　B. 保管　　　　　C. 仓储　　　　　D. 库存
2. 面向社会提供物品储存服务，并收取一定费用的仓储活动，指的是（　　）。
   A. 自营仓库仓储　B. 集中仓储　　　C. 公共仓库仓储　D. 第三方仓储
3. 对易变质、易破损、易腐败，机能易退化、老化的物品，应尽可能按照（　　）原则，加快周转。
   A. 物品重量、形状安排保管　　　　B. 先进先出
   C. 出库频率选定位置　　　　　　　D. 面向通道进行保管
4. 下列不是仓储在物流管理中的作用的是（　　）。
   A. 仓储是现代物流不可或缺的重要环节
   B. 仓储对货物进入下一流通环节的质量起保证作用
   C. 仓储是保证社会再生产顺利进行的必要条件
   D. 仓储能够为货物退出市场做好准备
5. 我国从（　　）开始建造自动化仓库，并普遍采用电子计算机辅助仓库管理，使中国仓储业进入了自动化的新阶段。
   A. 20世纪50年代　B. 20世纪60年代　C. 20世纪70年代　D. 20世纪80年代

二、多选题

1. 仓储的功能有（　　）。
   A. 储存功能　　　B. 保管功能　　　C. 加工功能　　　D. 调节功能
   E. 配送功能
2. 按照仓储活动的运作方式不同，可以将仓储活动划分为（　　）。
   A. 自营仓库仓储　B. 集中仓储　　　C. 公共仓库仓储　D. 分散仓储
   E. 第三方仓储
3. 下列属于仓储管理内容的是（　　）。
   A. 仓库选址与布点　　　　　　　　B. 仓储作业活动管理
   C. 库存控制　　　　　　　　　　　D. 仓库规模的确定和内部合理布局
   E. 仓储设施和设备的选择和配备

4. 对于一般货物进行仓储管理,应遵循以下哪些原则?( )
   A. 根据物品重量、形状安排保管　　　B. 尽可能地向高处码放,提高保管效率
   C. 根据出库频率选定位置　　　　　　D. 同一品种应分放不同位置保管
   E. 依据后进先出的原则
5. 下列属于仓储业发展趋势的是( )。
   A. 仓储社会化　　B. 功能专业化　　C. 仓储标准化　　D. 仓储自动化
   E. 仓储信息化

三、判断题

1. 仓储就是储存作为今后按预定的目的使用而处于闲置或非生产状态的物品。( )
2. 第三方仓储不同于一般的公共仓库仓储,它能够提供专业化的高效、经济、准确的分销服务。( )
3. 仓储业属于物流行业。( )
4. 为使物品出入库方便,容易在仓库内移动,基本条件是将物品分类保管。( )
5. 仓储标准化可以提高仓储作业效率,也可实现仓储环节与其他环节的密切配合,应大力提倡。( )

第二章

仓库与仓库设备

知识目标：
（1）了解仓库及其种类。
（2）熟悉仓库布局分类。
（3）掌握仓库内的设备。

能力目标：
（1）熟悉仓库的基本功能及用途。
（2）熟练掌握仓库的设备。
（3）能够按仓库的不同用途对仓库进行分类。

素质目标：
（1）培养学生的安全意识。
（2）培养学生自主学习的能力和学习习惯。

导入案例

企业自营仓库的布局设计

某外商投资的中小型企业，主要供应商和客户均在国外。该企业采用订单驱动的生产模式，产品品种多、批量小，所需原材料品质要求高、种类繁杂，对仓库的利用程度高，仓库的日吞吐量也较大。因此，该企业选择在距车间较近的地方建造了自营仓库，仓库采用拣选货区和存储区混合使用的方式。

该仓库有三层，按照各个车间来划分存储区域。

一层用于存放主料，主料质量重、体积大。由于每单位主料的重量均不在人工搬运能力范围之内，一层的搬运设备主要为平衡重式叉车。一层通道宽为3~4米，货区布置采用垂直式。

二层仓库存放辅料，部分零散物料使用货架存放，大部分物料直接置于木质托盘上，托盘尺寸没有采用统一标准，主要有两种规格900毫米×1 200毫米和700毫米×950毫米。托盘上的物料采用重叠堆码方式，其高度在工人能力所及的范围之内。物料搬运借助手动托盘搬运车完成，通道比一层仓库窄，主通道宽大约2米。

三层主要用于存放成品。

在企业物流系统规划中，仓储系统的规划与设计是很关键的部分，它关系到企业商品的流转速度、流通费用；企业对顾客的服务水平、服务质量和运作效率。最终影响到企业的利润，关系到企业竞争优势的确立。

资料来源：孙慧主编的《仓储业务运作与管理》。

第一节　仓库概述

一、仓库的含义

从现代物流系统的角度看，仓库是保管、储存货物的建筑物和场所的总称，是从事储存、分拣、包装等物流作业活动的物流节点设施。一个国家、一个地区、一个企业的物流系统中需要有各种各样的仓库。它们的结构形态不同，服务范围和对象也有着很大的差异，根据不同的标准，仓库可分为不同的种类。

二、仓库的功能

仓库在物流系统中是物流服务的据点，发挥着非常重要的功能。从传统管理的角度看，仓库在物流系统中主要承担保管功能。从现代物流的观点看，大型的多功能仓库往往作为分拨中心、物流中心、仓库来使用。随着经济的发展，仓库具有储存和保管功能、调节供需功能、调节货物运输功能、流通配送加工功能和信息传递功能等。

1. 储存和保管功能

储存和保管货物是仓库的基本功能。仓库具有一定的空间，用于储存物品，并根据储存物品的特性配备相应的设备，以保持储存物品的完好性。例如，储存挥发性溶剂的仓库，须设有通风设备，以防止空气中挥发性物质含量过高而引起爆炸。储存精密仪器的仓库，须防尘、防潮、恒温，因此，应设立空调、恒温设备等。在仓库作业时，还有一个基本要求，就是防止搬运和堆放时碰坏、压坏物品。从而要求搬运器具和操作方法的不断改进和完善，使仓库真正起到储存和保管的作用。

2. 调节供需功能

在由供应商、企业和顾客组成的物流供应链中，下一道环节对物资的要求与上一道环节的供应在时间上往往是不同步的，这种需求和供给之间的时间差需要仓库来调节，以满足生产和生活的需要。从生产和消费的角度来看，每种产品都有不同的特点，有些产品的生产是均衡的，而消费是不均衡的，还有一些产品生产是不均衡的，而消费却是均衡不断地进行的。要使生产和消费协调起来，这就需要仓库起到调节作用。

3. 调节货物运输功能

各种运输工具的运输能力是不同的。船舶的运输能力很大，海运船舶一般是万吨级的，内河船舶也有几百吨至几千吨的。火车的运输能力较小，每节车皮能装运 30~60 吨，一列火车的运量最多达几千吨。汽车的运输能力很小，一般每辆车装 4~10 吨。它们之间运输能力的差异，是通过仓库进行调节和衔接的。

4. 流通配送加工功能

现代仓库的功能已不再是保管型仓库，已由仓库储存、保管货物的中心向流通、销售的中心转变。仓库不仅要有储存、保管货物的设备，还要增加分拣、配套、捆绑、流通加工、信息处理等功能。这样，既扩大了仓库的经营范围，提高了物质的综合利用率，又方便了消费，提高了服务质量。

5. 信息传递功能

在处理仓库活动有关的各项事务时，需要依靠计算机和互联网，通过电子数据交换（EDI）和条形码技术来提高仓储物品信息的传输速度，从而及时又准确地了解仓储信息。

三、仓库的种类

仓库的种类多种多样，各种仓库因所处的地位不同，所承担的仓储任务也不相同，再加上储存物资的品种规格多样、性能各异，因此可以根据不同的分类标准，将仓库分为不同的种类。

（一）按照运营形式不同分类

1. 自营仓库

自营仓库是指生产和流通企业为本企业经营需要而修建的附属仓库，是完全用于储存本企业的原料、半成品、成品等货物而修建的仓库。

2. 营业仓库

营业仓库是指按照仓库业管理条例取得营业许可，保管他人物品的仓库。营业仓库是一种社会化的仓库，面向社会，以经营为手段，以营利为目的。与自营仓库相比，营业仓库的使用效率较高。

3. 公共仓库

公共仓库是指国家或公共团体为了公共利益而建设的仓库，即为公共事业配套服务的仓库，如机场、港口、铁路的货场和库房等仓库。

4. 保税仓库

保税仓库是指根据有关法律和进出口贸易的规定取得许可，专门保管国外进口而暂未纳税的进出口货物的仓库。

（二）按照结构和构造不同分类

1. 平房仓库

平房仓库是指仓库建筑物是平房，结构简单，有效高度一般不超过6米的仓库。这种仓库建筑费用较为便宜，广泛被采用。

2. 多层仓库

多层仓库是指仓库为两层以上的建筑物，是用钢筋混凝土建造的仓库。多层仓库的建造可以扩大仓库的实际使用面积。

3. 高层货架仓库

高层货架仓库是指利用高层货架，配以托盘或货箱存储货物，利用巷道式堆垛起重机及其他机械进行作业的仓库。

4. 罐式仓库

罐式仓库是指以各种罐体为储存库的大型容器型仓库，如球罐库、柱罐库等。

5. 散装仓库

散装仓库是指专门保管散粒状或粉状物资的容器式仓库。

（三）按照保管类型不同分类

1. 普通仓库

普通仓库是指在常温下的仓库，用于存放一般的物资，对仓库没有特殊要求。

2. 冷藏仓库

冷藏仓库是指具有冷却设备并隔热的仓库，一般在10摄氏度以下。

3. 恒温仓库

恒温仓库是指能够调节温度、湿度的室外仓库，一般为10～20摄氏度。

4. 漏天仓库

漏天仓库是指露天堆码、保管的室外仓库。

5. 储藏仓库

储藏仓库是指保管散粒谷物、粉体的仓库，以简仓为代表。

6. 危险品仓库

危险品仓库是指专门用来储存油料、天然气、化学药品、烟花爆竹、炸药等易燃、易爆物资的仓库。为了防止意外，一般都将危险品仓库设在远离人群的地方。

7. 水上仓库

水上仓库是指漂浮在水中的储藏货物的泵船、囤船、浮驳或其他水上的建筑，或把木材在划定水面保管的室外仓库。

（四）按照仓库功能不同分类

1. 生产仓库

生产仓库是指为企业生产或经营储存原材料、燃料及产品的仓库，也有的称为原料仓库或成品仓库。

2. 储备型仓库

储备型仓库是指专门长期存放各种储备物资，以保证完成各项储备任务的仓库，如战略物资储备、季节物资储备、流通调节储备等。

3. 集配型仓库

集配型仓库是指以组织物资集货配送为主要目的的仓库。

4. 中转分货型仓库

中转分货型仓库是指配货型仓库中的单品种、大批量型仓库。它的储备作用类似于储备型仓库。

5. 加工型仓库

加工型仓库是指以流通加工为主要目的的仓库。一般加工型仓库集仓库和加工厂两种职能，将商品的加工仓储业务结合在一起。

6. 流通仓库

流通仓库是指专门从事中转、代存等流通业务的仓库。这种仓库主要以物流中转为主要职能。在运输网点中，也以换载为主要职能。

（五）按照库内形态不同分类

1. 地面型仓库

地面型仓库一般是指单层地面库，多使用非货架型的保管设备。

2. 货架型仓库

货架型仓库是指采用多层货架保管的仓库。货架上放着物品和托盘，物品和托盘可在货架上移动。货架分为固定式货架和移动式货架。

3. 自动化立体仓库

自动化立体仓库是指出入库采用运送机械存放取出，用堆垛机等设备进行机械化自动化作业的高层货架仓库。自动化立体仓库的入库、检验、分类整理、上货入架、出库等作业由计算机管理控制的机械化自动化设备来完成，与普通仓库相比其优点有以下四个。

（1）节省人力，大大降低了劳动强度，能准确、迅速地完成出入库作业。
（2）提高了储存空间的利用效率。
（3）确保库存作业的安全性，减少了货损货差。
（4）能及时了解库存品种、数量、金额、位置、出入库时间等信息。

自动化立体仓库的使用要有足够的资金作为保障，同时对库存物品包装标准化、体积和重量都有较高的要求。

四、仓库的总体构成

仓库总体平面规划一般可以划分为生产作业区、辅助作业区和行政生活区三大部分。

（一）生产作业区

生产作业区是仓库的主体部分，主要包括储货区、铁路专用线、道路、装卸站台等。储货区是储存、保管商品的场所，具体分为库房、货棚、货场。

（二）辅助生产区

辅助生产区是为商品储运、保管工作服务的辅助车间或服务站，具体包括车库、油库、变电室、维修车间等。值得注意的是，油库的设置应远离维修车间、宿舍等易出现明火的场所，周围必须设置相应的消防设施。

（三）行政生活区

行政生活区是行政管理机构办公和职工生活的区域，具体包括办公楼、警卫室、宿舍和食堂等。为便于业务接洽和管理，行政管理机构一般布置在仓库的主要出入口，并与生产作业区分开。这样既方便工作人员与作业区的联系，又避免非作业人员对仓库生产作业的影响和干扰。职工宿舍楼一般应与生产作业区保持一定的距离，以保证仓库的安全和生活区的安静。

五、仓库的结构设计

仓库的结构对实现仓库的功能起着很重要的作用。因此，仓库的结构设计应考虑以下五方面。

（一）平房建筑和多层建筑

从出入库作业合理化的方面考虑，应尽量采用平房建筑，这样储存的货物就不必上下移动。利用电梯将储存的货物从一个楼层搬运到另一个楼层费时费力，而且电梯往往也是货物流转中的一个瓶颈，有许多材料搬运机通常都会竞相利用数量有限的电梯，这样就会影响仓储作业的效率。但是，在城市内，尤其是在商业中心地区，土地有限，地价昂贵。为了充分利用土地，多层建筑就成为仓库结构设计的最佳选择。选择多层建筑作为仓库时，要特别重视对上下楼的通道数量设计。

（二）仓库出入口和通道

仓库出入口的位置和数量是由仓库的开间、进深、库内货物堆码形式、出入库次数、仓库主体结构、出入库作业流程及仓库职能等因素决定的。仓库出入口尺寸的大小是由是否有卡车出入库内，所用叉车的种类、尺寸、台数、出入库次数，保管货物的尺寸大小决定的。仓库内的通道是保证库内作业畅顺的基本条件，其应延伸至每个货位，使每个货位都可以直接进行作业。此外，通道需要保持路面平整和平直，减少转弯和交叉。

（三）立柱间隔

仓库内的立柱影响出入库作业，会降低工作效率，因此立柱应尽可能减少。

（四）天花板的高度

由于仓库实现了机械化、自动化，因此，现在对于仓库天花板的高度也提出了高要求。使用普通叉车，标准提升高度为3米；使用高门架叉车，提升高度可达到6米。此外，从托盘装载货物的高度看，包括托盘的厚度在内，密度大且不稳定的货物，通常以1.2米为标准；密度小且较稳定的货物，通常以1.6米为标准。以其倍数（层数）来看，1.2米/层×4层＝4.8米，1.6米/层×3层＝4.8米。因此，仓库的天花板最低高度应为5米。

（五）地面的承载力

地面的承载力必须根据承载货物的种类或堆码高度进行具体研究。一般平房普通仓库1平方米地面的承载力为2.5~3吨；多层仓库层数加高，地面承受负荷能力降低，一层是2.5~3吨，二层是2~2.5吨，三层是2~2.5吨，四层是1.5~2吨，五层是1~1.5吨甚至更小。地面的承载能力是由保管货物的重量、所使用的装卸机械的总重量、楼板骨架的跨度等决定的。此外，流通仓库的地面承载力必须能满足重型叉车的作业要求。

拓展阅读

一号店仓储的布局

现在一号店布局基本上是这样的：仓库有15个之多，在北京、上海、广州、成都、武汉。像广州和上海的顾客群密集度足够大，它可以容纳一个几乎是单独的全品种的仓库，可以满足周边所有的需求。一般来讲，一个仓库覆盖周边250千米，都可以实现第二天配送或24小时配送，而像北京、上海、广州这些大城市有自己的配送员，这些配送员可以做到当天配送，所以它们推出多种服务，满足顾客不同的需求。像成都和武汉那些地方建立巨大仓库，它的订单量还不够大，而且覆盖的人群密集度不足够大，这样它可以拥有一些本地化的商品、快销的商品，以后在三级城市更多的是拥有本地化的产品、快销品。一号店供应链的规划应该全盘考虑，要考虑到商品的仓储本身成本和处理的成本等。

一号店的物流的模式是这样的：有多个仓库，像上海就有5个仓库，每个仓库只能容纳一部分产品，不能容纳所有的产品，最大的仓库有3万多平方米，也不能容纳所有的产品。那多个铺子之间是什么样的关系？简单来看，理论上很容易理解，就是产品大的放在一个仓库里面，这时候就是怎么样让多个订单优化，尽量最小化。

一号店仓库与仓库之间有调拨，有主动调拨和被动调拨。像武汉顾客下了订单，假如有些商品只有上海有，而武汉没有，那么要么把商品运到武汉去销售，要么被动调拨，就是顾客下单了之后我知道有这个需求,按照顾客订单需求的量运到武汉去。这时候也要考虑成本,从上海直接发给顾客或者集中到武汉发给顾客,有成本上的差别和顾客体验上的差别。

第二节 仓储设备

一、仓储设备的概念

仓储设备的配置是仓储系统规划的重要内容,关系到仓库建设成本和运营费用,更关系到仓库的生产效率和效益。仓储设备是指仓储业务所需的所有装置与机具,即仓库进行生产作业或辅助生产作业,以及保证仓库及作业安全所需的各种机械设备的总称。根据仓储设备的主要用途和特征,可将其分为货架系统、装卸搬运设备、计量检验设备、分拣设备、养护照明设备、安全设备、其他用品和工具等。仓储设备的分类,如表2-1所示。

表2-1 仓储设备的分类

功能要求	设备类型
存货、取货	货架、叉车、堆垛机械、起重机械等
验货、养护	检验仪器、工具、养护设施等
分拣、配货	分拣机、托盘、搬运车、传输机械等
防火防盗	温度监视器、防火报警器监视器、防盗报警设施等
流通加工	所需的作业机械、工具等
控制、管理	计算机及辅助设备等
配套设施	站台、轨道、道路、场地等

二、仓储设备

(一)货架

1. 货架的概念及作用

(1)货架的概念。

依据中华人民共和国国家标准《物流术语》(GB/T 18354-2006),在仓库设备中,货架是指用立柱、隔板或横梁等组成的立体储存物品的设施。货架在物流及仓库中占重要的地位,随着现代工业的快速发展,物流量大幅增加,为了实现仓库的现代化管理,改善仓库的功能,不仅要求有足够的货架,还要求货架具备多种功能,并能满足自动化、机械化的需要。

(2)货架的作用。

①货架是一种架式结构物,能够充分利用仓库的空间,提高库容的利用率,扩大仓库的储存能力。

②货架中的物品,互相不挤压,损耗小,能完整保证物品本身的功能,减少物品的损失。

③存取方便,便于清点及计量,可做到先进先出。

④保证存储物的质量，可采取防潮、防盗、防尘、防破坏等措施，以提高物品的存储质量。

⑤目前很多新型货架的结构及功能有利于实现仓库的机械化及自动化管理。

2. 货架的分类

（1）按货架的发展分类。

①传统式货架。它包括层架、层格式货架、橱柜式货架、抽屉式货架、U形架、悬臂架、栅架、鞍架、气罐钢筒架、轮胎专用货架等。

②新型货架。它包括移动式货架、旋转式货架、装配式货架、调节式货架、托盘货架、进车式货架、高层货架、阁楼式货架、重力式货架等。

（2）按货架的制造材料分类。

按货架的制造材料分类，可分为钢货架、钢筋混凝土货架、钢与钢筋混凝土混合式货架、木制货架、钢木合制货架等。

（3）按货架的适用性分类。

按货架的适用性分类，可分为通用货架和专用货架。

（4）按货架的封闭程度分类。

按货架的封闭程度分类，可分为敞开式货架、半封闭式货架、封闭式货架等。

（5）按货架的结构特点分类。

按货架的结构特点分类，可分为层架、层格架、橱架、抽屉架、悬臂架、三脚架、栅型架等。

（6）按货架的可动性分类。

按货架的可动性分类，可分为固定式货架、移动式货架、旋转式货架、组合货架、可调式货架、流动储存货架等。

（7）按货架的结构分类。

①整体结构式货架：货架直接支撑仓库屋顶和围棚。

②分体结构式货架：货架与建筑物分为两个独立系统。

（8）按货架的载货方式分类。

按货架的载货方式分类，可分为悬臂式货架、橱柜式货架、棚板式货架。

（9）按货架的构造分类。

按货架的构造分类，可分为组合可拆卸式货架、固定式货架。

（10）按货架的高度分类。

按货架的高度分类，可分为低层货架、中层货架、高层货架。

（11）按加工工艺分类。

按加工工艺分类，可分为焊接式货架、组合式货架。

3. 常用货架

常用的货架主要包括层格式货架、托盘货架、阁楼式货架、重力式货架、悬臂式货架、驶入式货架。

（1）层格式货架。层格式货架（图2-1）结构简单，适用性强，有利于提高空间利用率，方便存取作业，是人工作业仓库中的主要存储设备。层格式货架适用于存放规格复杂多样、容易搞混，需相互隔离的贵重、怕尘、怕湿的小件货物。

图 2-1 层格式货架

（2）托盘货架。托盘货架（图 2-2）结构简单，可调整组合，安装简易，节省费用；出入库不受先后顺序的限制；储物形态为托盘装载货物，配合升降式叉车存取。托盘货架适用于存放整托盘货物。

图 2-2 托盘货架

（3）阁楼式货架。阁楼式货架（图 2-3）可以有效增加空间使用率，通常，下层适用于存放轻量货物，不适合重型运输设备行走；上层货物的搬运需配垂直输送设备，阁楼式货架适用于各类货物的存放，能够充分利用空间。

图 2-3 阁楼式货架

(4)重力式货架。重力式货架(图2-4)能够批量密集存放货物、减少通道数量,能有效节约仓库的面积。重力式货架能保证先进先出,并且方便拣货。重力式货架主要适用于大批量、少品种货物的存放或出库前准备。

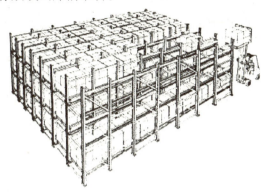

图2-4 重力式货架

(5)悬臂式货架。悬臂式货架(图2-5)为开放式货架,不便于机械化作业,需配合跨距较宽的设备。悬臂式货架的高度一般在6米以下,空间利用率较低,为33%~50%。悬臂式货架适用于长条状或长卷状货物的存放。

图2-5 悬臂式货架

(6)驶入式货架。驶入式货架(图2-6)为可供叉车驶入并存取单元托盘物品的货架。

图2-6 驶入式货架

(二) 叉式装卸车（叉车）

1. 叉车概述

叉车是指具有各种叉具，能够对货物进行升降和移动以及装卸作业的搬运车辆。叉车可以对成件托盘货物进行装卸和短距离运输，具有灵活性好、机动性强、转弯半径小、结构紧凑、成本低廉等优点。叉车广泛应用于港口、车站、机场、货场、工厂车间、仓库、流通中心和配送中心等，并可进入船舱、车厢和集装箱内进行托盘货物的装卸、搬运作业。是托盘运输、集装箱运输中必不可少的设备。当配合多种附属机构装置时，叉车还能用于散装货物和无包装的其他货物的装卸和搬运。

2. 叉车分类

叉车按照动力可分为三大类：人力叉车、内燃叉车和电动叉车。

（1）人力叉车。

人力叉车（图2-7），又叫手动搬运车，是需手动搬运货物作业的物流搬运设备，是托盘运输工具中最常见、最广泛的装卸、搬运工具。

图2-7 人力叉车

（2）内燃叉车。

内燃叉车又分为普通内燃叉车（图2-8）、重型叉车（图2-9）和集装箱叉车（图2-10）。

图2-8 普通内燃叉车

图2-9 重型叉车

图 2-10　集装箱叉车

（3）电动叉车。

电动叉车（图 2-11）以电动机为动力，以蓄电池为能源。承载能力为 1.0~4.8 吨，作业通道宽度一般为 3.5~5.0 米。电动叉车没有污染、噪声小，因此广泛应用于对环境要求高的行业，如食品、医药等库内作业的行业。

图 2-11　电动叉车

3. 叉车的选型配置

叉车的选型配置一般要从以下三个方面考虑。

（1）作业功能。

叉车的基本作业功能分为水平搬运、堆垛、取货、装货、卸货、拣选等。根据企业所要达到的作业功能考虑叉车选型。另外，特殊的作业功能会影响叉车的具体配置，如搬运的是纸、铁水等，则需要叉车安装"属具"来完成特殊功能。

（2）作业要求。

叉车的作业要求包括托盘或货物规格、提升高度、作业通道宽度、爬坡度等一般要求，同时还需要考虑作业效率、作业习惯等方面的要求。

(3) 作业环境。

如果企业需要搬运的货物或仓库环境对噪声或尾气排放等环保方面有要求，那么在选择车型和配置时应有所考虑。如果是在冷库中或是在有防爆要求的环境中，那么叉车的配置也应该是冷库型或防爆型的。仔细考察叉车作业时需要经过的地点，设想可能的问题，例如，出入库时门高对叉车是否有影响，进出电梯时，电梯高度和承载对叉车的影响，在楼上作业时，楼面承载是否达到相应要求等。

(三) 堆垛机

堆垛机（图 2-12）是仓库机械设备，是专门用来堆码货垛或提升物品的机械。普通仓库使用的堆垛机（上架机）是一种构造简单、用于辅助人工堆垛、可移动的小型物品垂直提升设备。堆垛机的特点是：构造轻巧，人力推移方便，能在很窄的走道内操作，减轻了堆垛工人的劳动强度，且堆码或提升高度较高，仓库的库容利用率较高，作业灵活，所以在中小型仓库内广泛使用。它有桥式堆垛机、巷道式堆垛机等类型。

图 2-12　堆垛机

(四) 起重机

起重机（图 2-13）用于装卸大件笨重物品，也可借助各种吊具索具装卸其他物品。同时，起重机也是唯一一种以悬吊方式装卸搬运物品的设备。

图 2-13　起重机

（五）自动分拣设备

自动分拣设备（图 2-14）是现代先进配送中心所需的设施条件之一，分拣效率高。物流中心每天接收供应商或货主通过各种运输工具送来的成千上万种货物，在短时间内将这些货物卸下并按商品品种、货主、储位或发送地点进行快速准确的分类，再将这些货物运送到指定地点。当供应商或货主通知物流中心按配送指示发货时，自动分拣系统在短时间内，从庞大的高层货架存储系统中准确找到要出库货物的所在位置，并按所需数量出库，再从不同储位上取出规定货物的数量，按配送地点的不同运送到不同的理货区域或配送站台集中，以便装车配送。

自动分拣系统

智能快件分拣系统实现
"快、准、稳"

图 2-14 自动分拣设备

（六）托盘

依据中华人民共和国国家标准《物流术语》，在仓库设备中，托盘是指用于集装、堆放、搬运和运输、放置，作为单元负荷物品的水平平台装置。托盘方便了装卸、运输及保管货物作业，由可以承载单位数量物品的负荷面和叉车插口构成的装卸用垫板构成。托盘是一种随着装卸机械化而发展起来的重要集装器具，叉车与托盘的配合使用形成了有效的装卸系统，大大提高了装卸机械化水平。目前，托盘作为实现单元化货物装载运输的重要工具，正在被各行各业所认识和接纳，其应用也越来越广泛。

托盘新物种问世

1. 托盘分类

（1）平面托盘。

平面托盘（图 2-15）又称通用托盘，是托盘中使用量最大的一种。平面托盘又可进一步分类，按承托货物台面分类，可分为单面使用型、双面使用型和翼型；按叉车插入方式分类，可分为单向叉入型、双向叉入型和四向叉入型；按托盘材质分类，可分为木托盘、钢托盘、塑料托盘、胶合板托盘、纸托盘、铝合金托盘等。

图 2-15 平面托盘

（2）箱式托盘。

箱式托盘（图2-16）指在托盘上面带有箱式容器的托盘。箱式托盘的面上具有上层结构，其四周至少有3个侧面固定，1个侧面是可折的垂直面。箱式结构可有盖也可无盖，有盖的板壁箱式托盘与小型集装箱无严格区别，适用于装载贵重货物；无盖的板壁箱式托盘适用于企业内装载各种零件、元器件。

图2-16 箱式托盘

（3）柱式托盘。

柱式托盘（图2-17）分为定式托盘和可卸式托盘两种。柱式托盘的基本结构：托盘的4个角有钢制立柱，柱子上端用横梁连接，形成框架型。柱式托盘的主要作用：一是利用立柱支撑重量物，往高叠放；二是可防止托盘上放置的货物在运输和装卸过程中发生塌垛现象。

图2-17 柱式托盘

（4）轮式托盘。

轮式托盘（图2-18）与柱式托盘和箱式托盘相比，多了下部的小型轮子。因而，轮式托盘具有短距离移动、自行搬运或滚上滚下装卸等优势,用途广泛,适用性较强。

图 2-18　轮式托盘

2. 托盘的规格

国际标准化组织推荐的 6 种规格分别是 1 200 毫米×800 毫米、1 200 毫米×1 000 毫米、1 219 毫米×1 016 毫米、1 140 毫米×1 140 毫米、1 100 毫米×1 100 毫米、1 067 毫米×1 067 毫米。我国推荐的标准是 1 200 毫米×1 000 毫米和 1 100 毫米×1 100 毫米两种。

3. 托盘选型应考虑的因素

(1) 托盘尺寸。根据企业托盘标准和存放物料的尺寸大小确定托盘尺寸。建议尽量选用标准托盘。

(2) 托盘载荷。根据托盘上面存放物料的重量以及物流作业方式,考虑托盘的静载能力需求和动载能力需求。

(3) 托盘材质。钢结构托盘一般适用于较重货物的承载。木制托盘和塑料托盘在大部分物流作业场所均可使用。木制托盘的刚性好、承载能力比塑料托盘强、不易弯曲变形,但对于潮湿和卫生要求较高的作业场所不适合;塑料托盘是一个整体结构托盘、适合周转而不易损坏、清洁方便,但承载能力不如木制托盘。

(4) 托盘结构。托盘有不同的结构方式。在实际工作中,应根据叉车的货叉特点、承载要求,以及其他应用情况要求来选择。

(5) 成本。木制托盘成本低,但目前中国没有托盘标准。同一种结构的木制托盘因使用材质或加工工艺的差异,其质量相差很大,市场价格变化也很大。木制托盘因管理不善而损坏可以维修。总体来说,木制托盘成本较低。而塑料托盘的成本比木制托盘要高得多,塑料托盘虽使用寿命比木制托盘长,但损坏后不能维修。

(七) 养护设备

随着人民生活水平的提高和科学技术的进步,消费者对商品质量和服务的要求越来越高。

如何保证商品在储存当中质量不变，合理的养护管理设备是必不可少的。商品在库保管时，影响商品储存的因素有很多，而仓库温度、湿度条件是影响商品质量的两个重要因素。养护设备就是商品在仓库中保管时为防止商品变质、失效而使用的机具和仪器来保证货物不发生变化。

常见的养护设备有通风系统、通风机、减湿设备、空气幕（设在库门处以隔内外温差）、测潮仪、温度仪、吸潮仪、烘干箱、空气调节器、商品质量化验器等。

（八）计量设备

计量设备是利用机械原理或电测原理确定物质物理量大小的设备，应用于商品进出时的计量点数以及存货期间的检查、盘点等。货物在物流过程中使用的计量装置有很多，如电子秤、轨道衡、自动测重秤、地中衡、电子计算器、流量仪、皮带秤、天平秤以及较原始的磅秤、卷尺等。随着仓储管理水平的提高，现代化的自动计量设备将会得到更多更广泛的应用。

（九）安防设备

仓库中储存着大量的流通物资和储备物资，又是仓储作业的场所，存有较多的机械设施与设备。因此，应按照科学方法采取相应的技术措施，加强仓储安全，防止事故发生，确保人员、设备和商品安全，为避免管理人员生命财产遭受损失，为保证包装商品周转和供应工作的顺利进行有十分重要的作用。仓库消防安全设备是仓库必不可少的设备，一般包括防火、防盗、防生物性损害等。

拓展阅读

自动化立体仓库案例3D演示

自动化立体仓库

自动化立体仓库（Automatic Storage & Retrieval System），也称高层货架仓库，一般是指采用几层、十几层乃至几十层高的货架储存单元货物，用相应的物料搬运设备进行货物入库和出库作业的仓库。由于这类仓库能充分利用空间储存货物，故常形象地将其称为"立体仓库"。自动化立体仓库是现代物流系统中迅速发展的一个重要组成部分，它具有节约用地、减轻劳动强度、消除差错、提高仓储自动化水平及管理水平、提高管理和操作人员素质、降低储运损耗、有效地减少流动资金的积压、提高物流效率等诸多优点。与厂级计算机管理信息系统以及与生产线紧密相连的自动化立体仓库更是当今CIMS（计算机集成制造系统）及FMS（柔性制造系统）必不可少的关键环节。

广州地铁全线网自动售检票系统备件配送新模式

随着广州地铁线网的不断扩大，自动售检票系统设备数量多、电子板卡多、故障多的特点日益突出，本着提供"安全、准点、舒适、快捷"的企业目标，要求一线运营现场巡检人员快速判断自动售检票系统故障原因，通过更换电子板卡或其他备件快速修复故障。然而在旧的备件管理模式下，需要后台维修工厂委派专人进行现场仓库备件管理以及备件配送，再由前台车站巡检人员修复故障。

从运输、仓储到配送——盘点无人机物流的六大应用

本章小结

本章主要讲述了仓库的概念、功能以及仓库的种类、仓库平面布局、仓储设施设备及仓储安全作业管理，最终通过实训对所学理论进行实际操作，理论结合实际，让学生更深刻地

掌握仓库布局规划的相关知识和仓库内设备的认知与使用。

知识考查

一、单选题

1. （   ）是经过海关批准，在海关监管下，专供存放被办理关税手续。
   A. 出口监管仓库   B. 特种仓库   C. 保税仓库   D. 营业仓库
2. （   ）适宜存放对湿度要求不高，且出入库频繁的物品。
   A. 封闭式仓库   B. 半封闭式仓库   C. 露天式仓库   D. 罐式仓库
3. （   ）指出入库用运送机械存放取出，用堆垛机等设备进行机械化、自动化作业的高层货架仓储。
   A. 货架型仓库   B. 自动化立体仓库   C. 地面型仓库   D. 综合仓库
4. 库房内的通道分为（   ）、作业通道和检查通道。
   A. 运输通道   B. 人行通道   C. 副通道   D. 分类通道
5. 以下属于生产作业区的是（   ）。
   A. 库房   B. 油库   C. 食堂   D. 维修车间

二、多选题

1. 货位空间布局的主要形式有（   ）。
   A. 就地堆码   B. 货架存放   C. 架上平台   D. 空中悬挂
2. 根据仓库的保管条件不同可把仓库分为（   ）。
   A. 普通仓库   B. 保温、冷藏、恒湿恒温库
   C. 特种仓库   D. 气调仓库
3. 按建筑结构分类，可把仓库分为平房仓库、（   ）、罐式仓库。
   A. 楼房仓库   B. 钢筋混凝土仓库
   C. 高层货架仓库   D. 简易仓库
4. 现在物流使仓库管理从静态管理转为动态管理，使新型仓库据点有了新的称谓，如（   ）。
   A. 集货中心   B. 分货中心   C. 转运中心   D. 加工中心
5. 仓库库区由（   ）构成。
   A. 储运生产区   B. 辅助生产区   C. 货物中转区   D. 行政商务区

三、判断题

1. 通风系统是仓库养护设备。（   ）
2. 托盘选型应考虑的因素包括托盘尺寸。（   ）
3. 叉车的基本作业功能分为水平搬运、堆垛、取货、装货、卸货、拣选等。（   ）
4. 仓库总体平面规划一般可以划分为生产作业区、辅助作业区和行政生活区三大部分。（   ）
5. 自动化立体仓库指出入库采用运送机械存放取出，用堆垛机等设备进行机械化自动化作业的高层货架仓库。（   ）

第三章

入库作业

知识目标：
（1）熟练掌握入库作业的基本流程。
（2）理解入库作业的计划及内容，说出并分析影响入库作业的各种因素。
（3）了解入库单所包含的内容及制作提货凭证的知识。

能力目标：
（1）熟练根据供应商的送货方式，物品种类、特性与数量，仓库设备与存储方式的不同编制入库作业计划。
（2）能够进行各种图库单证的处理。
（3）能够办理物品入库交接手续。

素质目标：
（1）培养学生发现问题、分析问题、解决问题的能力。
（2）培养学生认真细致负责的职业态度。
（3）培养学生实事求是的科学态度。

导入案例

某光电科技有限公司的仓储管理

某光电科技有限公司位于广东惠州金源工业区，成立于1998年，是一家专业照明器与电气装置产品制造商。它是行业的龙头企业，凭借优异的产品品质、卓越的服务精神，获得了客户的广泛认可与赞誉。为了适应新形势下的战略发展需要，公司对现有的客户关系网络进行了整合，在全国各地成立了35个运营中心，完善了公司供应链系统、物流仓储与配送系统以及客户服务系统。

该公司总部共有成品仓库3个，分别是成品一组仓库、成品二组仓库和成品三组仓库。公司按产品的型号不同而将产品分放在不同的仓库：其中成品一组仓库位于一楼，目的是方便进出货，所以它那里存放的货物相对种类比较多，如筒灯、灯盘等，并且所有的外销品也存放在成品一组仓库。成品二组仓库储存的主要是路轨灯、金卤灯、T4灯、T5灯以及光源，公司的几大光源都存放在成品二组仓库。成品三组仓库主要存放特定的格栅灯、吸顶灯、导轨灯以及别的公司的一些产品。

仓库仓储系统的主要构成要素包括储存空间、货品、人员及设备等。储存是仓库的核心功能和关键环节，储存区域规划合理与否直接影响到仓库的作业效率和储存能力。因此，储存空间的有效利用成为仓库管理好坏的重要影响因素之一。该公司的产品销量很好，仓库的出入库频率大，货品流量也很大。该公司的仓库空间布局是上货架存放货物，立体的空间利用率不高，所以仓库的机械化程度也不是很高，仓库内只有叉车，包括手动叉车和电动叉车。仓库作业一般都用叉车，很少用人力，对于货物的收发，它们用的是物资收发卡，每一次的收发货都会在物资收发卡上做登记，这样就很方便平时查货等一些后续工作，从目前的工作结果来看，效率比较高，作业也比较方便。所以，从整体上看，该公司仓库的作业方法还是比较合理的。但仓库平时经常会因为储存空间不够用而将货物存放在作业空间的位置上。特别是在产品的销售旺季，仓库产品存放特别拥挤，在里面工作起来让人有压抑的感觉，所以仓库的作业环境不怎么合理。该公司仓库的储存成本从统计的数据来看还算合理，因为它的设备费用很少，固定保管费用也不是很高，而储存成本就是由该类费用构成的，所以储存成本也就不是很高了。

储存空间即仓库中以保管商品为功能的空间。

储存空间 = 物理空间 + 潜在利用空间 + 作业空间 + 无用空间。

物理空间即是指货品实际上占有的空间。该公司仓库中，物理空间占了整个仓库储存空间的75%以上；潜在利用空间占了整个仓库储存空间的10%左右；作业空间占了整个仓库储存空间的10%左右，因为该公司的仓库机械化程度并不高，所以作业空间小点并没有什么影响，它的安全间歇还基本符合要求；无用空间占了整个仓库储存空间的5%左右。从整体上看，该仓库的空间利用率很低，还有一点拥挤的现象。分析认为：应该相对减少一些物理空间的使用，增加一些作业空间中安全间歇等空间的使用。另外，从平面空间和垂直空间看，平面空间有了很好的利用，但垂直空间的利用率不高，因此可以考虑采用高层货架或高层自动立体货架，以更好地利用垂直空间。

货位管理就是指货品进入仓库之后，对货品如何处理、如何放置、放置在何处等进行合理有效的规划和管理。而货品如何处置、如何放置，主要由所采取的储存策略决定；货品的具体存放位置，则要结合相关的货位分配原则来决定。该公司仓库货位管理的储存方式采用的是定位储存原则。定位储存是指每一类或每一个储存货品都有固定货位，货品不能互用货位。所以，在规划货位时，每一项货品的货位容量不得小于其可能的最大在库量。但在实际的操作中，定位储存一般会按照情况不同而做适当的调整，它会根据实际情况而做改变。在该仓库的货位管理中，经该公司有关工作人员研究，把理论与实际相结合，实行了定位、定点、定量管理的原则，因此，它的货位容量不是全部按照最大在库量进行定位的，因为该公司的产品是属于季节性差异比较大的产品，如果按照最大在库量设定，就会使仓库的空间利用率下降，从而出现浪费资源的情况。

由于该公司仓库的所有库位都采用的是定位储存原则，按照该公司的仓库现状来看，全部使用定位储存原则是不太合理的。应该按照产品的不同特点与存储要求，将产品进行分类，对于重要的产品、数量少品种多的产品使用定位储存。由于公司的产品特性几乎都一样，它们的特性是不会相互排斥的，从产品特性上看是可以把它们随机放在一起的。

另外，该公司在仓储管理的货位分配上也有一些原则：①先进先出原则，即先入库的货品先出库的原则，该原则一般适用于寿命周期短的货品。②面向通道原则，即指将货品的标志、名称面向通道摆放，以便让作业员容易简单地辨识，这样可以使货品的存、取能够容易且有效率地进行，这也是使仓库内能流畅作业的基本原则。③重量特性原则，即指按照货品重量的不同来决定货品在保管场所的高低位置。一般而言，重物应该保管于地面上或货架的下层位置，轻的货品则保管于货架的上层位置。如果以人工进行搬运作业，那么人的腰部以下的高度用于保管重物或大型货品，而腰部以上的高度用来保管轻的货物或小型货品。这个原则对于采用货架的安全性及人工搬运的作业有很大的意义。根据这个原则，该公司的仓库备货就采用了摘果式。

资料来源：吴理门主编的《物流案例与分析》。

第一节　入库作业的基本流程

入库作业是指接到商品入库通知单后，经过接运提货、装卸搬运、检查验收、办理入库手续等一系列作业环节构成的工作过程。它是仓储业务的开始。

要对入库作业进行合理的安排和组织，就需要掌握入库作业的基本流程。入库作业的基本流程包括：制订入库作业计划、入库准备、货物接运、审核单据、物品检验、货物交接、办理入库手续等（图3-1）。

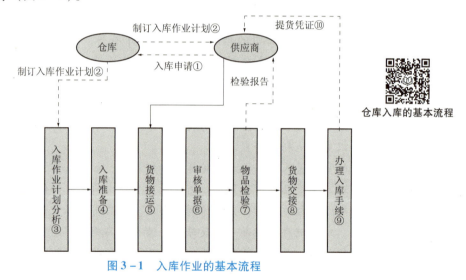

仓库入库的基本流程

图3-1　入库作业的基本流程

第二节　入库作业

一、制订入库作业计划

（一）入库作业计划的内容

入库作业计划是指仓库部门根据本部门和存货人的实际情况，权衡存货人的需求和仓库存储的可能性，通过科学的预测，提出在未来一定时期内仓库要达到的目标和实现目标的方法。

入库作业计划是存货人发货和仓库部门进行入库前准备的依据。入库作业计划包括到货时间、接运方式、包装单元与状态、存储时间及物品的名称、品种、规格、数量、单件体积、单件重量、物理特性、化学特性、生物特性等详细信息。

仓库部门对入库作业计划的内容要进行分析，并根据物品在库时间，物理、化学、生物特性，单件体积、重量、包装物等，合理安排货位。仓库部门对入库作业计划做出测评与分析之后，即可进行物品入库前的准备。

(二) 影响入库作业的因素

1. 供应商的送货方式

(1) 每天平均送货的供应商数量及最大量。平均每天来送货的供应商数量的多少和一天中最多有多少供应商来送货对仓库入库作业的影响最大。当送货的供应商数量多的时候，入库物品的数量和品种就会多，必然引起整个入库过程中各个环节工作量的增加和效率的降低。所以，入库作业时应该充分考虑每天送货供应商的数量和均衡性，以做到人员安排的合理性及设施设备等资源配置的合理性和经济性（图3-2）。

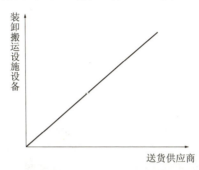

3-2 装卸搬运设施设备与送货供应商的关系

(2) 送货的车型及车辆台数。送货的车辆主要影响卸货站台的合理安排与利用及卸货方式，车辆台数直接影响作业人员的配置和作业设备、作业方式的选择。

载货汽车是指专门用于送货物的汽车，又称载重汽车。载货汽车按其重量的不同分为轻型、中型、重型三种，又可分为普通载货汽车和专用运输车辆。

①普通载货汽车。普通载货汽车的车身具有多种形式，敞车车身是载货汽车车身的主要形式，挂车顶部敞开，可装载高低不等的货物，它适用于运送各种货物（图3-3）。厢式车身即标准的挂车或货车，货厢封闭，可以提高货物安全性，多用于运送贵重货物（图3-4）。自卸汽车可以自动卸货，适用于运送散装货物，如煤炭、矿石、沙子等。

图 3-3 敞车　　　　　　　　图 3-4 厢式车

②专用运输车辆。专用运输车辆是按运输货物的特殊要求设计的，主要包括：a. 平板车，即挂车无顶也无侧翻厢板，主要用于运输钢材和集装箱货物（图3-5）。b. 罐式挂车，用于运输流体类货物（图3-6）。c. 冷藏车，用于运输需控制温度的货物（图3-7）。d. 高栏板车，其车厢底架凹陷或车厢栏板特别高以增大车厢容积（图3-8）。

图3-5 平板车

图3-6 罐式挂车

图3-7 冷藏车

图3-8 高栏板车

（3）每台车平均卸货的时间。每台车平均卸货的时间是用来衡量入库作业效率高低的重要指标。每台车平均卸货的时间越短，服务水平就越高，但对设施设备的自动化、机械化程度的要求就越高。

（4）物品到达的高峰时间。物品到达的高峰时间是制定作业人员轮班轮岗的重要依据。要合理安排不同班次的作业人数，以求达到作业人员的作业量和劳动强度的均衡性，同时既要降低成本又要保证服务水平。

（5）物品的装车方式。物品的装车方式主要影响卸货的方式和方法。如果物品是以散装形式装运的话，那么在卸车时要充分利用物品自身的重力；如果以件杂货形式且经过配装的话，卸车时主要以人工为主，就应尽可能消除物品自身的重力，采用不落地的装卸搬运方式，以降低作业强度；如果装车以单元形式的话，则尽可能选择机械作业方式。

（6）中转运输的转运方式。中转运输的转运方式包括直达转运、直通转运、储存分拣转运、流通加工转运、投机转运等形式，不同的转运方式入库作业量和作业方式有很大的不同（图3-9）。

①直达转运。直达转运就是物品不经过卸车入库等环节，留在运输工具上，按货主要求的时间、地点送到货主手中。

②直通转运。直通转运就是在仓库的站台上卸货不经入库环节，而直接转换运输方式或运输工具送到货主手中。

③储存分拣转运。储存分拣转运就是物品抵达仓库时物品的去向信息不明，要先经过

验收、装卸搬运、入库堆存、理货等作业，等候客户下达指令，然后按照客户要求经分拣环节送到客户手中。这是一种最典型的转运方式，工作量较大且涉及的设施、设备复杂。

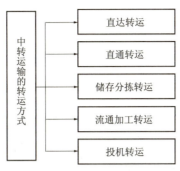

图3-9 中转运输的转运方式

④流通加工转运。流通加工转运是指物品抵达仓库后，在卸货、验收、搬运、分拣、加工、再分拣等作业环节后送到客户手中。

⑤投机转运。投机转运是指物品抵达仓库时物品去向信息不明，但目的明确，是囤积物品待物品价格达到期望目标时再经过验收、装卸搬运、入库堆存、理货等作业，根据货主下达的指令，按客户要求送抵客户而获取超额利润的转运方式。

2. 物品的种类、特性与数量

物品的种类、特性与数量直接影响入库计划的制订、接货方式、接货人员的安排、装卸搬运机械及仓储设施设备的配备、库区货位的确定、苫垫材料的选择及温湿度控制等方面。

（1）每天平均送达的物品品种数。平均每天送达的物品品种越多，物品之间的理化性质差异越大，对接货方式、装卸搬运机械及仓储设施设备的配备、库区货位的确定与分配、苫垫材料的选择等作业环节的影响就越大。

（2）单位物品的尺寸及重量。单位物品的尺寸及重量对装卸搬运、堆码上架、库区货位的确定等作业环节会产生影响。单位物品的尺寸小、重量小且未单元化，入库时一般采用人工作业或人工辅助机械化作业，上架储存；单位物品的尺寸大、重量大、则宜采用机械化装卸作业，堆码储存。若物品之间的尺寸、重量差异过大，势必对货区货位的确定造成影响（表3-1）。

表3-1 不同尺寸、重量的单位物品入库方式

物品	入库方式
单位物品的尺寸小、重量小且未单元化	一般采用人工作业或人工辅助机械化作业，上架储存
单位物品的尺寸大、重量大	采用机械化装卸作业，堆码储存
物品之间的尺寸、重量差异过大	势必对库区货位的确定造成影响

（3）物品包装形态。物品依据包装形态可分为散装物品、件杂货、单元货（托盘化、集装箱化）三种形态。物品包装形态的差异会对装卸搬运工具与方式、库区货位的确定、堆存状态产生影响（图3-10）。

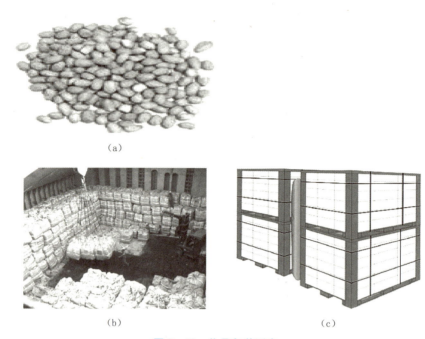

图 3-10 物品包装形态

(a) 散装物品；(b) 件杂货；(c) 单元货

（4）物品的保质期。物品保质期的长短直接影响物品的在库周期，保质期短的物品入库存储宜选用重力式货架，以严格保证"先进先出"，以延长物品后续的销售周期和消费周期（表 3-2）。

表 3-2 对食品保质期的规定

鱼、肉、禽类罐头 24 个月；果类罐头 15 个月
油炸干果、番茄酱 12 个月
汽水玻璃瓶装及聚酯瓶装 3 个月；易拉罐装 6 个月
果汁、蔬菜汁玻璃瓶装 6 个月
植物蛋白饮料玻璃瓶装 3 个月
11 度、12 度熟啤酒（获省优、国优的产品）4 个月；普通啤酒 2 个月；14 度啤酒 3 个月；10.5 度以下熟啤酒 50 天；葡萄酒、果露酒玻璃瓶装 6 个月；汽酒、黄酒 3 个月
镀锡铁罐装饼干 3 个月；塑料袋装 2 个月
塑料袋装方便面 3 个月
夹心巧克力 3 个月；纯巧克力 6 个月
糖果根据生产企业情况自定，但不得少于 3 个月
乳制品、奶粉（塑料袋装）4 个月；玻璃瓶装 9 个月；镀锡铁罐装 12 个月；炼乳玻璃瓶装 3 个月；镀锡铁罐装 9 个月
麦乳精镀锡铁罐装 12 个月；玻璃瓶装 9 个月；塑料袋装 4 个月

（5）装卸搬运方式。入库物品的形态决定物品入库时的装卸搬运作业方式，仓储企业在进行人员配置、装卸搬运设备的选择时，应充分考虑仓储对象的形态以形成经济合理的科学决策。

3. 仓库设备与存储方式

仓库设备是影响入库作业的另一个主要因素，叉车、传送带、货架储位的可用性，以及人工装卸、无货架堆码等要加以综合考虑。若仓库设备先进，而且均为货架储存，则其操作过程简单，现场一般干净整齐，仓库空间利用率高，便于管理；若仓库设备简陋，基本依赖人工操作，则现场一般比较杂乱，仓库空间利用率低，管理难度大（图3-11、图3-12）。

图3-11 自动化立体仓库

图3-12 普通仓库

同时也要考虑物品在库期间的作业状态、是否需要拆捆开箱、再包装工作等，为入库安排提供帮助。

案例分析

奥地利SPAR公司肉制品物流系统（入库）

奥地利SPAR公司的TANN库房的四大主要区域均有特定的设计目标以达到最大吞吐量，为此，各区域普遍采用了先进的软件系统和创新的仓储方案。货物分别经由两个入口进入高架库：TANN库房自己加工的肉和香肠制品直接从生产车间经4个收货口之一进入高架区，而外购产品则从贸易货物入口处进入仓库。收货区全部由不锈钢制成，以满足肉类制品严格的卫生要求。每个收货区均采用双向传送带，以保证最大限度地利用输送线。当传送带上没有托盘货物入库时，仓库控制系统开始将空托盘经收货区送出来。

二、入库准备

按入库物资的品种、规格、数量、包装、状态、到库时间、物资存期、取货方式、保管要求等，精确、妥善地安排仓库。仓管员了解入库前仓库的容量、空位、设备、人员安排等事项，制订仓储计划并下达到各个作业单位，以便合理的安排入库事项。入库前，仓管员应根据物资性质和数量做出堆垛方案、货架方案，仓管员应根据方案准备好作业用具，组织相关作业。仓管员还要妥善准备入库需要的报表、单证、账簿以备使用。

（一）货位规划

确定商品在仓库中具体存放的位置应注意以下四项原则。

（1）为了避免商品在储存过程中相互影响，性质相同或所要求保管条件相近的商品应集中存放，并相应安排在条件适宜的库房或货场。

（2）根据商品周转情况和作业要求合理选择货位，对于出入库频繁的商品应尽可能安排在靠近出入口或专用线的位置，以加速作业和缩短搬运距离，对于体大笨重的商品应考虑装卸机械的作业是否方便。

（3）应当根据商品储存量的多少，比较准确地确定每种商品所需的货位数量，一种商品的储存货位超过实际需要，不利于仓库空间的充分利用。

（4）在规划货位时应注意保留一定的机动货位，以便当商品大量入库时可以调剂货位的使用，避免打乱货位的安排。

（二）商品堆垛设计

堆垛就是根据商品的包装形状、重量和性能特点，结合地面负荷、储存时间，将商品分别堆码成各种垛形。商品的堆垛方式直接影响着商品的保管。合理地堆垛，能够使商品不变形、不变质，保证商品储存安全。同时，还能够提高仓库的利用率，并便于商品的保管、保养和收发。

1. 对堆垛商品的要求

商品正式堆垛时，必须具备以下四个条件。

（1）商品的数量、质量已经彻底查清。

（2）包装完好，标志清楚。外表的玷污、尘土等已经清除，不影响商品质量。

（3）受潮、锈蚀以及已经发生某些质量变化或质量不合格的部分，已经加工恢复或者已经剔除另行处理，与合格品不相混杂。

（4）为便于机械化操作，金属材料等应该打捆的已经打捆，机电产品和仪器仪表等可集中装箱的已经装入合理的包装箱。

2. 堆垛前的准备工作

商品堆垛前，必须做好堆垛的准备工作。准备工作主要有：

按进货的数量、体积、重量和形状，计算货垛的占地面积、垛高以及计划好对于箱装、规格整齐划一的商品所采用的垛形。

计算占地面积的公式如下：

单位包装物面积 = 长 × 宽。

单位面积重量 = 单位商品毛重 ÷ 单位面积。

可堆层数从净高考虑：

层数 a = 库高 ÷ 箱高。

可堆层数从地坪载荷考虑：

层数 b = 地坪单位面积最高载荷量 ÷ 单位面积重量。

可堆层数 = min ｛层数 a，层数 b｝。

占地面积 = （总件数 ÷ 可堆层数） × 单位包装物面积。

例：某仓库建筑面积为 20 000 平方米，地坪单位面积最高载荷量为 1 000 千克/平方米，库高 4.2 米。现该库收到商品入库通知，得知商品为办公用具，包装规格为 300 毫米 × 200 毫米 × 350 毫米，单位商品毛重 18 千克，包装标志限高 5 层，入库 2 400 箱。

如果该批物品入库后堆码堆垛，那么你作为仓库主管请计算出至少需要多大面积的储位？如果仓库可用宽度受限仅为 5 米，请计算出计划堆成重叠堆码的平台货垛的垛长、垛宽及垛高各为多少箱？

解：

单位包装物面积 = 0.3 米 × 0.2 米 = 0.06 平方米

单位面积重量 = 18 千克 ÷ 0.06 平方米 = 300 千克/平方米

可堆层数从净高考虑：

层数 a = 4.2 米 ÷ 0.35 米 = 12 层

可堆层数从包装标志限高考虑：

层数 b = 5 层

可堆层数从地坪载荷考虑：

层数 c = 1000 千克/平方米 ÷ 300 千克/平方米 ≈ 3.33 层 ≈ 3 层

可堆层数 = min {a, b, c} = min {12 层, 5 层, 3 层} = 3 层

占地面积 = (2 400 箱 ÷ 3 层) × 0.06 平方米 = 48 平方米

垛宽箱数 = 5 米 ÷ 0.2 米 = 25 箱

垛长箱数 = 48 平方米 ÷ 5 米 ÷ 0.3 米 = 32 箱

垛高箱数 = 4 箱

答：至少需要 48 平方米的储位。如果仓库可用宽度受限仅为 5 米，堆成重叠码的平台货垛垛长箱数 32 箱、垛宽箱数 25 箱、垛高箱数 4 箱。

3. 堆垛的基本形式

根据商品的基本性能、外形不同，堆垛有各种形式。基本形式有重叠式、纵横交错式、仰俯相间式、压缝式、宝塔式、通风式、栽柱式、鱼鳞式、衬垫式和架子化。

(三) 货架库货位准备

计划入库物品上架存储，在明确存储位置和所需货位数量的同时还要准备好相应数量的托盘。

1. 畅货架库货位优化

决定计划入库物品的存储位置的关键因素是物动量分类的结果，高物动量物品应该选择下层货位，中物动量的物品应该选择中层货位，低物动量物品则应该选择上层货位。

2. 畅货架库货位及托盘数量准备

为保证计划入库物品能够顺利入库，仓管人员应在入库前准备出足够的货位和上架所需的托盘。在计算所需货位及托盘数量时应考虑的因素包括以下五个。

(1) 计划入库的物品种类及包装规格。

(2) 货架货位的设计规格。

(3) 所需托盘的规格。

(4) 叉车的作业要求。

(5) 作业人员的熟练程度与技巧。

这里注意：货架库入位与平置库入位不同的地方还包括货位净高的要求，以及叉车作业空间的预留，一般预留空间 ≥ 90 毫米。

(四) 苫垫材料准备

根据预计到货物品的特性、体积、质量、数量和到货时间等信息，结合物品分区、分类

和货位管理的要求,确定货位。同时要做好防雨、防潮、防尘、防晒的准备,即准备好所需的苫垫材料。苫垫材料应根据货位位置和到货物品特性进行合理的选择。

垫垛材料的选择要考虑到使物品避免受地坪潮气的侵蚀,并满足垛底通风的需求。其主要材料包括枕木、方木、石条、水泥墩、防潮纸、防潮布及塑料垫板等(图3-13)。

图3-13 垫垛主要材料

(a)枕木;(b)方木;(c)石条;(d)水泥墩;(e)防潮纸;(f)防潮布;(g)塑料垫板

苫盖材料主要使物品免受风吹、雨打、日晒、冰冻的侵蚀。其主要材料包括塑料布、席子、油毡纸、铁皮及苫布等（图3-14）。

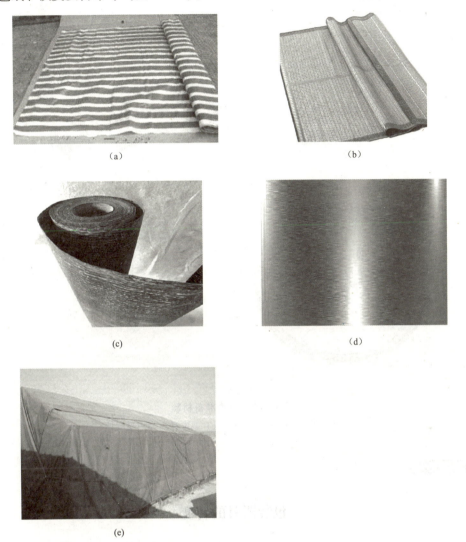

图3-14　苫盖主要材料
(a) 塑料布；(b) 席子；(c) 油毡纸；(d) 铁皮；(e) 苫布

（五）验收及装卸搬运器械准备

仓库理货人员根据物品情况和仓储管理制度，确定验收方法，准备验收所需的计件、检斤、测试、开箱、丈量、移动照明等器具（图3-15）。同时要根据到货物品的特性、货位、设备条件、人员等情况，科学合理地制定卸车搬运工艺，备好相关作业设备，安排好卸货站台或场地，保证装卸搬运作业的效率。

（六）人员及单证准备

按照到货物品的入库时间和到货数量，按计划安排好接运、卸货、检验、搬运物品的作业人员；仓管员对物品入库所需的各种报表、单证、账簿要准备好，以备使用。

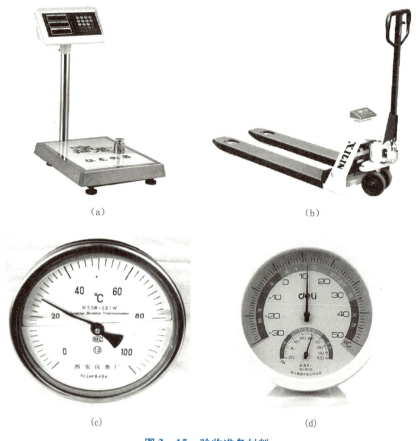

图 3-15 验收准备材料

（a）电子称；（b）称重叉车；（c）温度计；（d）湿度计

案例分析

包装器具的转变

最近几年，可回收包装物的使用程度越来越高。一家名为泰瑞达的公司就非常热衷于使用可回收包装箱。这些箱子运到公司位于全美各地的分支机构，又返回公司的仓库。过去泰瑞达公司用的都是纸板箱，现在改用可回收的塑料箱。每年损耗不足2%。一家包装箱生产公司的经理称，随着可回收箱子的利用日益增加，这些箱子多在一种系统中运行，过去卡车把装在纸箱里的货物装卸到仓库后，通常都空车返回，现在卡车卸货后，箱子会随卡车返回再装货。

大多数回收的包装箱是塑料的，比纸板箱要贵4~6倍，但耐用程度高于纸板箱20~30倍。因此，许多公司愿意出高一点的价格购买塑料箱，这样就不必每运一次货物就丢弃一个纸箱，从而节约了大量的成本。当这些塑料箱用旧了，经过简单的修理翻新，大部分还能再度发挥作用。许多仓库希望不论是运送还是搬运货物，都实现标准化，在这种情况下，包装箱的材料越耐用就越经济。

试分析：（1）泰瑞达公司的包装特点是什么？

（2）一般来讲，仓库对商品包装有什么要求？

三、货物接运

物品到达仓库的形式除了一部分由供货单位直接运到仓库交货外,大部分要经过铁路、公路、航运、空运等运输。凡经过交通运输部门转运的物品,均需经过仓库接运,才能进行入库验收,因此,接运是入库业务流程的第一道作业环节。

接运的主要任务是及时、准确地从交通运输部门提取物品,在接运由承运人转运的物品时,必须认真检查,分清责任,取得必要的证件,避免将一些在运输过程中或运输前就已经损坏的物品带入仓库,造成验收中责任难分和在保管工作中的困难或损失。

由于接运部门直接与交通运输部门接触,所以做好接运工作还需要熟悉交通运输部门的要求和制度。

做好物品接运业务管理的主要意义在于,防止把在运输过程中或运输之前已经发生的物品损害和各种差错带入仓库,减少或避免经济损失,为验收和保管保养创造良好的条件。

(一) 车站、码头提货的注意事项

到车站、码头提货是由外地托运单位委托铁路、水运、民航等运输部门或邮局代运或邮递货物到达本埠车站、码头、民航站、邮局后,仓库依据货物通知单派车提运货物的作业活动。此外,在接受货主的委托,代理完成提货、末端送货活动的情况下也会发生到车站、码头提货的作业活动。这种到货提运形式大多是零担托运、到货批量较小的货物。

(1) 提货人员对所提的货物应了解其品名、型号、特性和一般保管知识、装卸搬运注意事项等。在提货前应该做好接运的准备工作,例如装卸运输工具、存放场地等。提货人员在到货前,应该主动了解到货时间和交货情况,根据到货多少,组织装卸人员、机械和车辆,按时前往提货。

(2) 提货时应根据运单以及有关资料,详细核对品名、规格、数量,并要注意货物外观,查看包装、封印是否完好,有无玷污、受潮、水渍、油渍等异状。如果有疑点或不符,则应当场要求运输部门检查,并做相应记录。

(3) 在短途运输中,要做到不混不乱,避免破坏损失。危险品应按照危险品搬运规定办理。

(4) 货物到货后,提货员应与保管员密切配合,尽量做到提货、运输、验收、入库、堆码一条龙作业,从而缩短入库验收时间,并办理内部交接手续。

(二) 专用线接车的注意事项

专用线是铁路部门将转运的货物直接送到仓库内部铁路专用线的一种接运方式。一般铁路专用线都与公路干线联合。接到专用线到货通知后,应立即确定卸货货位,力求缩短场内搬运距离;组织好卸车所需要的机械、人员以及有关资料,做好卸车准备;接运时注意检查车皮和货物的状态,卸车时保持货物完好,编制卸车记录,办理交接。

(1) 接到专用线到货通知后,应立即确定卸货货位,力求缩短场内搬运距离;组织好卸车所需的机械、人员及有关资料,做好卸车准备。

(2) 车到达后,引导对位,进行检查。看车皮封闭情况是否良好,根据运单和有关资料核对到货物名、规格、标志和清点件数;检查包装是否有损坏或有无散包;检查是否有进水、受潮或其他损坏现象。在检查中发现异常情况,应请铁路部门派员复查,做好普通货商务记录,记录内容应与实际情况相符,以便交涉。

（3）卸车时要注意为货物验收和入库保管提供便利条件，分清车号、品名、规格，不混不乱；保证包装完好，不碰车，不压伤，更不得自行打开包装。应根据货物的性质合理堆放，以免混淆。卸车后在货物上应标明车号和卸车日期。

（4）编制卸车记录，记明卸车货位规格、数量，连同有关证件和资料，尽快向保管人员交代清楚，办好内部交接手续。

（三）仓库自行接货的注意事项

自提货是仓库直接到供货单位提货的一种形式。其特点是提货与验收同时进行。仓库根据提货通知，做好一切提货准备；到供货单位当场进行货物验收，点清数量，查看外观质量，做好验收记录；提货回仓库后，交验收员或保管员复验。因此，接运人员要按照验收注意事项提货，必要时可由验收人员参与提货。

（1）仓库接受货主委托直接到供货单位提货时，应将这种接货与出验工作结合起来同时进行。

（2）仓库应根据提货通知，了解所提货物的性能、规格、数量，准备好提货所需要的机械、工具、人员，配备保管人员在供货方当场检验质量、清点数量，并做好验收记录，接货与验货合并一次完成。

（四）库内接货的注意事项

存货单位或供货单位将货物直接运送到仓库储存时，应由保管人员或验收人员直接与送货人员办理交接手续，当面验收并做好记录。若有差错，则应填写记录，由进货人员签字证明，据此向有关部门提出索赔。

（五）货运交接责任划分和货运事故的处理

1. 货运责任划分的必要性

货运交接是由发货单位、收货单位和承运单位共同协作来完成货物从发货单位到收货单位的运输，而三方都有各自的职责范围和责任范围，都存在各自独立的经济利益。只有划清三方的责任界限，才能确保各方分工的工作质量。当发生运输事故时，由责任方承担经济赔偿。

2. 货运责任划分的一般原则

（1）货物在交给承运单位前产生的损失和由于发货单位工作差错、处理不当造成的损失，由发货单位负责。

（2）从承运单位接收货物起，到货物交付给收货单位止，所造成的损失和由于承运单位工作问题出现的损失，由承运单位负责。

（3）货物运到收货地，收货单位与承运单位办好交接手续后，产生的损失或由于收货单位工作问题造成的损失，由收货单位负责。

（4）由于自然灾害等不可抗力、货物本身性质造成的损失，相关单位不予负责。

3. 货运事故（货损货差）的处理

货物在运输中，由于各种原因造成商品的短缺、破损、受潮以及其他差错事故，不管责任属于哪一方，都应保护现场，做好事故记录，划清责任界限，并以此作为事故处理和索赔的依据。

在运输事故发生时，必须按照规定，要求交通运输部门做好事故记录，把运输事故的详细情况记载下来。货物运输事故记录有两种：一种是货运记录，另一种是普通记录。公路运输事故一般可在公路运输交接单（三联单）上记录货损货差情况。

（1）货运记录（旧称商务记录）：指货物运输过程中发生损失或差错事故，并确定其责任属于承运单位时，所编写的书面凭证，是收（发）货方向承运单位提出索赔的依据。货运记录是表明承运单位负有责任事故、收货单位据此索赔的基本文件。货运记录的记录事项包括：货物名称、件数与运单记载数字不符；货物被盗、丢失或损坏；货物污损、受潮、生锈、霉变或其他货物差错等。记录必须在收货人卸车或提货前，通过认真检查发现问题，在承运单位复查确认后，由承运单位填写再交给收货单位。

（2）普通记录：指在运输过程中发生损失或差错事故，并确定其责任属于发货单位时，所编写的书面凭证。普通记录是承运单位开具的一般性证明文件，不具备索赔的效力，仅作为收货单位向有关部门交涉处理的依据。遇到下述情况并发生货损货差时，填写普通记录：铁路专用线自装自卸的物品；棚车的铅封印纹不清、不符或没有按规定施封；施封的车门、车窗关闭不严，或者门窗有损坏；篷布苫盖不严导致漏雨或其他异状；责任判明为发货单位负责的其他事故。以上情况的发生，责任一般在发货单位，收货单位可以凭普通记录向发货单位交涉处理，必要时向发货单位索赔。

（3）公路运输交接单（三联单）：指在公路运输中发生损失或差错事故，并确定其责任属于承运单位时，所编写的书面凭证，是收（发）货方向承运单位提出索赔的依据。

四、审核单据

（一）入库通知单

入库通知单即存货人（货主）向仓库企业提出入库申请的书面形式，具体内容包括：入库物品名称、物品属性、包装材质及规格、单价、数量、申请入库时间、存储时间及其他信息等。当仓储企业业务部门收到存货人的入库通知单后，要对此业务进行分析评估，包括：到货日期、物品属性、包装、数量、存储时间及本企业的接卸货能力、存储空间、温湿度控制能力等方面。在分析评估后认为此业务本企业难以承担，业务部门可与存货人就存在的问题进行协商，如协商难以达成一致，则可拒绝此项业务；在分析评估后认为此业务完全符合本企业业务范围，则业务部门根据入库通知单制订入库计划，分别发给存货人和本企业仓储部门，发给存货人的入库计划作为其入库申请的确认，发给本企业仓储部门的入库计划作为生产计划，仓储部门依此计划进行生产准备（表3-3、表3-4）。

表3-3　入库通知单

仓库名称：南京国际物流港1号　　　　　　　　　　　　　时间：2016年8月1日

采购订单号				201608010010			
客户指令号			201608010010	订单来源		QQ	
客户名称			溧水汽车配件有限公司	质量		正品	
入库方式			送货	入库类型		正常	
序号	货品编号	名称	单位	产品规格	申请数量	实收数量	备注
1	9787508632018	轮胎	个	175/70R	80		
2							

续表

采购订单号				201608010010			
客户指令号		201608010010		订单来源		QQ	
客户名称		溧水汽车配件有限公司		质量		正品	
入库方式		送货		入库类型		正常	
序号	货品编号	名称	单位	产品规格	申请数量	实收数量	备注
3							
4							
	合计						

制单人：　　　　　　　送货人：　　　　　　　仓管员：

表3-4　送货单

日期：2016年8月1日　　　　　　　　　　　　　　　　　编号：L000012001

客户信息				
客户单位	溧水汽车配件有限公司		客户地址	溧水经济开发区
货物信息				
货物名称	包装	数量	单位	实收数量
轮胎	无	80	个	
客户验收意见				

送货人：　　　　　　　发货人：

（二）存货人单证

存货人单证主要包括：送货单和原产地证明等。

送货单由存货人开具，通常包括五联：白联为存根联，由发货部门留存；红联为记账联，交财务；绿联为回单联，收货人签字确认后由送货人带回；蓝联交收货人留存；黄联为出门证，交门卫。

原产地证明用以证明物品的生产国别，进口国海关凭以核定征收的税率。在我国，普通产地证可由出口商自行签发，或由进出口商品检验局签发，或由中国国际贸易委员会签发。在实际业务中，应根据买卖合同或信用证的规定，提交相应的产地证。

（三）承运商单证

承运商单证主要指运单。运单由承运人或其代理人签发，证明物品运输合同和物品由承运人接管或装船，以及承运人保证将物品交给指定的收货人的一种单证。运单由承运单位开出，包括承运物品名称、包装状况、单位、单价、数量、承运时间、联系方式等信息，通常运单包括3~5联，主要的作用有以下两个：

（1）"两次三方"物品交接的凭证（"三方"指的是托运人、承运人、收货人；"两次"指的是托运人与承运人物品交接、承运人与收货人物品交接）。

（2）承运方与托运方财务核算的凭证。

五、物品检验

（一）验收准备

仓库接到到货通知后，应根据货物的性质和批量提前做好验收前的准备工作，大致包括以下内容。

（1）人员准备。安排好负责质量验收的技术人员或用货单位的专业技术人员，以及配合数量验收的装卸搬运人员。

（2）资料准备。收集并熟悉待验货物的有关文件，如技术标准、订货合同等。

（3）器具准备。准备好验收用的检验工具，如衡器等，并校验准确。

（4）货位准备。确定验收入库时存放货位，计算和准备堆码苫垫材料。

（5）设备准备。大批量货物的数量验收，必须有装卸搬运机械的配合，应做好设备的申请调用。

此外，对于有些特殊货物的验收，如毒害品、腐蚀品、放射品等，还要准备相应的防护用品。

（二）检验内容

1. 数量检验

数量检验是保证物品数量准确不可缺少的重要步骤，一般指在质量检验之前，由仓库保管职能机构组织安排仓管员进行。按物品的性质和包装情况分类，数量检验分为三种形式，即计件、检斤、检尺求积。

（1）计件。计件是按件数供货或以件数为计量单位的物品，做数量验收时的清点件数。在一般情况下，计件物品应全部逐一清点。一般运输包装（外包装）完好，销售包装（内包装）数量固定一般不拆包，只清点大包装，特殊情况才可拆包抽查，若有问题再扩大抽查范围，直至全查；固定包装物的小件物品，如果包装完好，打开包装对保管不利，则可不拆。国内物品一般只检查外包装，不拆包检查，进口商品按合同或惯例办理。

（2）检斤。检斤是按重量供货或以重量为计量单位的物品，做数量验收时的称重。金属材料、某些化工产品多半是检斤验收。按理论换算重量供应的物品，先要通过检尺，例如金属材料中的板材、型材等，然后，按规定的换算方法换算成重量验收。对于进口物品，原则上应全部检斤，但如果订货合同规定按理论换算重量交货，则按合同规定。所有检斤的物品，都应填写磅码单。

（3）检尺求积。检尺求积是对以体积为计量单位的物品，例如木材、竹材、砂石等，先检尺、后求体积所做的数量验收。凡是经过数量检验的物品，都应该填写磅码单。在做数量验收之前，还应根据物品来源、包装好坏或有关部门规定，确定对到库商品是采取抽验还是全验方式。在一般情况下，数量检验应全验，即按件数全部进行点数，按重量供货的全部检斤，按理论换算重量供货的全部检尺，后换算为重量，以实际检验结果的数量为实收数。关于全验和抽验，如果物品管理机构有统一规定，则可按规定办理；若合同有规定，则按合同规定办理。

2. 质量检验

质量检验包括外观检验、尺寸精度检验、理化检验三种形式。仓库一般只做外观检验和尺寸精度检验，理化检验如果有必要，则由仓库技术管理职能部门取样，委托专门检验机构检验。

（1）外观检验。在仓库中，质量验收主要指物品的外观检验，由仓库保管职能部门组织进行。外观检验是指通过人的感觉器官，检验物品的包装外形或装饰有无缺陷；检查物品包装的牢固程度；检查物品有无损伤，例如撞击、变形、破碎等；检查物品是否被雨、雪、油污等污染，有无潮湿、霉腐、生虫等。外观有缺陷的物品，有时可能影响其质量，所以，对外观有严重缺陷的物品，要单独存放，防止混杂，等待处理。凡经过外观检验的物品，都应该填写"检验报告"。物品的外观检验通过直接观察物品包装或物品来判别质量情况，大大简化了仓库的质量验收工作，避免了各个部门反复进行复杂的质量检验，从而节省大量的人力、物力和时间。

（2）尺寸精度检验。物品的尺寸检验由仓库的技术管理职能部门组织进行。进行尺寸精度检验的商品，主要是金属材料中的型材、部分机电产品和少数建筑材料。不同型材的尺寸检验各有特点，例如椭圆材主要检验直径和圆度，管材主要检验壁厚和内径，板材主要检验厚度和均匀度等。对部分机电产品的检验，一般请用料单位派员进行。尺寸精度检验是一项技术性强、很费时间的工作，全部检验工作量大，并且有些物品质量的特性只有通过破坏性的检验才能测到，所以，一般采用抽验的方式进行。

（3）理化检验。理化检验是对物品内在质量和物理化学性质所进行的检验，一般主要是对进口物品进行理化检验。对物品内在质量的检验要求一定的技术知识和检验手段，目前仓库多不具备这些条件，所以一般由专门的技术检验部门进行，如羊毛含水量的检测、药粉含药量的检测、花生含黄曲霉菌的检测等。

以上质量检验是物品交货时或入库前的验收。在某些特殊情况下，还有完工时期的验收和制造时期的验收。这是指在供货单位完工或正在制造过程中，由需方派员到供货单位检验。应当指出，即使供货单位检验过的物品，或者因为运输条件不良，或者因为质量不稳定，也会在进库时发生质量问题，所以交货时入库前的检验，在任何情况下都是必要的。

3. 验收方式

物品验收方式分为全验和抽验。在进行数量和外观验收时一般要求全验。在质量验收时，当批量小、规格复杂、包装整齐或要求严格验收时可以采用全验。全验需要大量的人力、物力和时间，但是可以保证验收的质量。

在批量大、规格简单、包装整齐、存货单位的信誉较高、人工验收条件有限的情况下通常采用抽验的方式。物品质量和储运管理水平的提高以及数理统计方法的发展，为抽验方式提供了物质条件和理论依据。

4. 问题处理

物品验收中，可能会发现诸如单证不齐、数量短缺、质量不符合要求等问题，应区别不同情况，及时处理，并填写问题物品处理记录单。

验收中发现问题等待处理的物品，应该单独存放，妥善保管，防止混杂、丢失、损坏。

（1）数量短缺在规定磅差范围内的，可按原数入账；凡超过规定磅差范围的，应查对核实，做好验收记录和磅码单交主管部门会同货主向供货单位办理交涉。凡实际数量多于原发料量的，可由主管部门向供货单位退回多发数，或补给货款。在物品入库验收过程中发生的数量不符情况，其原因可能是发货方在发货过程中出现了差错，误发了商品，或者是在运输过程中漏装或丢失了物品等。数量短缺不论是什么原因，都应由收货人在凭证上做好详细记录，并按实际数量签收，并通知发货人。

（2）质量不符合规定时，应及时向供货单位办理退货、换货，或征得供货单位的同意代为修理，或在不影响使用的前提下降价处理。物品规格不符或错发时，应先将规格对的予以入库，规格不对的要详细做好验收记录并交给主管部门处理。

（3）单证未到或不齐时，应及时向供货单位索取，到库物品应作为待检验物品堆放在待验区，待单证到齐后再进行验收。单证未到之前，不能验收，不能入库，更不能发料。

（4）属承运部门造成的物品数量短少或外观包装严重残损等，应凭接运提货时索取的"货运记录"向承运部门索赔。

（5）价格不符，供方多收部分应予拒付，少收部分经过检查核对后，应主动联系，及时更正。

（6）"入库通知单"或其他单证已到，在规定的时间未见物品到库时，应及时向有关部门反映，以便查询处理。

六、货物交接、办理入库手续

交接手续是指仓库对收到的物品向送货人进行的确认，表示已经接受物品。办理完交接手续，意味着划分清楚运输、送货部门和仓库的责任。完整的交接手续包括以下过程。

（一）物品接收

仓库通过理货、查验物品，将不良物品剔除、退回或者编制残损单证等明确责任，确定收到物品的确切数量、物品表面状态完好。

（二）文件接收

接受送货人送交的物品资料、运输的货运记录以及随货在运输单证上注明接收的文件名称、文号等，物品资料包括图纸、准运证等。

（三）单证签署

仓库与送货人或承运人共同在送货人交来的送货单、交接清单上签字，并留存相应单证。若送货单与交接清单不一致或物品、文件有差错时，还应附上事故报告或说明，并由有关当事人签章，待处理。

本章小结

本章主要讲解了入库作业流程及影响入库作业的因素，并以入库作业流程各环节为核心展开阐述相关知识点。本章第一部分概述了入库作业的基本流程，而第二部分则是分别针对入库作业流程的每一个流程进行重点讲授，分别讲授了制定入库作业、入库准备、货物接运、审核单据、物品检验、货物交接、办理入库手续的内容。

知识考查

一、单选题

1. 商品入库最普通的方式是（　　）。
   A. 车站码头提货   B. 仓库自行提货   C. 专用线接车   D. 零担到货
2. 商品验收是对入库物品的（　　）进行检验。
   A. 数量   B. 包装   C. 质量   D. 数量和质量
3. 转库是（　　）的一种入库形式。
   A. 仓库内调整存放地   B. 不同存货人之间
   C. 不同库区的物品转移   D. 内部存储单证调整
4. 商品接运是仓库的（　　）环节，由接运员和相关配合作业人员完成。
   A. 外部作业   B. 内部作业   C. 内部交接   D. 外部交接
5. 商品入库时，分类搬运这一程序紧跟在（　　）之后。
   A. 接收   B. 验收   C. 凭证签发   D. 办理入库手续

二、多选题

1. 商品入库验收的目的是（　　）。
   A. 保证仓单的准确性   B. 正确安排储位
   C. 保证货主的权益   D. 保证仓库的安全
2. 物料管理的范围包括（　　）。
   A. 原材料、半成品与成品   B. 废品与废料
   C. 设备维修用零组件或工具   D. 售后服务用零组件
3. 物品入库的手续为（　　）。
   A. 登账立卡   B. 物品检验   C. 建立物品档案 D. 签入库单
4. 物品堆垛的常用形式是（　　）。
   A. 重叠式   B. 纵横交错式   C. 仰卧相间式   D. 货架存放式
5. 商品的入库方式有（　　）。
   A. 车站、码头、仓库提货   B. 凭提货单入库
   C. 指定货运站和代理人提货   D. 过户与转库

三、判断题

1. 送货的车辆主要影响卸货站台的合理安排与利用及卸货方式，车辆台数直接影响作

业人员的配置和作业设备、作业方式的选择。（ ）

2. 交接手续是指仓库对收到的物品向送货人进行的确认，表示已经接受物品。办理完交接手续，意味着划分清楚运输、送货部门和仓库的责任。（ ）

3. 承运商单证主要指运单。运单由承运人或其代理人签发，证明物品运输合同和物品由承运人接管或装船，以及承运人保证将物品交给指定的收货人的一种单证。（ ）

4. 堆垛就是根据商品的包装形状、重量和性能特点，结合地面负荷、储存时间，将商品分别堆码成各种垛形。（ ）

5. 数量检验是保证物品数量准确不可缺少的重要步骤，一般指在质量检验之前，由仓库保管职能机构组织安排仓管员进行。（ ）

第四章

在库管理

知识目标：
(1) 了解并掌握物品装卸搬运方式、方法的相关知识。
(2) 了解并掌握物品保养的相关知识，掌握库区 5S 管理的知识。
(3) 掌握气温、库温、垛温与湿度的变化规律。
(4) 掌握盘点作业方式、方法及内容。
(5) 掌握库存控制的相关知识。

能力目标：
(1) 能够根据物品特性和仓储管理要求制定物品的储存方案。
(2) 能够根据作业对象不同选择适宜的装卸搬运方法。
(3) 能够根据 5S 管理的要求，对作业现场进行监督和管理。
(4) 能够根据盘点作业的内容和要求进行盘点。
(5) 能够根据定量订购法的基本原理，确定订货点和经济订购批量。
(6) 能够根据 ABC 分类管理法的基本原理，进行库存控制 ABC 分析。

素质目标：
(1) 培养学生的动手能力。
(2) 培养学生耐心细致的工作态度。
(3) 养成良好的行为习惯。

导入案例

"8·12"天津市滨海新区爆炸事故

"8·12"天津市滨海新区爆炸事故是一起发生在天津市滨海新区的重大安全事故。2015 年 8 月 12 日 23 点 30 分左右，位于天津市滨海新区天津港的瑞海国际物流有限公司危险品仓库发生火灾爆炸事故，本次事故中爆炸总能量约为 450 吨 TNT 当量。造成 165 人遇难，304 幢建筑物、12 428 辆商品汽车、7 533 个集装箱受损。

截至 2015 年 12 月 10 日，依据《企业职工伤亡事故经济损失统计标准》等标准和规定统计，事故已核定的直接经济损失为 68.66 亿元。经国务院调查组认定，"8·12"天津市滨海新区爆炸事故是一起特别重大的生产安全责任事故。

瑞海国际物流有限公司官网显示（目前已经禁止访问），该公司仓储业务的商品类别有：

厂房、仓库安全出口设置

第二类：压缩气体和液化气体（氩气、压缩天然气等）。

第三类：易燃液体（甲乙酮、乙酸乙酯等）。

第四类：易燃固体、自燃物品和遇湿易燃物品（硫黄、硝化纤维素、电石、硅钙合金等）。

第五类：氧化剂和有机过氧化物（硝酸钾、硝酸钠等）。

第六类：毒害品（氰化钠、甲苯二异氰酸酯等）。

第八类、第九类：腐蚀品、杂类（甲酸、磷酸、甲基磺酸、烧碱、硫化碱等）。

这个火灾凸显：

（1）危险品仓库距离居住区只有50米，这样规定是有问题的。

与此类似的，加油站距离居民区的规定也是有问题的，一旦加油站爆炸，居民的死亡率就会很高；各个地方政府相关部门应该着手处理这个隐含的炸弹了。

（2）危险品企业的监管，涉及资质、环境影响评价、安全措施等的有效性。

（3）危险品企业的安全措施、安全管理、危险品的储存和分类摆放、预防措施、仓库布局以及物品存放都应该在消防局备案登记，这能为将来消防提供切实有效的科学依据。

（4）员工的安全教育。

（5）这个事故同时也反映了对技术的蔑视和不尊重导致的灾难性后果，因为这么多危险品集中存放，不亚于一个武器库，如果没有真正专家级别的技术人员参与安全防范，那么迟早会发生大事故。关键是企业和海关管理人员意识到这个潜在的巨大的安全隐患了吗？任何问题发生与否，已经发生的或孕育中的，都可以简单归结为：管理问题和技术问题。

（6）对于特种物质的消防知识、应急管理、报警器、灭火工具、危险品登记备案、危险品网点分布和消防设施等机制完全没有有效的体系保证。这些都是对消防员的根本保护和对火情控制的必备基本功。没有这些，盲目施救的话，消防员会更加危险。

从这次的严重安全特大事故可以看出，各个地方政府相关主管部门对危险品监管的失控和企业对安全管理的失控。

如果这种局面不能从系统上得到有效改善，那么类似的灾难性的安全问题可能还会重演。

第一节　物品的装卸搬运

关于配送在库作业是仓储管理过程的主要控制环节，物品在经过一系列入库环节之后，就相对"静止"在仓库中。在这个阶段中，需要准确地对物品进行分类，对物品进行合理编号，做好物品的保管与养护工作。在保管过程中，还要加强对物品的盘点和移库工作。在库作业就是要实现对物品在仓库中上述作业环节的管理。

在同一地域范围内（如车站范围、工厂范围、仓库内部等）以改变"物"的存放、支撑状态的活动称为装卸，以改变"物"的空间位置的活动称为搬运，两者全称装卸搬运。有时候在特定场合，单称"装卸"或单称"搬运"也包含"装卸搬运"的完整含义。在习惯使用中，物流领域（如铁路运输）常将装卸搬运这一整体活动称作"货物装卸"；生产领域常将这一整体活动称作"物料搬运"。实际上，活动内容都是一样的，只是领域不同而已。

装卸是指物品在指定地点以人力或机械装入运输设备或卸下。搬运是指在同一场所内，对物品进行以水平移动为主的物流作业。装卸是改变"物"的存放、支撑状态的活动，主要指物体上下方向的移动。而搬运是改变"物"的空间位置的活动,主要指物体横向或斜向的移动。通常装卸搬运是合在一起用的。

一、装卸搬运的原则

(1)减少装卸。尽量减少装卸次数,以及尽可能地缩短搬运距离等,所起的作用也是很大的。因为装卸作业不仅要花费人力和物力,增加费用,还会使流通速度放慢。如果多增加一次装卸,费用也就相应地增加一次,同时还增加了商品污损、破坏、丢失、消耗的概率。因此,装卸作业的经济原则就是"不进行装卸"。所以,应当考虑如何才能减少装卸次数、缩短移动商品的距离的问题。

(2)装卸的连续性。这是指两处以上的装卸作业要配合好。进行装卸作业时,为了不使连续的各种作业中途停顿,而能协调地进行,整理其作业流程是很有必要的。因此,进行"流程分析",对商品的流动进行分析,使经常相关的作业配合在一起,也是很有必要的。如把商品装到汽车或铁路货车上,或把商品送往仓库进行保管,则应当考虑合理装卸,或出库的方便。所以,某一次的装卸作业、某一个装卸动作,有必要考虑下一步的装卸而有计划地进行。要使一系列的装卸作业顺利地进行,作业动作的顺序、作业动作的组合或装卸机械的选择及运用是很重要的。

(3)提高灵活性。在物流过程中,常须将暂时存放的物品再次搬运。从便于经常发生的搬运作业考虑,物品的堆放方法是很重要的,这种便于移动的程度,被称为"搬运灵活性"。衡量商品堆存形态的"搬运灵活性",用灵活性指数表示(图4-1)。

图4-1 灵活性指数
(a) 0级;(b) 1级;(c) 2级;(d) 3级

(e)

图 4-1 灵活性指数（续）
(e) 4 级

0 级——物品杂乱地堆在地面上的状态。

1 级——物品装箱或捆扎后的状态。

2 级——箱子或被捆扎后的物品，下面有枕木、垫板或托盘，便于叉车或其他机械作业的状态。

3 级——物品被放于台车上或被起重机吊钩钩住，即可移动的状态。

4 级——被装卸、搬运的物品，已经被启动、直接作业的状态。

(4) 商品整理。就是把商品汇集成一定单位数量，然后再进行装卸，既可避免损坏、消耗、丢失，又容易查点数量，而且最大的优点在于使装卸、搬运的单位加大，使机械装卸成为可能，以及使装卸、搬运的灵活性变好等。这种方式是把商品装在托盘、集装箱和搬运器具中原封不动地装卸、搬运，进行输送、保管。

(5) 物流整体。在整个物流过程中，要从运输、储存、保管、包装与装卸的关系来考虑。装卸要适合运输、储存保管的规模，即装卸要起支持并提高运输、储存保管能力、效率的作用，而不是起阻碍的作用。对于商品的包装来说也是一样的，过去是以装卸为前提进行的包装，要运进许多不必要的包装材料，采用集合包装，不仅可以减少包装材料，还省去了许多徒劳的运输。

二、装卸搬运的作用

装卸搬运活动在整个物流过程中占有很重要的位置。一方面，物流过程各环节之间以及同一环节不同活动之间，都是以装卸作业有机结合起来的，从而使物品在各环节、各种活动中处于连续运动或所谓流动；另一方面，各种不同的运输方式之所以能联合运输，是因为装卸搬运使其形成。在生产领域中，装卸搬运作业已成为生产过程中不可缺少的组成部分，成为直接生产的保障系统，从而形成装卸搬运系统。由此可见，装卸搬运是物流活动得以进行的必要条件，在全部物流活动中占有重要地位，发挥重要作用。

(1) 影响物流质量。因为装卸搬运是使货物产生垂直和水平方向上的位移，货物在移动过程中受到各种外力作用，如振动、撞击、挤压等，容易使货物包装和货物本身受损，如损坏、变形、破碎、散失、流溢等，装卸搬运损失在物流费用中占有一定的比重。

(2) 影响物流效率。物流效率主要表现为运输效率和仓储效率。在货物运输过程中，完成一次运输循环所需的时间，在发运地的装车时间和在目的地的卸车时间占有不小的比重，特别是在短途运输中，装卸车时间所占的比重更大，有时甚至超过运输工具的运行时间，所以缩短装卸搬运时间，对加速车船和货物周转具有重要作用；在仓储活动中，装卸搬运效率对货物的收发速度和货物周转速度产生直接影响。

（3）影响物流安全。由于物流活动是物的实体的流动，因此在物流活动中确保劳动者、劳动手段和劳动对象安全非常重要。装卸搬运特别是装卸作业，货物要发生垂直位移，不安全因素比较多。实践表明，物流活动中发生的各种货物破失事故、设备损坏事故、人身伤亡事故等，相当一部分是在装卸过程中发生的。特别是一些危险品，在装卸过程中如违反操作规程进行野蛮装卸，很容易造成燃烧、爆炸等。

（4）影响物流成本。装卸搬运是劳动力借助于劳动手段作用于劳动对象的生产活动。为了进行此项活动，必须配备足够的装卸搬运人员和装卸搬运设备。由于装卸搬运作业量较大，它往往是货物运量和库存量的若干倍，所以所需装卸搬运人员和设备数量亦比较大，即要有较多的活动和物化劳动的投入，这些劳动消耗要计入物流成本，如能减少用于装卸搬运的劳动消耗，就可以降低物流成本。

第二节　物品的保管作业

货物码放实用工具

一、物品的堆码

堆码是指将物品整齐、规则地摆放成货垛的作业。它根据物品的性质、形状、轻重等因素，结合仓库储存条件，将物品堆码成一定的货垛。

1. 物品堆码的要求

在物品堆码前要结合仓储条件做好准备工作，在分析物品的数量、包装、清洁程度、属性的基础上，遵循合理、牢固、定量、整齐、节约、方便等方面的基本要求，进行物品的堆码。

（1）合理。搬运活性合理、分垛合理、垛型合理、重量合理、间距合理、顺序合理。

（2）牢固。适当选择垛底面积、堆垛高度和衬垫材料，提高货垛的稳定性，保证堆码的牢固、安全、不偏不歪、不倚不靠（不倚靠墙、柱）和物品不受损害。

（3）定量。为便于检查和盘点，能使保管人员过目成数，在物品堆码时，垛、行、层、包等数量力求整数，每垛应有固定数量，通常采用"五五堆码"。对某些过磅称重物品不能成整数时，必须明确地标出重量，分层堆码，或成捆堆码，定量存放。

（4）整齐。堆码排列整齐有序，同类物品垛形统一，形成良好的库容。货垛横成行、纵成列，物品包装上的标志一律朝外，便于查看和拣选。

（5）节约。坚持一次堆码，减少重复作业；爱护苫垫物，节约备用料，降低消耗；充分利用空间，节省货位，提高仓库空间利用率。

（6）方便。便于装卸搬运，便于收发保管，便于日常维护保养，便于检查点数，便于灭火消防，便于物品保管和增加安全性。

2. 物品的堆码方式

（1）普通物品的堆码方式。

普通物品的堆码方式包括散堆方式、货架方式、成组堆码方式、堆垛方式四种。

①散堆方式。适合于露天存放的、没有包装的大宗货物。优点：节省投资、提高储存面积的利用率。缺点：有可能使商品破损变形；易造成货位的"空缺"。不能任意选拣，不能保证货物的先进先出。

②货架方式。适合于小件、品种规格复杂且数量较小，包装简易或脆弱，易损坏，不便堆垛的货物。优点：提高了面积利用率和仓容利用率，有利于货物的存取、选拣，做到先进先出，避免了相互挤压所造成的破损变形，便于机械化、自动化以及计算机管理。缺点：投资成本高，需要留有一定数量和宽度的通道，仓库的平面布置改动困难。

③成组堆码方式。采用成组工具（托盘、集装箱、吸塑等）先将物品组成一组，使其堆存单元扩大，从而可以用装卸机械装卸的物品。

④垛堆方式。这种垛堆方式是指直接利用物品或其包装外形进行堆码。这种堆码方式能够增加货垛高度，提高仓库利用率，能够根据物品的形状、特性的需要和货位的实际情况，把货垛堆码成各种样式，以利于保护物品质量。垛堆方式是应用最广泛、样式最繁多的一种堆码方式。其常用的方式主要有以下几种：重叠式堆码、纵横交错式堆码、俯仰相间式堆码、压缝式堆码、衬垫式堆码、栽桩式堆码、"五五化"堆码等（图4-2）。

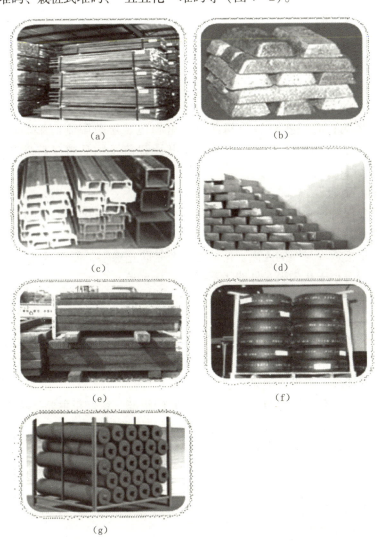

图4-2 垛堆方式

(a) 重叠式堆码；(b) 纵横交错式堆码；(c) 俯仰相间式堆码；
(d) 压缝式堆码；(e) 衬垫式堆码；(f) 栽桩式堆码；(g) "五五化"堆码

（2）有特殊要求的物品的堆码方式。

①要求通风的物品堆码。此类物品可在每件物品的前后左右均留出一定的间隔或空隙，码成通风垛，便于散发物品中所含水分和降低垛堆的温度。

②怕压物品的堆码。为了使物品不致受损，堆码时应根据物品承受力的大小，适当地控制堆码的方式和堆码的高度。对于体形不大或不太特殊的物品，为保证不被压坏，并充分利用库容量，可利用货架摆放。

③容易渗漏的物品堆码。此类物品为方便检查，应堆码成小垛，并且成行排列，同时行与行之间亦应留有一定的间距。

④危险物品的堆码。在满足物品堆码基本要求的基础上，根据危险物品的属性进行堆码。要注意保持堆放场所干燥、通风、阴凉，做好防毒、防爆、防腐工作。

3. 货垛堆码标准

不同的物品货垛堆码垛形、垫垛高度、货垛高度、垛底面积、U形通道与直通道宽窄、货垛的"五距"都有一些差别。一般物品的标准如下：

（1）货垛的垛高。

货垛的垛高会直接影响仓库的容量、安全和货垛的稳定性。普通物品货垛的垛高主要受物品性质和包装的影响；轻泡货的垛高主要受仓库空间高度的影响；而重货的垛高受仓库地坪载荷的影响；有一些物品受其自身承重和包装层数限制而影响垛高。所以在确定垛高时要综合考虑仓库空间高度、仓库地坪设计载荷及物品自身特性和包装对垛高的要求三项指标。

（2）货垛的"五距"。

物品的堆码要保持通常所说的货垛"五距"，即墙距、柱距、顶距、灯距和垛距。"五距"的主要作用是通风、防潮、散热、安全、方便。

墙距。墙距是指货垛与墙的距离。留墙距主要是防止渗水，便于通风散潮。库内货垛与隔断墙之间墙距不得小于0.3米；外墙距不得小于0.5米。

柱距。柱距是指货垛与屋柱之间的距离。留柱距是为防止商品受潮和保护柱脚，一般留10～20厘米。

顶距。顶距是指货堆的顶部与仓库屋顶平面之间的距离。留顶距主要是为了通风。平房仓库顶距应不小于0.3米；多层库房顶距不得小于0.5米；人字形屋架库房，以屋架下檐为货垛的可堆高度，即垛顶不可以触梁。

灯距。灯距是指在仓库里的照明灯与商品之间的距离。留灯距主要是防止火灾，商品与灯的距离一般不应小于50厘米。但对危险品应根据其性质另行规定。

垛距。垛距是指货垛与货垛之间的距离。留垛距是为便于通风和检查商品，一般留10厘米即可。

（3）货垛的垛基。

对垛基的基本要求是：将整垛货物的重量均匀地传递给地坪；保证良好的防潮和通风；保证垛基上存放的物品不发生变形。

露天货场垛基高度应为300～500毫米，有效防水、防潮和通风。大型设备的中心部位应增加下垫物，下垫物应摆放平整。露天钢材堆垛应具有一定坡度，以利于排水。尽量使垛基与地面的接触面积大些，防止地坪被压陷。

(4) 货垛的垛形。

垛形是指货垛的外部形状。一般按货垛立面形状分，可以分为矩形、正方形、三角形、梯形、半圆形等（图4-3）。

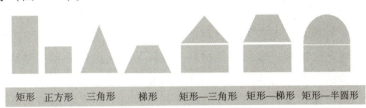

矩形　正方形　三角形　梯形　矩形—三角形　矩形—梯形　矩形—半圆形

图4-3　货垛的垛形

不同立面的货垛各有不同的特点。矩形垛易于堆码，便于盘点计数，库容整齐，但随着堆码高度的增加，货垛稳定性会下降。三角形垛、梯形垛和半圆形垛的稳定性好，便于苫盖，但是不便于盘点计数，空间的利用率低于矩形货垛。

二、物品的垫垛和苫盖

1. 垫垛

（1）垫垛的目的：使地面平整；使堆垛货物与地面隔开，防止地面潮气和积水浸湿货物；通过强度较大的衬垫物使重物的压力分散，避免损害地坪；使地面杂物、尘土与货物隔开；形成垛底通风层，有利于货垛通风排湿；使货物的泄漏物留存在衬垫之内，防止流动扩散，以便于收集和处理。

（2）垫垛的基本要求：所使用的衬垫物与拟存货物不会发生不良影响，具有足够的抗压强度；地面要平整坚实、衬垫物要摆放平整，并保持同一方向；衬垫物间距适当，直接接触货物的衬垫面积与货垛底面积相同，衬垫物不伸出货垛外；要有足够的高度，露天堆场要达到0.3~0.5米，库房内0.2米即可。

2. 苫盖

（1）苫盖的定义。

苫盖是指采用专用苫盖材料对货垛进行遮盖，以减少自然环境的阳光、雨、雪、风、露、霜、尘、潮气等对物品的侵蚀、损害，并使物品由于自身理化性质所造成的自然损耗尽可能地减少、保护物品在存期间的质量。特别是露天存放的物品在码垛以后，一般都应进行妥善地苫盖，以避免物品受损。需要苫盖的物品，在堆垛时应根据物品的特性、堆存期的长短、存放货场的条件，注意选择苫盖材料和堆码的垛型。

（2）苫盖的要求。

物品苫盖的基本要求是顶面必须倾斜，避免雨雪后积水深入货垛，苫盖物不能苫到地面，苫盖物的下端应离开地面1厘米以上，避免阻碍货垛通风和对地面雨雪积水产生虹吸现象。苫盖物必须捆扎牢固，防止被风刮落。苫盖的具体要求：

①选择合适的苫盖材料。应从苫盖材料本身对物品是否会发生不良反应，从成本上考虑苫盖材料与物品是否匹配，从苫盖物是否适应当地气候等方面来选择。

②苫盖要牢固，特别是露天货场存放的物品。在经常受台风袭击的地区，贵重物品、散装粉末状物品尽量避免在露天货场存放。

③苫盖接口要紧密，由于物品或场地的需要，苫盖物必须有接口时，要拴牢或压实，要

有一定深度的互相叠盖，不能留迎风接口或留空隙；苫盖必须拉挺、平整，不得有折叠和凹陷，防止积水。

④苫盖物的底部与垫垛平齐，不腾空，不拖地。

（3）苫盖的方法。

①就垛苫盖法。直接将大面积苫盖材料覆盖在货垛上遮盖。该法适用于大件包装物品。一般采用大面积的帆布、油布、塑料膜等材料。就垛苫盖法操作便利，但基本不具有通风条件。因此，就垛苫盖法适合于对通风要求不高的物品，要注意地面干燥。

②鱼鳞式苫盖法。将苫盖材料从货垛的底部开始，自下而上呈鱼鳞式逐层交叠围盖。该法一般采用面积较小的席、瓦等材料苫盖。鱼鳞式苫盖法具有较好的通风条件，但每件苫盖材料都需要固定，操作比较烦琐复杂。

③固定棚架苫盖法。固定棚架是用预制的苫盖骨架与苫叶合装而成的简易棚架，不需要基础工程，可随时拆卸和通过人力移动。

④活动棚架苫盖法。活动棚架与固定棚架不同的是，棚架四周及顶部铺围苫盖物，在棚柱底部装上滚轮，整个棚架可沿固定轨道移动。活动棚架本身需要占用仓库位置，固定轨道要占用一定的使用面积，需要较高的购置成本。

⑤隔离苫盖法。苫盖物不直接摆放在货垛上，而采用隔离物使苫盖物与货垛间留有一定的空隙。隔离物可用竹竿、木条、钢筋、钢管、隔离板等。此法的优点是利于排水通风。

三、库区的 5S 管理

仓库的 5S 管理

5S 是指在物品保管现场，按步骤进行整理、整顿、清扫、清洁和素养 5 项活动。

1. 整理

整理是指做出要与不要的决定。明确区分要与不要，将要的留下来，将不要的清除掉。实施整理是节省空间，防止误发误用，防止积压变质，只管理需要的商品，以提高管理质量和管理效率。

2. 整顿

整顿是指将要的东西留下来，将不要的东西处理掉。第一，把需要的商品以合理的方式分类摆放，并明确标记，以利于准确、快速地查找取用，减少混料、错发的现象。要做到：凡物必分类，有类必有区，有区必有标记。第二，把不要的商品处理掉。实施整顿的目的是便于查找。

3. 清扫

清扫是指将环境清理干净。在整理、整顿后，要进行彻底打扫，杜绝污染源。实施清扫是因为干净明亮的工作环境有利于提高产品质量。

4. 清洁

清洁是指随时保持整洁。清洁是一种状态，是维持整理、整顿、清扫的结果。实施清洁是因为清洁的环境，能使人心情愉悦、积极乐观。

5. 素养

素养是指不断追求完美。所谓素养，是指养成遵守既定事项的好习惯，不论是在家里还是在其他地方。整理、整顿、清扫、清洁是身边谁都能做得到的事，做得到也应该做好，素养就是整理、整顿、清扫、清洁的继续和升华。实施素养的目的是培养遵纪守法、品德高尚、具有责任感的员工，营造团队精神。

实施5S管理可产生的效能是：减少浪费，提高效率，保证质量，树立企业形象，产生经济效益。

第三节　物品的养护作业

物品的养护作业是指根据仓库的实际条件，对不同物品进行保护和保存以及对其质量进行控制的活动。在经营过程中对物品进行养护不仅是技术问题，还是综合管理问题，可以产生物品的时间效用。物品的养护应根据其特性和形状，按有效的方法进行养护，为此要做好人、物、温湿度养护等方面工作。

一、商品的物理机械变化

商品的物理机械变化是指改变物质本身的外表形态，本质不变，未形成新物质的质量变化，主要有挥发、溶化、熔化、渗漏、串味、沉淀、玷污、破碎与变形等。

（1）挥发：液态物品在空气中汽化而散发。易出现于酒精、香水等化学制剂，医药中的部分制剂等。

防范措施：增强包装，控制仓库温度。

（2）溶化：固态物品因吸收水分，溶化为液态，如糖、食盐、明矾、尿素等。

防范措施：控制湿度，注意防潮。

（3）熔化：低熔点物品遇热软化或者变为液态，如蜡烛、纸张、圆珠笔芯、石蜡等。

防范措施：选择通风阴凉的仓库，控制温度，防止日照，尽量减少温度影响。

（4）渗漏：液态物品因包装不严导致泄漏现象。

防范措施：加强包装管理以及入库检验，在库物品检查与温度、湿度控制与管理。

（5）串味：如大米、面粉、茶叶、卷烟、汽油、煤油、肥皂等。

防范措施：采取密封包装，单独对气味强烈的物品进行储存与运输。

（6）沉淀：易发生于墨汁、化妆品、饮料、酒等。

防范措施：防止阳光照射。

（7）玷污：指物品外表易被其他物质混染的现象，如针织品、服装等。

防范措施：搞好卫生，包装严密。

（8）破碎与变形：受外力影响发生形态改变，如玻璃、陶瓷等。

防范措施：注意妥善包装，轻拿轻放。注意垛堆高度。

二、商品的化学变化

商品的化学变化是指不仅改变物品形态，还改变物品本质，且有新物质形成，不能恢复原状，主要包括氧化、水解、分解、化合、聚合、裂解、老化、风化等。

（1）氧化：易氧化的物品较多，如化工原料、纤维制品、橡胶制品等。棉、麻、丝等长期阳光照射会发生变色，即是氧化的作用。

防范措施：保持仓库干燥、通风、散热和温度较低。

(2) 水解：某些物品遇水后分解。如肥皂遇到酸性会水解，而在碱性溶液中很稳定。

防范措施：注意包装的酸碱性。

(3) 分解：性质不稳定的物品，在光、电、热、酸、碱及潮湿空气的作用下，物质发生分解反应。

防范措施：注意包装的密封性，库房保持干燥、通风。

(4) 化合：在外界条件的影响下，两种以上物质相互作用，生成新物质的反应。

防范措施：控制好温湿度。

(5) 聚合：在外界条件的影响下，同种分子相加而结合成更大分子的现象。

防范措施：注意日光照射，控制储存温度。

(6) 裂解：高分子有机物在一定的条件下，发生分子链断裂，使物质发生变质的现象。

防范措施：防止受热和日光直接照射。

(7) 老化：含有高分子有机物成分的物品，在外界条件的作用下，性能逐渐变坏的过程。

防范措施：防止日光照射和高温影响。

(8) 风化：含结晶水的物品在一定的条件下，失去结晶水后变成无水物质的现象。

防范措施：控制好温湿度。

三、仓库的温湿度控制

1. 温湿度

药品储存与养护

常见豆制品冷库储存温、湿度要求

温度与湿度密切相关，在一定的湿度下，随着温度的变化，空气中的水分可以变成水蒸气，也可以变成水滴。仓库温湿度与物品变质往往有密切关系，特别是危险品的储存，关系到物品储存的安全，易燃液体储藏温度一般不许超过 28 摄氏度，爆炸品储藏温度不许超过 30 摄氏度。因此，控制仓库的温湿度是十分重要的。

（1）温度。

库外露天的温度叫气温；仓库里的温度一般叫库温；货垛物品的温度叫垛温。气温对库温有直接影响，对垛温有间接影响。库温除受气温影响外，还受仓库建筑材料和地势及仓库周围环境的影响。垛温除受库温的影响，还受物品本身性质和堆码结构的影响。

①昼夜温差的变化。

14—15 点温度最高，8—10 点、18—20 点气温变化最快。昼夜温差随纬度不同而不同，热带温差为 12 摄氏度，温带为 8~10 摄氏度。在我国，南方温差为 8 摄氏度左右，北方温差可能在 15 摄氏度左右。

②气温年变化。

最低温度出现在 1—2 月，最高温度出现在 7—8 月，年平均气温出现在 4 月和 10 月。

③温度的非周期性变化，如霜冻、寒流、暖流等。

④库内空气温度的变化规律。

库内空气的热源主要来自库内，太阳光照射库房墙壁、屋顶向库内传导热量，或通过门窗向库内辐射热量，库外大气也经墙壁、库顶与库内进行热量交换，或通过门窗、通风洞等对流。一般库内温度的变化稍迟于库外，幅度也小于库外。

库内温度变化规律：气温逐渐升高或降低时，库温也随着升高或降低，库温主要随气温变化而变化；库温变化的时间，总是落后于气温变化1~2个小时；库温与气温相比，夜间库温高于气温，而白天库温要低于气温；库温变化的幅度比气温变化的幅度小。

（2）湿度。

库外露天的湿度叫空气湿度，它是指空气中水蒸气含量的程度。通常以绝对湿度、饱和湿度、相对湿度等指标来衡量。

①绝对湿度是指单位体积空气中，实际所含水蒸气的重量，即每立方米的空气中含多少克的水汽量。

②饱和湿度是指在一定气压、气温的条件下，单位体积空气中所能含有的最大水蒸气重量。

③相对湿度是指空气中实际含有水蒸气量与当时温度下饱和蒸汽量的百分比，即绝对湿度与饱和湿度的百分比，它表示在一定温度下，空气中的水蒸气距离该温度的饱和水蒸气量的程度。相对湿度越大，说明空气越潮湿；反之，则越干燥。在仓库温湿度管理中，检查仓库的湿度大小，主要是观测相对湿度的大小。三者之间的关系：相对湿度 =（绝对湿度/饱和湿度）×100%。

一般而言，温度越高，空气的绝对湿度就会越高；相对湿度越大，说明空气越潮湿。当温度下降到未饱和空气达到饱和状态时，空气中的水汽会变成水珠附在冷的物品上，俗称"出汗"，这种现象的出现会造成物品损坏。而此时的温度称为"露点"。

在温度不变的情况下，空气绝对湿度越大，相对湿度越大；绝对湿度越小，相对湿度越小。在空气中的水蒸气含量不变的情况下，温度越高，相对湿度越小；温度越低，相对湿度越大。

2. 仓库温湿度控制与调节方法

（1）通风。

原理：合理选择通风方式，自然通风、风压通风、热压通风。

风压通风是利用风的作用，使库内外形成压力差，库内外空气发生对流与置换。热压通风是利用库内外的温度差，所造成的库内外空气的密度差，产生一定的压力差，使库内外空气达到对流与置换。

选择适宜的通风时机：

①通风降温：主要对温度要求比较严格，而对空气湿度要求不太严格的商品，如氨水等。

②通风升温：当库外温度高于库内温度，而库内商品怕冻或怕凝固时采用。

③通风降湿：当商品怕受潮，且是以下情况时才可以采用：库外温度和相对湿度至少有一个低于库内；库外温度和绝对湿度低于库内，库外相对湿度稍高于库内。

④通风增湿：对于木制品，在库外相对湿度高于库内相对湿度时通风。

通风方法：应尽量利用自然通风，也可采用机械通风。提高自然通风效果的途径：应合理布局，库房的门窗对称设置，加大进风面积，增加库房高度，库内采取横列式布置。要掌握好通风时机，通风和密封相结合，通风达到目的后及时中止通风，进行密封，以保持通风效果。

(2) 密封。

密封是指将储存商品的一定空间，使用密封材料，尽可能严密地封闭起来，使之与周围大气隔离，防止或减弱自然因素对商品的不良影响，为商品创造适宜的保管条件。通常，密封的目的主要是防潮，但同时也能起到防锈蚀、防霉、防虫、防热、防冻、防老化等综合效果。

密封储存应注意的几个问题：

①选择好密封时机，还要注意启封时机。

②做好密封前的检查：看物品是否有锈蚀等异常，看包装窗口是否完好。

③合理选用密封材料。

④密封须和通风及吸湿相结合。在一般情况下，应尽可能利用通风降潮，当不适合通风时，才进行密封，利用吸湿剂吸湿。密封能保持通风和吸湿的效果，吸湿为密封创造适宜的环境。

⑤做好密封后的观察。

(3) 吸湿。

冷却法、液体吸湿剂、固体吸附剂、压缩法（提高水汽的分压，使之超过饱和点，成为水滴而被除去）。

①冷却法：除湿机（图4-4）。

②吸湿剂吸湿法。

吸湿剂有固态吸湿剂、液态吸湿剂两种。一般采用固态吸湿剂，如氯化钙、硅胶、铝凝胶、分子筛、生石灰、木炭等。各种吸湿剂的性能、吸湿效果和价格等均有很大不同。商品仓库常用的是氯化钙和硅胶。氯化钙主要适用于库房较大范围内的吸湿；硅胶适用于包装箱内保管贵重商品的吸湿（图4-5）。

图4-4　除湿机　　　　　　　图4-5　吸湿剂

(4) 气幕隔潮。

气幕俗称"风帘"，是利用机械鼓风产生强气流，在库门口形成一道气流帘子，其风速大于库内外空气的流速，可以阻止库内外空气的自然交换，从而防止库外热潮空气进入库内。

四、危险品养护

(1) 危险品应存放于专用库场内并用明显物标示，库场配备相应的安全设施和应急器。

(2) 库场管理人员应经过专门训练，了解和掌握各类危险品保管知识，并在考试合格后方可上岗。

（3）危险品进入库场时，库场管理人员应严格把关，性质不明或包装不符合规定的，库场管理人员有权拒收。

（4）危险品应堆放牢固，标记朝外或朝上，一目了然。

（5）照明用灯，应选择专用防爆灯，避免生成电火花。

（6）危险品库场应建立健全防火责任制，确保各项安全措施的落实。

第四节　在库物品盘点

盘点，是指定期或临时对库存物品的实际数量进行清查、清点的作业，即对仓库现有物品的实际数量与保管账上记录的数量进行核对，检查有无残缺和质量问题，以便准确地掌握物品保管数量，进而核对金额。盘点是保证储存物品达到账、物、卡相符的重要措施之一。只有使用库存物品经常保持数量准确和质量完好，仓储部门才能更有效地为生产、流通提供可靠的供货保证。因此，在库作业管理必须十分重视盘点工作。

在正常情况下，账面上的数字和实际数字应该是一致的，但在实际作业活动中，出入库作业频繁出现计量计数的误差，致使盘点时往往发生账、物、卡不符的情况。即使物品账面价值与现有物品一致，然而由于风化、锈蚀、光照等自然原因，也会使物品质量下降，有的甚至会成为不能使用的劣质品，或质量虽未变化，但随着时间的推移却成为过时的旧型号物品，这些都将导致物品的价格下降。因此，应准确掌握质量低下的劣质品或陈旧品的数量，并查找其质量下降的原因，以便采取措施，防止类似事件再发生。

一、盘点方式

（1）定期盘点，即仓库的全面盘点，是指在一定时间内（一般是每季度、每半年或年终财务结算前）进行一次全面的盘点，由货主派人会同仓库保管员、商品会计一起进行盘点对账。

（2）临时盘点，即当仓库发生货物损失事故，或保管员更换，或仓库与货主认为有必要盘点对账时，组织一次局部性或全面的盘点。

二、盘点内容

（1）货物数量。通过点数计数查明商品在库的实际数量，核对库存账面资料与实际库存数量是否一致。

（2）货物质量。检查在库商品质量有无变化，有无超过有效期和保质期，有无长期积压等现象，必要时还必须对商品进行技术检验。

（3）保管条件。检查保管条件是否与各种商品的保管要求相符合，如堆码是否合理稳固、库内温度是否符合要求、各类计量器具是否准确等。

（4）库存安全状况。检查各种安全措施和消防器材是否符合安全要求，建筑物和设备是否处于安全状态。

三、盘点原则

（1）真实：要求盘点所有的点数、资料必须是真实的，不允许作弊或弄虚作假，掩盖漏洞和失误。

（2）准确：盘点的过程要求准确无误，资料的输入、陈列的核查、盘点的点数都必须准确。

（3）完整：所有盘点过程的流程，包括区域的规划、盘点的原始资料、盘点点数等，都必须完整，不要遗漏区域、遗漏商品。

（4）清楚：盘点过程属于流水作业，不同的人员负责不同的工作，所以所有资料必须清楚，人员的书写必须清楚，货物的整理必须清楚，才能使盘点顺利进行。

（5）团队精神：盘点是全体人员都参加的营运过程。为减少停业的损失、加快盘点的时间，各个部门必须有良好的配合协调意识，以大局为重，使整个盘点按计划进行。

四、盘点人员安排

1. 人员安排的注意事项

（1）分店楼面部门除必需的留守人员外，所有人员均应参加年度盘点，包括行政部门等，必须支援楼面进行盘点。

（2）盘点前1个月，各个部门将参加盘点的人员进行排班，盘点前1周，原则上取消年假休息，盘点当日应停止任何休假。

（3）各个部门将参加盘点的人员报盘点小组，必须注明哪些是点数人员，哪些是录入人员。

（4）盘点小组统一对全店的盘点人员进行安排，分库存区盘点人员、陈列区盘点人员。

（5）盘点小组安排盘点日陈列区的人员时，各个分区小组中必须包括本区营运部门的经理、主管、熟练员工，其中经理任本分区内设置的分控制台台长。

（6）盘点小组在每一个分区小组的人员安排中，必须明确初点录入人员和点数人员、复点录入人员和点数人员等。

2. 人员安排的通告

（1）盘点小组的人员安排。

① 盘点小组在接到部门上报的参加盘点人员的名单和排班后，将楼面所有盘点人员进行安排，于盘点前7天以书面通知、公告的方式通知各个部门。

② 盘点人员按库存区盘点和陈列区盘点两次来安排。将超市的盘点区域分成不同的盘点分区，每个分区设置一个盘点分组和分控制台，每个分控制台设置一个分台长，全面控制盘点工作的进行。

（2）安全部复查人员的安排。

安全部根据盘点的情况，分别按库存区盘点和陈列区盘点两次来安排人员。要求每个分区都必须安排人员进行复查。重点是精品部、家电部、烟酒部以及比较容易出现点数错误的区域。

第五节　库存控制

库存控制（Inventory Control），是对制造业或服务业生产、经营全过程的各种物品、产成品以及其他资源进行管理和控制，使其储备保持在经济合理的水平上。库存控制是使用控制库存的方法，得到更高盈利的商业手段。库存控制是仓储管理的一个重要组成部门。它在满足顾客服务要求的前提下，通过对企业的库存水平进行控制，力求尽可能降低库存水平、提高物流系统的效率，以提高企业的市场竞争力。

库存是指暂时闲置的有价值的资源。一般来讲，库存是处于储存状态的物品，但广义的库存还包括处于制造加工状态和运输途中的物品。所以企业的原材料、燃料、低值易耗品、在制品、半成品、产成品等都属于库存范畴。

一、库存成本构成

企业在进行有关库存规模的决策时，必须从经济性角度出发，综合考虑影响库存量决策的成本因素，包括订购成本、库存持有成本和缺货成本。

1. 订购成本

订购成本指所有因发出订单和接受额外订购而增加的成本。这些额外成本与订购的批量无关。订购成本包括：

（1）订购手续成本，如订购所花的人工费用、事务用品费用、主管及有关部门的审查费用。

（2）运输费用，固定的运输费用通常并不受订购批量的影响。

（3）接收成本，指不随订购批量而变化的接收成本，例如采购与订购的匹配及更新库存记录有关的工作。按订购数量来计算的接收成本不应包括在内。

2. 库存持有成本

库存持有成本指企业保持有库存时所发生的成本。

（1）资本成本：经常被看成是资本的机会成本。

（2）仓储成本：仓库的租金及仓库管理、盘点、维护设施（如保安、消防等）的费用。

（3）搬运成本：存货数量增加，则搬运和装卸的机会也增加，搬运工人与搬运设备同样增加，搬运成本增加。

（4）报废成本：或是市场原因，或是因为产品质量退化，产品价值会衰减。产品的报废成本取决于所保有的产品的类型。

（5）其他成本：比如存货的保险费用及其他管理费用等。

存储成本按以上成本的总和进行估算，通常以占产品成本的百分比来表示，一般在20%左右，但是它的范围可以是9% ~ 50%，主要取决于企业的存货政策。

3. 缺货成本

缺货成本是指因存货不足而造成的损失，包括由材料供应中断造成的停工损失、丧失销售机会的损失等。缺货成本的确定应视企业是否允许出现存货短缺的情况而定。若允许缺货，则缺货成本便与存货数量反向相关；若不允许缺货，则缺货成本为零。

二、常用的库存控制方法

1. 定量订货法（经济订购批量法）

原理：对库存进行不间断检查，当库存下降到再订购点时，就会再次订购批量为 Q 的货物。在这种策略下，每次都按固定的经济批量订货，每次的订货数量不变，但由于不同时期的商品的需求可能不同，库存量降到再订购点的时间可能不同，两次订货之间的间隔时间可能是变化的。

库存模型：定量订货模型。需要确定的两个重要参数是经济订购批量和再订货点。

确定型定量订货模型——需求量和前置期已知且固定不变（图 4-6）。

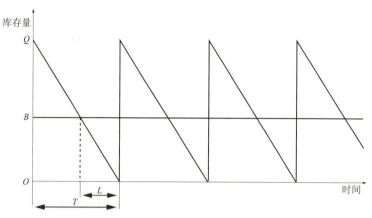

图 4-6 确定型定量订货模型

假设条件：

（1）单一产品，需求是固定的，且在整个时期内保持一致。

（2）提前期（从订购到收到货物的时间）是固定的。

（3）单位产品的价格是固定的，即没有数量折扣。

（4）库存持有成本以平均库存为计算依据。

（5）订购成本固定。

（6）不允许延期交货，即不允许缺货。

建立模型：

假定 TC 为年总成本；C 为单位产品的成本；R 为年需求量；Q 为订购批量（最佳批量称为经济订购批量 EOQ）；S 为订购成本；h 为年存储成本占产品成本的百分比。

由定量订货库存模型的基本原理可看出，当每次订货批量为 Q 时，平均库存为 $Q/2$，则：

$$\text{年库存持有成本} = \frac{Q}{2} \cdot h \cdot C \qquad ①$$

$$\text{年订购成本} = \frac{R}{Q} \cdot S \qquad ②$$

年总成本 = 年订购成本 + 年库存持有成本

$$\text{TC} = \frac{Q}{2} \cdot h \cdot C + \frac{R}{Q} \cdot S \qquad ③$$

年总成本与订购批量的关系，如图 4-7 所示。

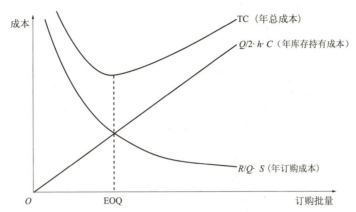

图 4-7　年总成本与经济订购批量的关系

利用微积分，将总成本对 Q 求导数，并令其等于零，得：

$$\text{EOQ} = \sqrt{\frac{2 \cdot R \cdot S}{h \cdot C}} \qquad ④$$

由于该模型假定需求和提前期都不变，即无须安全库存，再订货点可用下式求得：

$$B = d \cdot L \qquad ⑤$$

式中，d 为日平均需求量（常数）；L 为用天表示的提前期。

2. 定期订货法

原理：定期检查库存状况，库存一下降就再次订货，从而将库存水平提高到指定的初始水平。在该策略中，订货间隔时间固定，而没有固定的再订货点，每次订货的数量也不相同，它以每次实际盘存的库存量与预定的最高库存量之差作为每次的订货量。

库存模型：定期订货模型。需要确定的两个重要参数是检查周期和最高库存量。最简单的确定型定期订货模型如图 4-8 所示。

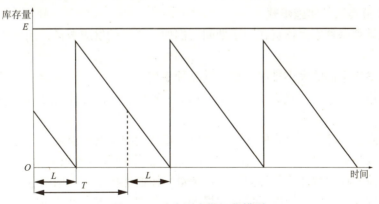

图 4-8　确定型定期订货模型

假设条件：
（1）单一产品，需求是固定的，且在整个时期内保持一致。
（2）提前期（从订购到收到货物的时间）是固定的。
（3）单位产品的价格是固定的，即没有数量折扣。
（4）库存持有成本以平均库存为计算依据。

（5）订购成本固定。

（6）不允许延期交货，即不允许缺货。

建立模型：

经济的订货间隔时间是使库存总成本最小的订货间隔时间。在不允许缺货的前提下，年总成本同定量订货库存模型：

$$年总成本 = 年订购成本 + 年库存持有成本$$

即

$$TC = m \cdot S + \frac{1}{2} \cdot \frac{R}{m} \cdot m \cdot C = \frac{S}{T} + \frac{R \cdot T}{2} \cdot h \cdot C \qquad ⑥$$

式中，T 为订货间隔时间；$m = 1/T$ 为每年的订货次数；其他变量意义同定量订货库存模型。

同理，TC 是关于 T 的导数，并令其等于零，得

$$T = \sqrt{\frac{2S}{R \cdot h \cdot C}} \qquad ⑦$$

$$E = d \cdot (T + L)$$

式中，E 为最高库存水平；d 为日平均需求量（常数）；T 为订货间隔时间；L 为用天表示的提前期。

3. ABC 分类法

（1）基本原理：由于各种库存物品的需求量和单价各不相同，其年耗用金额也各不相同。那些年耗用金额较大的库存物品，由于其占压企业的资金较大，对企业经营的影响也较大，因此需要进行特别的重视和管理。ABC 库存分类法就是根据库存物品的年耗用金额的大小，把库存物品划分为 A、B、C 三类。A 类库存品：其年耗用金额占总库存金额的 75%～80%，其品种数却占总库存品种数的 15%～20%；B 类库存品：其年耗用金额占总库存金额的 10%～15%，其品种数占总库存品种数的 20%～25%；C 类库存品：其年耗用金额占总库存金额的 5%～10%，其品种数却占总库存品种数的 60%～65%。

（2）ABC 分类法的实施步骤。

第一，先计算每种库存物资在一定期间，例如一年内的供应金额，用单价乘以供应物资的数量。

第二，按供应金额的大小排序，排出其品种序列。

第三，按供应金额大小的品种序列计算供应额的累计百分比并绘制 ABC 分析图（图 4 - 9）。

A 类库存商品：对于这类品种少、价值高的商品，应当投入较大力量精心管理、严格控制，防止缺货或超储，尽量将库存量压缩到最低，并保持最高的服务水平，即最少 98% 的存货可得性。按库存模型计算每种商品的订货量，按最优批量、采用定量订购方式订货；严密监视库存量的变化情况，当库存量降到报警点时便马上订货；库存进出库记录填写严格；对需求进行较精确的预测，尽量减少安全库存量。

B 类库存商品：这类库存商品属于一般的品种。按经营方针调节库存水平，保持较高的服务水平，至少 95% 的存货可得性。单价较高的库存商品采用定量订货方式；其他的采用定期订货方式，可对若干商品进行联合统一订货，存货检查比较频繁，物品进出库记录填写比较严格，并保持较多的安全存货。

C 类库存商品：对企业的经营影响最小，对其的管理也最不严格。集中大量订货，以较

高的库存来减少订货费用,并保持一般的服务水平,即大约90%的存货可得性;存货检查按年度或季度进行,简单地填写物品进出库记录,多准备安全存货,减少订购次数,降低订货费用。

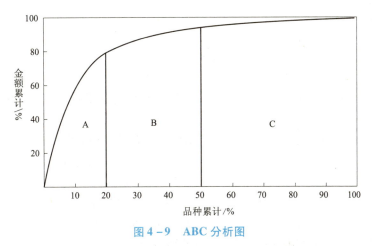

图4-9 ABC分析图

(3) ABC库存的优点:压缩了总库存量;解放了被占压的资金;使库存结构合理化;节约管理力量。

本章小结

通过本章的学习,主要研究了两个方面;一方面研究了仓储操作实务;另一方面研究了库存操作实务。仓储操作实务流程从进货信息处理开始,到物品的堆码、苫垫,物品的保管和保养,库区的5S管理,在库物品的装卸搬运,在库物品盘点等6个方面研究了整个仓储操作的流程。另外,我们还应该学会库存控制的几个方法,为对库存物品进行合理控制、创造库存经济效益奠定基础。

知识考查

一、单选题

1. 要实现对物品温度的控制,关键在于控制(   )。
   A. 气温   B. 库温   C. 垛温   D. 空气湿度
2. 为了便于机械设备装卸、堆码,节省包装费和运费,大宗散货通常选取的堆码方式为(   )。
   A. 散堆方式   B. 货架方式   C. 成组堆码方式   D. 垛堆方式
3. 气温、库温和垛温,三者之间的关系描述正确的是(   )。
   A. 气温对库温和垛温都有直接影响
   B. 气温对库温有直接影响,对垛温有间接影响
   C. 气温对库温有间接影响,对垛温有直接影响
   D. 气温对库温和垛温都有间接影响
4. 定期或临时对库存物品的实际数量进行清查、清点的作业称为(   )。

A. 整理　　　　B. 清理　　　　C. 盘点　　　　D. 核查

5. 库区的5S管理中，在整顿后，将环境清理干净，杜绝污染源的活动是（　　）。

A. 清扫　　　　B. 清洁　　　　C. 整理　　　　D. 素养

二、多选题

1. 以下物品中容易引起其他物品串味的有（　　）。

A. 樟脑　　　　B. 香水　　　　C. 汽油　　　　D. 木耳

2. 在空气中水蒸气含量不变的情况下，以下对于温度和相对湿度之间的关系描述正确的是（　　）。

A. 温度越高，相对湿度越大　　　　B. 温度越低，相对湿度越大
C. 温度越高，相对湿度越小　　　　D. 温度越低，相对湿度越小

3. 为了有效地防止和消除无效作业，应做好的工作是（　　）。

A. 选择适宜的包装　　　　　　　　B. 尽量减少装卸次数
C. 提高被装卸物品的纯度　　　　　D. 缩短搬运作业的距离

4. 在仓库管理活动中实施5S管理可产生的结果有（　　）。

A. 减少浪费　　B. 降低效率　　C. 保证质量　　D. 树立企业形象

5. 对玉米这一货物进行堆码，一般会选择的垛形是（　　）。

A. 矩形　　　　B. 三角形　　　C. 梯形　　　　D. 半圆形

三、判断题

1. 物品垫垛是指物品码垛后，在货垛所在位置，根据物品保管的要求和堆放场所的条件，选择适合的衬垫材料进行铺垫。（　　）

2. 库区的5S管理，即指整理、整顿、清扫、清洁、素养这5项活动，而素养是整理、整顿、清扫、清洁的继续和升华。（　　）

3. 需要苫盖的物品，在堆垛时只要根据物品的特性选择苫盖材料和堆码的垛形即可。（　　）

4. 在物品的保管过程中，当库外温度和绝对湿度低于库内，但相对湿度稍高时，不可进行通风散湿。（　　）

5. 装卸活动包括将物品装载到运输、搬运设备上，从运输、搬运设备卸下，以及相应的拆垛和堆码作业。（　　）

第五章

出库作业管理

知识目标：
(1) 掌握出库概念和内容。
(2) 掌握出库的作业流程。
(3) 了解出库单的流转。
(4) 掌握退货业务的方法、流程。

能力目标：
(1) 能够根据出库通知单在仓储管理系统上完成出库订单操作。
(2) 熟悉出库订单处理的流程。

素质目标：
(1) 培养学生团队合作意识。
(2) 培养学生自主探究的能力。
(3) 培养学生敢于创新的意识。
(4) 培养学生沟通能力和协调能力。

导入案例

吉林玉米中心批发市场玉米储存出库要求

吉林玉米中心批发市场（以下简称市场）明确要求交易商玉米出库须持市场批准的《吉林玉米中心批发市场交货仓库出库通知单》，并通过交货仓库安排接收玉米事宜。包粮出库过程中必须凭市场签发的提货单提货，提货人应出具单位介绍信和本人身份证，并在交货仓库登记、签字结清相应全部费用。出库重量以实际过交货仓库经计量检验合格的地磅为准，扣减损耗后，短缺重量由交货仓库承担。

玉米散粮出库过程中，原则上应以整仓为单位，也可以按实际接货量出库，出库检验标准按吉玉中市〔2007〕7号文件执行，必须凭市场签发的提货单提货，提货人应出具单位介绍信和本人身份证，并在交货仓库登记、签字结清相应全部费用，出库重量以实际交过货仓库经计量检验合格的地磅为准，扣减损耗后，短缺重量由供货人承担。

仓储等费用由交易商按市场最新公布已执行的标准向交货仓库支付。交货仓库杂项作业服务费由交易商和交货仓库双方协商制定。

第一节　出库业务概述

一、出库业务概述

物品的出库业务是仓储作业管理的最后一个环节，是商品离开仓库时所进行的验证、配货、点交、复核、登账等工作的总称，也是仓储经营人根据存货人或仓单持有人所持有的仓单，按物品的编号、名称、型号、数量等项目，组织物品出库的一系列活动。

二、出库要求

商品出库要求做到"三不、三核、五检查"。"三不"，即未接单据不翻账，未经审单不备货，未经复核不出库；"三核"，即在发货时，要核实凭证、核对账卡、核对实物；"五检查"，即对单据和实物要进行品名检查、规格检查、包装检查、件数检查、重量检查。具体地说，商品出库要求严格执行各项规章制度，提高服务质量，使用户满意。它包括对品种规格要求，积极与货主联系，为用户提货创造各种方便条件，杜绝差错事故（表5-1）。

表5-1　商品出库要求

三不	三核	五检查
1. 未接单据不翻账 2. 未经审单不备货 3. 未经复核不出库	1. 核对凭证 2. 核对账卡 3. 核对实物	1. 品名检查 2. 规格检查 3. 包装检查 4. 件数检查 5. 重量检查

三、出库依据

1. 出库凭证审核，按程序作业

物品出库必须按照程序进行，领料单、仓单等提货凭证必须符合要求，物品出库时，必须有正式的凭证，保管人员根据凭证所列品种和数量进行发货。

（1）审核凭证的合法性和真实性。

（2）核对物品的品名、型号、规格、单价和数量。

（3）核对收货单位、到货站、开户银行和账号是否齐全准确。

（4）出库凭证审核中出现问题及时解决（表5-2）。

表5-2　问题及处理方式

问题	处理方式
出库凭证超过提货期限	用户前来提货，必须先办理手续，按规定缴纳逾期保管费
出库凭证有疑点或情况不清楚	及时与仓库保卫部门联系处理，触犯法律的应依法移交公安机关处理
出库凭证有假冒、复制、涂改等情况	及时与仓库保卫部门联系处理，触犯法律的应依法移交公安机关处理
物品进库未验收，或者期货未进库的出库凭证	一般暂缓发货，并通知货主，待货到并验收后再发货，提货期顺延，保管员不得代发代验
客户将出库凭证遗失	客户应及时与仓库管理人员和财务人员联系挂失

2. "先进先出"原则

在保证库存物品的价值和使用价值不变的前提下，坚持"先进先出"原则。

（1）保管条件差的先出。
（2）有保管期限的先出。
（3）回收复用的先出。
（4）包装简易的先出。
（5）近失效期的先出。
（6）容易变质的先出。

3. 做好出库准备

为了保证商品流通及时，达到需要出库时立等可取的目标，应做好发放准备，如集装单元化、材料复印、搬运设施设备准备等。

4. 发货和记账要及时

保管员接到发货凭证后，要做到及时备货不压票；物品发货后，在物品保管账上核销，保存好发料凭证，调整垛牌或料卡。

5. 保证安全

（1）安全操作：放置物品损坏。
（2）保障保管期限：做到已变质物品不出库、已过期失效物品不出库、已失去原使用价值物品不出库。
（3）保障物品质量安全：保证运输安全、包装完整、捆扎牢固、标志清楚正确、性能不相互影响。
（4）无差错：保管人员发货时，应按照发货凭证上列明的物品品名、产地、规格、型号、价格、数量、质量准确发货，当面点清数量和检验质量。

四、出库形式

1. 送货

仓库根据货主单位预先送来的"商品调拨通知单"，通过发货作业，把应发商品交由运输部门送达收货单位，这种发货形式就是通常所说的送货制。

仓库实行送货，要划清交接责任。仓储部门与运输部门的交接手续，是在仓库现场办理完毕的；运输部门与收货单位的交接手续，是根据货主单位与收货单位签订的协议，一般在收货单位指定的到货地办理。

送货具有"预先付货、接车排货、发货等车"的特点。仓库实行送货具有多方面的好处：仓库可预先安排作业，缩短发货时间；收货单位可避免因人力、车辆等不便而发生的取货困难；在运输上，可合理使用运输工具，减少运费。

仓储部门实行送货业务，应考虑到货主单位不同的经营方式和供应地区的远近，既可向外地送货，也可向本地送货。

2. 自提

由收货人或其代理持"商品调拨通知单"直接到库提取，仓库凭单发货，这种发货形式就是仓库通常所说的提货制。它具有"提单到库、随到随发、自提自运"的特点。为划清交接责任，仓库发货人与提货人在仓库现场，对出库商品当面交接清楚并办理签收手续。

3. 过户

过户，是一种就地划拨的形式，商品虽未出库，但是所有权已从原存货户转移到新存货户。仓库必须根据原存货单位开出的正式过户凭证，才予办理过户手续。

4. 取样

货主单位出于对商品质量检验、样品陈列的需要，到仓库提取货样。仓库也必须根据正式取样凭证才予发给样品，并做好账务记载。

5. 转仓

货主单位为了业务方便或改变储存条件，需要将某批库存商品自甲库转移到乙库，这就是转仓的发货形式。仓库也必须根据货主单位开出的正式转仓单，才予办理转仓手续。

拓展阅读

奥地利 SPAR 公司肉制品物流系统（出库）

为了给进入活跃存储区的货物留出空间，堆垛机将存储期较长的托盘存入缓存区。KISoft Motion 软件负责控制这一动态过程，以保证货物始终按照先进先出原则进出高价库区。

位于高价库托盘上的货物根据订单需求被运送到分拣区，然后被码放在空托盘或半空的托盘上，此操作过程温度控制为 10~12 摄氏度。订单分拣任务安排最大限度地提高了分拣效率，并且保证每一个步骤完全符合人体工程学要求。例如，液压升降平台将托盘设置在合适的高度，以避免拣选员费力拣取，因此保证了操作人员的舒适性。拣取的货物采用手工称重，以保证每件商品在熟化后重量准确，之后每件商品均被贴上标签，其中包括该商品的详细信息。

一旦全部货物都按照订单要求码盘完毕，这些托盘立即从分拣区经传送带送入发货区。发往不同商店的托盘货物被分别放到一起，然后直接进入相对应的运输车辆，被配送到各零售网点。整个操作过程完全满足货物对温度的要求。

第二节　出库业务流程

一、备货通知

（1）由销售人员向仓库主管发送盖章的销售合同及相关货物信息。

（2）业务部根据盖章的销售合同（实体店需要店面负责人提交"实体店销售需求通知单"、网络销售由电子商务负责人按照时间节点提交当天的"销售清单"）向信息管理员索要该批货物的货物价格信息、在库数量、所订购产品的预销售订单，然后由仓库主管核对品名、规格、数量及其他要求（包装、标识、交货期等），根据不同客户编制"商品调拨通知单"。

（3）业务员需根据销售凭证向部门经理上报"商品调拨通知单"，在部门经理及业务员签字后，形成提货单交与仓库主管，仓库主管根据签字的"商品调拨通知单"编制仓库发货任务计划，并与质检部货物验收员协商备货事宜。

(4) 由验收员根据出库货物质检要求对出库货物进行外观、数量等的检测，检测结果附在"商品调拨通知单"后，并签字确认，结果反馈给仓库主管并由仓库主管签字确认，最后交给仓库保管员。

(5) 如有多批货物同期要求发货，应根据发货的难易程度及所需时间，编排发货任务计划，不一定是先申请先发货，一般优先电子商务销售发货，具体过程可由仓库主管与合同执行人商议后确定。

二、备货操作

(一) 出库前的准备

(1) 计划、组织、备货、工具、装卸搬运设备、作业人员、货位、包装、涂写标志。出库凭证审核中的问题处理，如表 5 - 3 所示。

表 5 - 3　出库凭证审核中的问题处理

出库凭证超过提货期限	用户前来提货，必须先办理手续，按规定缴足逾期仓储保管费，然后方可发货
出库凭证有疑点，或者情况不清楚	及时与出具出库单的单位或部门联系，妥善处理
出库凭证有假冒、复制、涂改等情况	及时与仓库保卫部门联系，严肃处理，触犯法律的应依法移交公安机关处理
物品进库未验收，或者期货未进库的出库凭证	一般暂缓发货，并通知货主，待货到并验收后再发货，提货期顺延，保管员不得代发代验
客户将出库凭证遗失	客户应及时与仓库管理人员和财务人员联系挂失

(2) 与承运单位联系，使包装适合运输，长途运输要加垫板，防止运输途中堆垛倾覆，冬季注意防寒，必要时用保温车或专用运输车。

(3) 包装破损的要加固或更换。

(4) 对于拆零发货的物品，要经常准备好零货，及时补充，避免临时拆包，延缓付货。如每箱 1 000 个螺丝，一般每次提货为 200 个，可以平均分装在 5 个周转箱内，循环补货。实际工作中，如果是供应生产工位，就不必 200 个螺丝一个不差地数出来，单个螺丝价值低，没有必要浪费人力去检斤和数数。

(5) 对于分拣备货的情况，要事先分装拼箱，发货时整箱出库，易碎、易串味、易变形的物品，要加衬垫物，用木箱、周转箱等保护，并将装箱单贴在外面或附在里面，便于收货人清点验货，同时准备记号笔、封签、胶带、剪刀、胶带座、木箱、钉箱工具等。

(二) 审核出库单据的合法性

(1) 调拨。用户是公司内部的不同仓库之间、专卖店或销售网点。

(2) 发货。用户是产生销售的客户，原则上要优先安排出库。对自提的客户要特别注意，他们在公司等待的时间不宜太长，要第一时间安排出库。有下列情形之一的，不准出库：凭单印章、签名不符不全；批准手续不符；凭单字据不清或被涂改；未验收入库物资。发料应对保质负责，严禁发不合格物资。

（3）合法单据应是财务部门电脑打印的或印刷连号的多联正规单据，盖有现金收讫章、现金未付章、调拨章，并有财务操作人员的名章。内容全面（收货人单位名称、规格、批号、数量、单价、总价、单据编号、备注），盖章清晰不模糊，无涂改，手续合法。

（三）备货

（1）准备附件：技术标准证件、使用说明书、质量检验书等。

（2）备货地点。原则上在备货发货区域内备货、清点、复核；批量大、品种少的，发货时，在备货区准备单品种的零头；整托盘、整箱的物料则应在原货位上等待出库，减少搬运次数，供应生产线时，可以在开工前在线上备货交接。

（3）备货时间。快递消费品如饮料、食品，需要前一天晚上备好货，第二天早上5点至7点间送到超市或经销点；白天准备长途运输的，备货出库24小时循环不停。其他行业一般是当天备货当天发货，或前一天备第二天发货。管理不善的，可能备货后一个月才发货。

（4）备货人员。根据行业不同、业务能力不同，有库管员、分拣员、叉车司机等人员辅助工人负责备货。

（5）备完货后可以二次清点总数，检查是否漏配、是否多配，减少出现差错的机会。

（四）备货数与账务统计结存数不符的原因

（1）验收入库数不实。

（2）逢多必少，错发，串货；业务能力不足。

（3）在库损耗。

（4）账务统计未及时将票据入账或操作失误。

（5）通过盘点和发货可发现问题，及时纠错。

三、发货确认

（1）仓库备货完毕，由仓库保管员根据备货情况编制出库单，出库单要经过以下人员签字确认：仓库执行员（证明货物已备齐）、验收员（证明货物满足外观数量、质量等要求）、仓库负责人（证明货仓库备货工作已结束）、内部会计（填写所发货物单价及总金额，并证明客户可接收货物）、部门会计（证明货款已收或符合合同发货要求）、部门经理（确认备货流程已结束，可发货）。

（2）出库单在以上流转签字确认后，第二联交给仓库主管，并返还仓库，作为最终发货依据。

（3）出库单第三联与第四联分别交与内部财务负责人及部门财务负责人，由双方沟通货款支付事宜。

（4）第一联交与部门综合管理员存档，第五联交质检部验收人员存档，第六联交收货方作为客户收货验证依据。

四、发货操作

（1）根据各部门签字确认的出库单，由仓库主管及时联系承运单位，确认提货时间，仓库发运员编制提货单，由仓库主管签字交承运单位，作为承运单位安排运输的提货凭证；同时通知承运单位，必须做好相关货物的运输保护工作，提货车辆准备好必需的保护设施。

①将提货单发给物流公司，由物流公司安排运输业务。

②客户自运项目，提货单发给合同执行人，由其发给客户或客户指定的物流服务商，并通知其前来提货时，必须携带由客户盖章确认过的提货单（并注明指定的提货人、车辆、相关证件号码）及相关证件。

（2）仓库主管联系好承运单位后，做好仓库发货计划，并通知仓库执行员做好相应发货准备工作。

（3）提货车辆达到后，仓库保管员核对提货人员携带的提货单，确认无误后，进行发货工作，装车时必须注意保护货物安全，如有隐患，则应立即通知仓库主管，由其协调提货人或承运单位做好货物保护工作。

（4）根据具体情况将提货单第一联交综合部门负责人存档保管，其他各联分别交与仓储部、业务部、提货方、内部财务作为发货证明，便于各方存档及后续作业。

（5）装货完毕后，仓库保管员根据发货情况编制装箱单并签字确认，由装箱执行员及发运员分别签字，并由仓库主管进行审核并签字。单据一式三份，其中一份由司机签字确认留底，作为仓库发货的交接凭证，第二份由司机带走，供客户收货时签字确认，作为与客户之间的货物交接凭证，最后一份由仓库保管作为留底凭证，客户收到装箱单后需签字扫描或传真回仓储部门进行收货确认。最后一联由仓储部门保存。

（6）货物发出后，仓库保管员立即根据出库单和装箱单，更新库存货位卡及库存电子信息，保证账、卡、物信息一致。同时，仓库主管将出库单和装箱单发给信息管理员，由其更新库存货物电子数据库。

（7）货物送达客户后，由仓库主管向承运单位及时索要由客户确认的装箱单，并通知合同执行人货物到达情况。

五、常用单据

1. 商品调拨通知单（表5-4）

解析仓库调拨要点

表5-4　商品调拨通知单

商品调拨通知单								
年　月　日				调入部门				
编号						系统销售订单编号		
序号	品名	规格	单位	数量	单价	金额	备注	
合计								
业务经理		部门经理			质检员		仓库主管	

第一联：存根联　　第二联：门店联　　第三联：财务联　　第四联：业务联　　第五联：提货联

2. 出库单（表 5-5）

表 5-5　出库单

出库单					
合同编号		接单日期		销售员	
系统出库单编号					
出库仓		客户名称		经手人	
客户地址		客户联系电话		客户联系人	
一次发货□			分批发货□		
序号	产品编码	产品名称	计量单位	单价	数量	金额	备注
1							
2							
3							
4							
合计金额						
合计金额（大写）						
单据使用完毕，存根上交综合部，编号不得缺号断号，作废联次必须完整						

仓储负责人：　　　　　　　验收员：　　　　　　　保管员：　　　　　　　内部会计：
部门会计：　　　　　　　　部门负责人：
　　　　　　第一联：存根　　　第二联：仓储部　　　第三联：内部会计凭证
　　　　　　第四联：部门财务　第五联：质检部　　　第六联：收货方

3. 提货单（表 5-6）

表 5-6　提货单

提货单									
提货单位				货单编号					
客户单位				联系人及电话					
提货人证件号（客户自提必须填写）									
提货仓库				执行人					
预计提货日期									
商品编码	商品名称	规格	计量单位	应发数量	实发数量	单价	金额	备注

续表

提货单										
提货单位			货单编号								
客户单位			联系人及电话								
提货人证件号 （客户自提必须填写）										
提货仓库			执行人								
预计提货日期										
商品编码	商品名称	规格	计量单位	应发数量	实发数量	单价	金额	备注		
	合计									
金额合计（大写）									
提货仓库			仓库地址			联系人及电话				
提货人姓名			联系电话						
备注									

仓库主管： 编制员：
第一联：存根　　第二联：仓储部　　第三联：业务部　　第四联：提货方　　第五联：内部财务

4. **装箱清单（表5-7）**

表5-7　装箱清单

装箱清单										
客户			客户地址			联系人及电话				
合同编号			发票编号								
发货方			发货人			联系电话				
提货方			提货员			联系电话				
发货日期										
商品编码	商品名称	规格	计量单位	应发数量	实发数量	单价	金额	备注		
	合计									
金额合计（大写）									

制单员：　　执行员：　　发货员：　　仓库主管：　　购买方收货员：
第一联：存根　　第二联：提货方　　第三联：购货单位　　第四联：仓储部门

5. 出仓单（表 5-8）

表 5-8　出仓单

出　仓　单

提货单位：　　　　　　　　　　　　　　　　　　　　　　　　年　月　日

货号	名称及规格	单位	数量	单价	金额	
						①存根
						②会计
						③客户
						④仓库
金额（大写）						

负责人　　　　会计　　　　仓管　　　　经手人　　　　制单

第三节　出库业务

一、分拣业务

（一）拣选式配货作业

1. 拣选式配货作业

分拣

分拣作业过程包括四个环节：行走、拣取、搬运和分类。

从分拣作业的四个环节可以看出，分拣作业所消耗的时间主要包括以下四个方面：

（1）形成拣货指令的订单信息处理过程所需的时间。

（2）行走或货物运动的时间。

（3）准确找到储位并确认所拣货物及其数量所需的时间。

（4）拣取完毕，将货物分类集中的时间。

2. 拣选式配货作业管理

分拣作业系统的能力和成本取决于配送中心或仓库的组织管理。分拣作业管理内容包括：储位管理、出货管理、拣选路径管理、补货管理、空箱和无货托盘管理等。

（二）分货式配货作业

1."人到货"分拣方法

这种方法是分拣货架不动，即货物不运动，通过人力拣取货物。在这种情况下，分拣货架是静止的，而分拣人员带着流动的集货货架或容器到分拣货架，即拣货区拣货，然后将货物送到静止的集货点。

2. 分布式的"人到货"分拣方法

这种分拣作业系统的分拣货架也是静止不动的，但分货作业区被输送机分开。这种分拣方法简称为"货到皮带"法。

（三）分拣式配货作业

1."货到人"的分拣方法

这种作业方法是人不动，托盘（或分拣货架）带着货物来到分拣人员面前，再由不同的分拣人员拣选，拣出的货物集中在集货点的托盘上，然后由搬运车辆送走。

2. 闭环"货到人"的分拣方法

闭环"货到人"分拣方法中载货托盘（集货点）总是有序地放在地上或搁架上，处于固定位置。输送机将分拣货架（或托盘）送到集货区，拣货人员根据拣货单拣选货架中的货物，放到载货托盘上，然后移动分拣货架，再由其他的分拣人员拣选，最后通过另一条输送机，将拣空后的分拣货架（拣选货架）送回。

（四）自动分拣式配货作业

自动化分拣系统的分拣作业与上面介绍的传统分拣系统有很大差别，可分为三大类：自动分拣机分拣、机器人分拣和自动分类输送机分拣。

1. 自动分拣机分拣系统

自动分拣机，一般称为盒装货物分拣机，是药品配送中心常用的一种自动化分拣设备。这种分拣机有两排倾斜的放置盒状货物的货架，架上的货物用人工的方法按品种、规格分别分列堆码；货架的下方是皮带输送机；根据集货容器上条码的扫描信息控制货架上每列货物的投放；投放的货物接装进集货容器，或落在皮带上后，再由皮带输送进入集货容器。

2. 机器人分拣系统与装备

与自动分拣机分拣相比，机器人分拣具有很高的柔性。

3. 自动分拣系统

自动分拣系统

当供应商或货主通知配送中心按订单发货时，自动分拣系统在最短的时间内可从庞大的存储系统中准确找到要出库的商品所在的位置，并按所需数量、品种、规格出库。自动分拣系统一般由识别装置、控制装置、分类装置、输送装置组成，需要自动存取系统（AS/RS）支持。

二、复核业务

对出库物资在出库过程中的反复核对，以保证出库物资的数量准确、质量完好，避免差错。复核方式有以下几种。

个人复核：由发货保管员自己发货自己复核，并对所发物资的数量、质量负全部责任。

相互复核：又称交叉复核，即两名发货保管员对对方所发物资进行照单复核，复核后应在对方出库单上签名，以与对方共同承担责任。

专职复核：由仓库设置的专职复核员进行复核。

环环复核：在发货过程的各环节，如查账、付货、检斤、开出门证、出库验放、销账等，对所发货物进行反复核对。

整个出库过程三次检查：备货；备完货后可以二次清点；复核员在出库前用不同的人、不同的方法清点。

三次检查，基本保证了出库的准确性，前两次内部检查和第三次复核，可能影响了出库的效率，但降低了差错率，提高了仓储信誉。

（一）复核方法

1. 品名、规格
2. 数量
3. 文件资料、证件

4. 包装是否符合运输安全要求

（1）能否承受箱内物品的重量，能否保证物料在运输装卸中不被破损。
（2）是否便于装卸搬运。
（3）易碎易受潮的物料，衬垫是否稳妥，密封是否严密。
（4）收货人信息是否填写齐全。
（5）每件包装是否有装箱单，装箱单上的内容是否和实物一致。

（二）索赔制度

> **拓展阅读**
>
> ## 某医药企业药品出库复核制度
>
> （1）仓储中心验发员负责药品的出库复核工作。
> （2）药品出库应遵循"先产先出""近期先出"和按批号发货的原则。
> （3）药品出库必须进行数量复核和质量检查，保管员、验发员应按出库单对实物检查，将数量、项目逐一核对，核对完后在出库单核对联上签章，方可发货。
> （4）保管员在出库复核中，如发现问题，则应停止发货和配送，并报质量管理部处理。药品出库时发现下列问题则应拒绝出库：
> ①药品包装内有异常响动或液体渗透。
> ②外包装出现破损、封口不牢、衬垫不实、封条严重损坏等现象。
> ③包装标识模糊不清或脱落。
> ④药品已超出有效期。
> （5）药品出库后，如发现错误，则应立即追回或补换，并填写换货、补货记录表，认真处理。
> （6）直接配送单与出库复核单无收款章不允许出库。临时借货的出库，需有董事长或总经理的签字或授权方可出库，事后补签。
> （7）为便于质量跟踪，药品出库要做好出库复核记录。
> （8）药品出库复核记录由专职复核员填写，电脑存档，记录保存至超过药品有效期一年，但不得少于三年。
> （9）中药饮片出库要严格掌握发霉、变质情况，质量有异常拒绝出库。

三、点交与销账

（一）点交

应将出库物品及随行证件逐笔向提货人员当面点交。物品移交清楚后，提货人员应在出库凭证上签名。物品点交后，保管员应在出库凭证上填写"实发数""发货日期""提货单位"等内容并签名，然后将出库凭证有关联次同有关证件及时送交货主，以便办理有关款项结算。

（二）销账

在物品出库完毕后，仓管员应及时将物品从仓库保管账上核销，取下垛牌，以保证仓库账账相符、账卡相符、账实相符；并将留存的仓单（提货凭证）、其他单证、文件等存档。

> 拓展阅读

上海超算电子标签辅助拣选系统

在当今我国物流管理领域中,大多数物流中心仍属于劳力密集产业,传统的订单人工拣货仍是最主要的拣货作业方式,拣货作业直接相关的人力更占50%以上,拣货作业的时间投入也占整个物流中心的30%~40%。虽然人工作业也有不同的拣货策略,但差错率却平均高达千分之三。

随着自动化、半自动化的新技术设备逐渐开发应用,在拣货系统的构筑中,各种新技术、新设备应用已相当普遍。电子标签辅助拣选系统是一套先进的、无纸化的电脑辅助拣货系统,可以使仓库或配送中心的订单处理过程简单化。它借助电子标签设备,由灯号与数字显示作为辅助工具,引导拣货人员进行拣货。

上海超算电子标签辅助拣选系统是针对物流中心核心工艺——拣选作业而开发的一套借助计算机软件系统与标签的硬件设备,协助作业人员准确高效地完成分拣配货任务的半自动化物流系统。通过电子标签辅助拣选系统与SuperWMS仓储管理系统有机地连接,形成了一体化的拣货应用。在实际应用中,采用电子标签辅助拣货技术能够极大地提高拣货效率、准确率,可以快速、正确、轻松地完成拣货工作。

电子标签辅助拣选系统通过安装于拣货区货架储位上的灯光与鸣叫指示,显示商品存放位置、指示拣选数量,实时掌握库存信息。

(一) 导入电子标签辅助拣选系统的好处

就物流企业而言,物流作业的成本来自运输、搬运、仓储、拣货等各种不同作业的成本,而在整体物流中心的作业时间当中,花在拣货上的时间最长。由此观之,不论从成本、人力,还是从时间的角度来分析,都显示了拣货作业的重要性。

通过对比,我们可以清楚地看到导入电子标签辅助拣选系统为企业带来的好处,如表5-9所示。

表5-9 导入电子标签辅助拣选系统为企业带来的好处

一般拣货出现的问题	使用电子标签辅助拣选系统拣货的优点
耗时长	拣货速度只需一般拣货时间的1/3~1/2
差错多	操作人员只需一般操作人员的1/3~1/2
操作人数多	任何人都可以马上作业
依赖熟练工	实现无纸化手工作业
临时工不固定	拣货失误率降低到0.01%~0.03%
传票使用多	
拣货数量不准确	

(二) 电子标签拣货作业系统应用方案

1. 拣货单位

支持按单品、箱、托盘等拣货单位设置。同时针对体积大、现状特殊、无法按托盘

（箱）归类，或必须在特殊条件下作业者，设置特殊品单位处理。

2. 拣货方式

(1) 摘取式拣货（Digital Picking System）。摘取式拣货中每一种货物对应一个电子标签，控制电脑可根据货物位置和订单清单数据，发出出货指示并使货架上的电子标签亮灯，操作员根据电子标签所显示的数量及时、准确、轻松地完成以"件"或"箱"为单位的商品拣货（图5-1）。

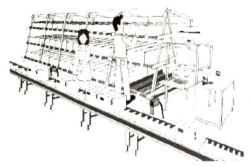

图5-1　摘取式拣货

(2) 播种式拣货（Digital Assorting System）。播种式拣货适合应用于商品品项较少、配送门店相对于品项较多的拣货作业环境。播种式拣货中的每一储位代表每一张订单（各个商店、生产线等），每一储位都设置电子标签。操作员先通过条码扫描把将要分拣货物的信息输入系统中，下订单客户的分货位置所在的电子标签就会亮灯、发出蜂鸣，同时显示出该位置所需分货的数量（图5-2）。

图5-2　播种式拣货

(3) 拣货策略（Order Picking Strategies）。拣货策略的决定是影响日后拣货作业效率的重要因素，为了对应不同的订单需求类型，衍生出不同的拣货策略。系统围绕分区、订单分割、订单分批、订单分类四个核心因素，能够在交互运用状态下产生出多个拣货策略。

不同规格型号的电子标签，如图5-3所示。

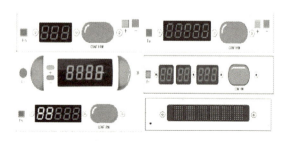

图5-3　不同规格型号的电子标签

第四节　退货作业

一、出库业务概述

退货作业是指由于配送过程中的种种作业错误发生错送、规格不符或者过期、变质、损坏等问题，导致客户拒收或者需要调换，则将货物运回配送中心处理的物流作业过程。

退货管理中最重要的一点就是尽量减少退货量。一个企业不可能完全避免退货，但是他可以通过退货制度使退货最小化。对于零售企业来说，退货制度应分为两种情况：一是对顾客制定一个简单易行的退货制度；二是通过和上游企业建立战略伙伴关系，协商制定能达到双赢局面的退货政策。

在当今顾客至上的大环境中，想通过限制顾客退货来减少退货量是不可能的，而通过制定一个简单易行的退货制度，对顾客的退货快速做出反应（如接收退货产品，退回购买产品的资金），提升企业在顾客心中的形象，降低管理成本，无疑是一个最好的选择。现在，在制定退货制度时，应包括以下几个方面：退货的时间限制、办理退货的地点、在退货时顾客所应办理的手续。

通常发生退货的种类主要有：

1. 协议退货

与仓库订有特别协议的季节性商品、试销商品、代销商品等，协议期满后，剩余商品仓库给予退回。

2. 有质量问题的退货

对于不符合质量要求的商品，接收单位提出退货，仓库也将给予退换。

3. 搬运途中损坏退货

商品在搬运过程中造成产品包装破损或污染，仓库将给予退回。

4. 商品过期退回

食品及有保质期的商品在送达接收单位时或销售过程中超过商品的有效保质期，仓库予以退回。

5. 商品送错退回

送达客户的商品不是订单所要求的商品，如商品条码、品项、规格、重量、数量等与订单不符，都必须退回。

二、退货流程

1. 接收退货

仓库接收退货要有规范的程序与标准，如什么样的货品可以退、由哪个部门来决定、信息如何传递等。

仓库的业务部门接到客户传来的退货信息后，要尽快将退货信息传递给相关部门，运输部门安排取回货品的时间和路线，仓库人员做好接收准备，质量管理部门人员确认退货的原因。在一般情况下，退货由送货车带回，直接入库。批量较大的退货，要经过审批程序。

2. 重新入库

对于客户退回的商品，仓库的业务部门要进行初步审核。由于质量原因产生的退货，要放在为堆放不良品而准备的区域,以免和正常商品混淆。退货商品要进行严格的重新入库登记,及时输入企业的信息系统,核销客户应收账款,并通知商品的供应商退货信息。

3. 财务结算

退货发生后,给整个供应系统造成的影响是非常大的,如对客户端的影响、仓库在退货过程中发生的各种费用、商品供应商要承担相应货品的成本等。

如果客户已经支付了商品费用,那么财务要将相应的费用退给客户。同时,由于销货和退货的时间不同,同一货物价格可能出现差异,同质不同价、同款不同价的问题时有发生,故仓库的财务部门在退货发生时要进行退回商品货款的估价,将退货商品的数量、销货时的商品单价以及退货时的商品单价信息输入企业的信息系统,并依据销货退回单办理扣款业务。

4. 跟踪处理

退货发生时,要跟踪处理客户提出的意见,要统计退货发生的各种费用,要通知供应商退货的原因并退回生产地或履行销毁程序。退货发生后,首先要处理客户端提出的意见。退货所产生的商品短缺、对质量不满意等客户端的问题是业务部门要重点解决的。退货所产生的物流费用比正常送货高得多,所以要认真统计,及时总结,将此信息反馈给相应的管理部门,以便指定改进措施。退货仓库的商品要及时通知供应商,退货的所有信息要传递给供应商,如退货原因、时间、数量、批号、费用、存放地点等,以便供应商能将退货商品取回,并采取改进措施。

三、退货作业产生的原因和责任划分

(1) 依照协议可以退货的情况,如超市与供应商订有特别协议的季节性商品、试销商品、代销商品等。这种情况配送中心无责任。

(2) 有质量问题的退货,由仓库部门负责,属于保管不当,如商品鲜度不佳、数量不足等。

(3) 搬运中损坏:由于包装不良,货物在搬运中剧烈振动,造成商品破损或包装污损。这项错误造成的损失,由送货员和司机负责。

(4) 商品过期退回:一般的食品或药品都有有效期限。例如,日用品、速食类以及加工肉食类,商家与供应商有约定,有效期一过,就予以退货或换货。商品过期是保管不当,由仓库部门负责。

(5) 次品回收:生产商在设计、制造过程中存在的问题在商品销售后,才由消费者发现或厂商自行发现的,必须立即部分或全部回收。这是供应商的问题,应该由供应商负责退换。

(6) 商品送错退回:凡商品有效期已过 1/3,同时条形码、品项、规格、重量、数量等与订单不符的商品,必须换货或退回。如果是客户需求与订单不符,则由客服部订单处理部门负责。如果查明最初的订单并没有错,那么检查拣货部门、配货部门和货运部门,看问题出在哪里,则由哪个部门负责。

四、退货作业处理的方法

1. 无条件重新发货

对于因为发货人按订单发货发生错误,则应由发货人重新调整发货方案,将错发货物调回,重新按原订单正确发货,中间发生的所有费用应由发货人承担。

对于客户不再需要的货物，或者需要隔日补送的货物，上报给调度部门，以便调度安排，第二天再送。

2. 货运部门赔偿

对于因为运输途中产品受到损坏而发生退货的，根据退货情况，由发货人确定所需的修理费用或赔偿金额，然后由运输单位负责赔偿。

3. 收取费用，重新发货

对于因为客户订货有误而发生退货的，退货所有费用由客户承担，退货后，再根据客户新的订单重新发货。

4. 重新发货或替代

对于因为产品有缺陷，客户要求退货的，配送中心接到退货指示后，营业人员应安排车辆收回退货商品，将商品集中到仓库退货处理区进行处理。一旦产品收回活动结束，生产厂家及其销售部门就应立即采取行动，用没有缺陷的同一种产品或替代品重新填补零售商店的货价。

5. 瑕疵品回收

对于变质、过期或者鼠虫咬坏的货物，以及搬运损坏无法回收的货物，有废物利用价值的，则当成废弃物回收，没有回收价值的，直接报废。同时让会计登记相关费用。

对于搬运损坏的货物，能够修复的修复，不能修复的当成废弃物回收，无回收利用价值的报废。对于部分损坏的，则将损坏部分处理，其余搬运入库。

拓展阅读

日本物流配送中心的自动化立体仓库

大阪物流配送中心建立了自动化立体仓库，采用了自动分拣系统和自动检验系统，从进货检验、入库到分拣、出库、装车全部用各种标准化物流条码经电脑终端扫描。由传送带自动进出，人工操作只占其中很小一部分，较好地适应了高频度、小批量分拣出货的需要，降低了出错率。特别值得一提的是，大阪物流配送中心为解决部分药品需要在冷冻状态下保存与分拣而采用全自动循环冷藏货架。由于人不便进入冷冻库作业，冷冻库采用了全自动循环货架，取货、放货时操作人员只需在库门外操作电脑即可调出所要的货架到库门口。存货、取货作业完毕后再操作电脑，货架即回复原位。

富士物流配送中心具有配送频度较低、操作管理较简单的业务特点，在物流设备上采用了最先进的大型全自动物流系统，从商品保管立体自动仓库到出货区自动化设备，进存货区域的自动传送带、自动货架、无线小型分拣台车、电控自动搬运台车、专职分拣装托盘的机器人、全库区自动传送带等最先进的物流设备一应俱全。在富士物流配送中心，由于自动化程度很高，虽然其最大的保管容量达到8 640托盘，最大出货处理量可达1 800托盘/日，一天可安排10吨的进出货车辆125辆，但整个物流配送中心的全部工作人员只有28名。

虽然目前在日本有30％以上的物流配送中心使用富士通公司开发的物流信息系统和相应的自动化物流设施来实现物流合理化改革，逐步取代富士通东京物流配送中心。但大部分的物流作业仍然使用人工操作，没有引进自动化仓库、自动化分拣等自动物流设施。他们认为，日本的信息技术更新换代非常快，电脑车一般一年要升级换代3次，刚安装的自动化装置可能很快就进入被淘汰的行列或者很快就需要投资进行更新以适应信息系统的发展变化。而物流的实际情况也是千变万化的，单纯的自动化设置不能针对实际情况进行灵活的反应，反而是以人为本的标准化作业更有效率。所以，富士通东京物流配送中心的最大特点是设定了简单合理的库内作业标准化流程，而没有采用全自动化的立体仓库和自动化分拣系统。

试回答：你对自动化仓库的看法。

分析提示：

自动化立体仓库作为现代物流系统中的主要组成部分，是一种多层次存放货物的高架仓库系统，由自动控制与管理系统、货架、巷道式堆垛机、出入库输送机等设备构成，能按指令自动完成货物的存储作业，并能对库存货物进行自动管理，是企业现代化的重要手段之一。自动化仓库使用先进的自动化立体仓库、先进的物流设备，能提高配送中心的作业效率。

1. 自动化立体仓库的优点

（1）库房空间利用率高。自动化仓库采用机械化、自动化作业，出入库频率高，并且能方便地纳入整个企业的物流系统，使企业物流更为合理。富士物流配送中心最大的保管容量达到 8 640 托盘，最大出货处理量可达 1 800 托盘/日。

（2）仓库运作效率较高，节省人力。大阪物流配送中心建立了自动化立体仓库，采用了自动分拣系统和自动检验系统，人工操作只占其中很小一部分，较好地适应了高频度、小批量分拣出货的需要，降低了出错率。

（3）可以任意存取每一种货品，没有顺序限制。

（4）操作准确率高，误差及错误率小。

（5）可以及时掌握货位利用率和库存信息。大阪物流配送中心从进货检验、入库到分拣、出库、装车全部采用各种标准化物流条码，可以实时获得各种物流信息。

2. 自动化仓库有以下缺点，选用时应充分衡量其价值

（1）货架系统的选择是仓库长期运营战略的一部分，选择货架之后，不能随意更改，否则给仓库变换运营方式、改变客户结构等都会形成障碍。

（2）货架系统要有较高的仓储管理水平作为保证。特别是物品品种较多、对保质期要求较高的仓库，货架系统必须有较好的仓库管理系统的支持。

（3）货架系统不适用于较重物品的存储，较重物品的垂直运动会消耗较多的能量。对叉车消耗较大。

（4）货架系统对仓库建设标准的要求比平面仓库要高，如照明系统、防火系统等，带来设计的难度和建筑成本的增加。

（5）货架系统本身的投资较大，并且需要价值昂贵的升高叉车相配合。所以，富士通东京物流配送中心设定了简单而又合理的库内作业标准化流程，而没有采用全自动化的立体仓库和自动化分拣系统。

本章小结

商品出库是商品离开仓库时所进行的验证、配货、点交、复核、登账等工作的总称，是仓库业务活动的最终环节。通过本章的学习，学生们能够根据出库种类有针对性地进行出库业务操作，同时正确填写各种出库业务时使用的单据。

退货作业是指由于配送过程中的种种作业错误而发生错送、规格不符或者过期、变质、损坏等问题，导致客户拒收或者需要调换，则将货物运回配送中心处理的物流作业过程。对

顾客的退货快速做出反应（如接收退货产品、退回购买产品的资金），是提升企业在顾客心中的形象、降低管理成本的最佳做法。

> 知识考查

一、单选题

1. 按订单或者出库单的要求，从储存场所选出物品，并放置在指定地点的作业是（　　）。
   A. 分货　　　　　　B. 拣选　　　　　　C. 流通加工　　　　D. 保管

2. 批租补货适用于（　　）。
   A. 一日内作业量变化不大的情况　　　　B. 分批拣货时间固定的情况
   C. 紧急插单较多的情况　　　　　　　　D. 每批次拣取量较小的情况

3. 仓库根据货主预先送来的"商品调拨通知"，通过发货作业，把商品交由运输部门送达收货单位，这种发货形式称为（　　）。
   A. 过户　　　　　　B. 自提　　　　　　C. 转仓　　　　　　D. 送货

4. 以下不属于出库业务环节的是（　　）。
   A. 包装　　　　　　B. 加工　　　　　　C. 核单　　　　　　D. 清理

5. 商品出库时的清理环节，可分为现场清理和（　　）。
   A. 库位清理　　　　B. 商品清理　　　　C. 废品清理　　　　D. 档案清理

二、多选题

1. 主要的出库单证有（　　）。
   A. 货卡　　　　　　B. 出库单　　　　　C. 领（送）料单　　D. 磅码单
   E. 实物明细账

2. 商品在出库时主要的管理作业包括（　　）。
   A. 货物保管作业　　B. 货物养护作业　　C. 货物维修作业　　D. 货物整理作业
   E. 装卸搬运作业

3. 在出库业务中，最关键的环节是（　　）。
   A. 核单　　　　　　B. 复核　　　　　　C. 点交　　　　　　D. 登账
   E. 现场和档案的清理

4. 复核的主要内容有（　　）。
   A. 配套是否齐全　　　　　　　　　　　B. 品种数量是否准确
   C. 技术证书是否齐备　　　　　　　　　D. 商品质量
   E. 外观质量和包装是否完好

5. 造成出库商品提货数和实存数不符的主要原因有（　　）。
   A. 验收问题　　　　B. 错算　　　　　　C. 货物的损毁　　　D. 进货不及时
   E. 没有及时核减开出的提货数

三、技能训练题

任务一：2014 年 8 月 11 日上午，哈尔滨新兴电器大卖场为了迎接中秋节的到来，通知黑龙江远通仓储配送中心于 8 月 13 日上午 11 点将 25 台长虹电视机和 30 台海尔冰箱进行货物出库。

远通仓储配送中心的黎明收到通知后，将出库通知单交给信息员王瑞，张迪根据客户的要求生成作业计划，完成出库单处理及出库单打印，请你协助王瑞完成此次货物的出库订单处理任务。

出库通知单以邮件形式发送，内容如下：

出库通知单

远通仓储配送中心		2014 年 8 月 11 日			
批次		140811				
客户指令号	20140811012	订单来源	E－mail		
客户名称	新兴电器大卖场	质量	正品		
客户地址	哈尔滨市道里区北四街 22 号	客户电话	0451－86783412		
出库方式	送货	入库类型	正常		
序号	商品编码	名称	单位	规格	申请数量	实收数量	备注
1	1235497862881	长虹电视机	箱	1250 毫米×800 毫米×300 毫米	25		
2	2358946752156	海尔冰箱	箱	1500 毫米×550 毫米×600 毫米	30		

小组评分表如下：

小组评分表

组别			组员			
任务名称			出库订单处理			
考核内容		评价标准	参考分值	考核得分		
				自评	互评	教师评
职业素养	1	具有较强的沟通能力和团队合作能力	10			
	2	具备良好的专业行为规范	10			
理论素养	1	掌握出库单的概念及内容	10			
	2	掌握出库的作业流程	10			
	3	了解出库单的流转	10			
职业技能	1	能够正确识读出库通知单信息	10			
	2	能够根据出库通知单在仓储管理系统上完成出库操作	10			
	3	熟悉出库订单处理流程	10			
	4	能够按时完成技能训练	20			

续表

组别		组员	
任务名称		出库订单处理	
考核内容	评价标准	参考分值	考核得分
			自评 | 互评 | 教师评
	小计	100	
合计 = 自评20% + 互评40% + 教师评40%		教师签字	

任务二：根据订单，小组设计分拣单，完成分拣出库作业任务。具体工作任务包括：
（1）合理设计分拣单，并根据订单正确填写分拣单。
（2）正确分拣并在出库区根据客户码放。
（3）填写出入库明细表。
（4）正确完成盘点，填写盘点单。

A 公司订单 1

订单编号：O2010415C01			业务单号：F20100504-01		
客户编号	K05t001	订货单位名称	A 公司		
联系人	张水方	订货单位联系电话	80885888		
订货单位地址：沈北新区人和镇东华工业区华盛南路105号					
名称	外包装规格/毫米	单位	数量	单价/元	金额/元
饼干	455×245×200	箱			
口香糖	395×295×275	箱			
蛋黄派	460×260×230	箱			
薯片	595×325×330	箱			
啤酒	400×300×240	箱			
牛奶	450×250×280	箱			
金额合计：					

A 公司订单 2

订单编号：O2010415C02			业务单号：F20100504-02		
客户编号	K05t001	订货单位名称	A 公司		
联系人	张水方	订货单位联系电话	80885888		
订货单位地址：沈北新区人和镇东华工业区华盛南路105号					
名称	外包装规格/毫米	单位	数量	单价/元	金额/元
饼干	455×245×200	箱			
口香糖	395×295×275	箱			

续表

订单编号：O2010415C02			业务单号：F20100504-02		
客户编号	K05t001	订货单位名称	A 公司		
联系人	张水方	订货单位联系电话	80885888		
订货单位地址：沈北新区人和镇东华工业区华盛南路 105 号					
名称	外包装规格/毫米	单位	数量	单价/元	金额/元
蛋黄派	460×260×230	箱			
薯片	595×325×330	箱			
啤酒	400×300×240	箱			
牛奶	450×250×280	箱			
金额合计：					

A 公司订单 3

订单编号：O2010415C03			业务单号：F20100504-03		
客户编号	K05t001	订货单位名称	A 公司		
联系人	张水方	订货单位联系电话	80885888		
订货单位地址：沈北新区人和镇东华工业区华盛南路 105 号					
名称	外包装规格/毫米	单位	数量	单价/元	金额/元
饼干	455×245×200	箱			
口香糖	395×295×275	箱			
蛋黄派	460×260×230	箱			
薯片	595×325×330	箱			
啤酒	400×300×240	箱			
牛奶	450×250×280	箱			
金额合计：					

四、考核评价

考核任务：每个小组针对老师给定的运单进行入库操作并计时。

考核评价表

考核项目	评分	时间	综合评分	实训教师点评
分拣正确				
出库区堆放正确				
盘点数量正确				
单证填写正确				

五、案例分析题

《京华时报》2007年2月2日报道：市民关先生反映，2006年年底，他在当当网上购买影碟，但当当网把货发错了，他跟客服联系退货。当当网承诺，从客户发出退货申请之日起，15个工作日内完成退货。但是，目前大多数城市的当当配送，都是交给邮局完成，邮局并不送货上门，而是需要顾客自己去取，退货理所当然也要顾客自己到邮局去办理相关手续。

据关先生反映，1月2日，他向当当网客服发出退货申请，但直到现在，当当网还没有退货，不知道为什么？

记者核实：当当网客户服务中心承认，关先生曾经向客服提出过退货申请，但是截至目前，退货手续仍然未能办理。

当当网回复：当当网客户服务中心工作人员解释，由于货物的配送要与快递公司取得联系，目前临近春节，当当网客户剧增，因此工作人员办理业务的时间稍稍有些滞后。目前，关先生的退货申请已经上交，当当网已经联系了快递公司，近日会优先为其办理退货。

（1）当当网的退货作业，给顾客造成了哪些不便？
（2）退货难的问题有哪些？根源是什么？
（3）对比亚马逊和当当网两家企业的退货作业，谈谈如何改进当当网的退货作业？

第六章

库存管理

知识目标：

（1）了解库存的定义与分类，理解库存的功能与影响，能够对库存作业有一个基本认识。

（2）熟悉常见的库存管理技术，掌握经济订货批量模型、ABC 分类法，理解物料需求计划库存控制法、准时制库存控制法。

（3）理解仓储成本管理的意思，熟悉仓储成本管理的方法。

能力目标：

（1）能够了解库存的功能。

（2）能够掌握库存的分类。

（3）能够掌握库存管理的方法。

素质目标：

（1）培养学生成本与节约意识。

（2）培养学生管理能力。

导入案例

库存的 ABC 分类法

R&G 公司经营一个区域性的配送仓库，提供便利店所需要的部分货品，由于便利性商品具有高度的替代性与竞争性，且因近年来顾客需求形态的改变、市场竞争日益激烈，致使便利店纷纷要求配送仓库提供"及时服务"，满足顾客随到随买的需求，以有效掌控目标市场。

经过慎重的评估，R&G 公司认为"及时服务"确有其必要性，然而企业的资源有限，无法对每一种商品提供及时服务，为使有限的时间、人力能做最有效的利用，公司拟将管理的重点放置于重要的存货项目。有鉴于此，R&G 公司针对其仓库中的 16 种商品进行销售 ABC 分析，并根据不同商品的重要程度，赋予不同的管理与努力。现将 16 种商品的销售资料列举如表 6－1 所示。

表 6－1 销售资料

序号	产品编号	每月销售额/元
1	A－C02	211
2	A－A02	188

续表

序号	产品编号	每月销售额/元
3	B – A02	172
4	B – B03	169
5	A – A05	159
6	A – B02	121
7	A – C01	98
8	B – B01	989
9	B – A01	727
10	B – A04	625
11	A – A03	418
12	A – B01	315
13	A – A06	6 201
14	B – A03	5 231
15	A – A01	3 309
16	A – A04	2 154

问题：
(1) 为该公司编制 ABC 分析表，并依据数据绘制 ABC 分析图。
(2) 为该公司依其不同产品的重要程度拟出明确的库存管理策略。

第一节 库存管理概述

如何有效实现库存管理

库存是供应链环节的重要组成部分，指一个组织所储备的所有物品和资源。从 1977 年到 2000 年，典型的高科技公司的库存绩效成倍增长，周转次数从 2.5 次增加到了 5 次。某些公司，如苹果和戴尔，现今其库存的运作时间甚至只有 6~8 天（相应的周转次数分别为 61 次和 46 次）。这意味着，公司运营其业务所需的库存较 20 年前减少了 50%。这些公司如何降低库存，提高库存周转率？本章将重点介绍库存的概念及库存管理的方法。

一、库存的定义与分类

（一）库存的定义

仓库活动占总成本的百分比

物料在物流中各个阶段所处的状态不同，如图 6-1 所示，从原材料状态到在制品状态（毛坯、零件或部件）到产成品状态。从管理的角度来看，物料在状态间的连续转化应是非常理想的目标，即让物料从原材料到产成品的整个过程一直处于加工状态才是科学合理的，而在实践当中则经常存在各种状态间的时间差。

就企业生产、经营活动的全过程而言，库存是一种物质资源的存储，是指在转化过程中处于闲置状态的物料，它是用于保证生产顺利进行或满足顾客需求而设置的物料储备。在系统内部，原材料、辅助材料、在制品、产成品、毛坯、零部件等在等待加工的状态下都被称为库存。库存并非仅限于仓库中的物料，而是泛指由于种种原因停滞于生产或流通中的物料。更严格地说，系统内任何处于闲置状态的物料都是库存。

从理论上讲，库存的存在是一种资源和资金的浪费。它需要占用大量资金，也可能掩盖生产经营中存在的问题；从现实来看，库存的存在又是不可避免的，甚至是有利于生产经营活动正常进行的。因此，人们一方面应不断改善经营管理，为最终实现零库存而努力；另一方面又要使库存维持在某一特定的合理水平上，做到少浪费而又能保证生产经营正常进行，这也是库存控制的目标。

从公司总体的观点，考虑每一种资金需求的利益与代价来平衡库存投资与其他需求是重要的。这种平衡所要求的决策可分为四类。

（1）库存投资与客户服务之间希望有什么样的平衡。在具有有效的制造控制去执行管理政策并有意料之外的需求或供应中断发生的地方，库存持有量与其所造成的服务之间存在着一种确定的关系。库存量越小，欠交与缺货就越多；库存量越大，服务就越好。

（2）库存投资与改变生产水平所伴随的成本之间希望有什么样的平衡。如果生产必须随销售率的变化而波动，则过大的设备能力、加班加点、停工、雇用、培训与解雇工人等有关费用将升高。库存可以阻滞这些波动。

（3）库存投资与发放补充库存的订单之间希望有什么样的平衡。频繁地运行工作或以小批量多次发放采购订单可以降低库存持有量。这样做的结果是高的生产调整与采购费用、过多的其他作业开支与失去了数量折扣。

（4）库存投资与运输成本之间希望有什么样的平衡。例如，为每小时移动工件去提供劳务与物料搬运设备比之每日移动工件要求较大的开销。运输方式越快，成本越高。

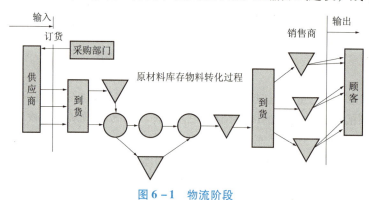

图 6-1　物流阶段

（二）库存的分类

从不同的角度可以对库存进行多种不同的分类。

1. 按其在生产过程和配送过程中所处的状态分类

仓库数量与库存的关系

按其在生产过程和配送过程中所处的状态分类，库存可分为原材料库存、在制品库存和成品库存。

如图 6-1 所示，三种库存可以存放在一条供应链上的不同位置。原材料库存可以放在供应商或生产商之处；原材料进入生产企业后，依次通过不同的工序，每经过一道工序，附加价值都有所增加，从而成为不同水准（以价值衡量）的在制品库存。当在制品库存在最后一道工序被加工完时，变成产成品，产成品也可以放在不同的储存点：生产企业内、配送中心、零售点，直至转移到最终消费者手中。图 6-1 所示的物流系统只是一个示意，现实中的系统可能比其更简单或更复杂。例如，对于一个零售业企业来说，其库存只有产成品一种形态，而对于一个大型制造业企业来说，生产工序较多，各种不同水准的在制品会大量存在，使库存包括多种不同程度的中间产品，还有可能拥有自己的配送中心，从而产成品的库存也会大量存在，这样整个物流和库存系统就会相当复杂。

2. 按库存的作用分类

按库存的作用分类，库存可分为周期库存、在途库存、安全库存（缓冲库存）、投机库存、季节性库存、闲置库存。

（1）周期库存。补货过程中产生的库存，周期库存用来满足确定条件下的需求，其生成的前提是企业能够正确地预测需求和补货时间。

（2）在途库存。从一个地方到另一个地方处于运输路线中的物品，在没有到达目的地之前，可以将在途库存看作周期库存的一部分。需要注意的是，在进行库存持有成本的计算时，应将在途库存看作运输出发地的库存。因为在途的物品还不能使用、销售或随时发货。

（3）安全库存（缓冲库存）。由于生产需求存在着不确定性，企业需要持有周期库存以外的安全库存或缓冲库存，持有这个观点的人普遍认为企业的平均库存水平应等于订货批量的一半加上安全库存。

（4）投机库存。持有投机库存不是为了满足目前的需求，而是出于其他原因，如由于价格上涨、物料短缺，或是为了预防罢工等囤积的库存。

（5）季节性库存。季节性库存是投资库存的一种形式，指的是生产季节开始之前的累积库存，目的在于保证稳定的劳动力和稳定的生产运转。

（6）闲置库存。闲置库存指在某些具体的时间内不存在需求的库存。

例如，一种产品可按每年 12 批、每批 1 000 件来制造。每个月，库存将收货 1 000 件。如均匀地使用掉，则现有数将平均为 500 件，其平均批量库存就将是 500 件，为弥补需求的波动，可能再额外持有 250 件作为安全库存。因此，该物品的平均总库存量（等于平均批量库存加上安全库存）将为 750 件，为迎接即将来临的一个假期，那时工厂将关闭，可能要给库存再加上 250 件，这就是季节性库存。如果此产品要通过远方的分支仓库来分配，则在主厂与仓库之间还将存在在途库存。

3. 按库存是否需要多次补充分类

按库存是否需要多次补充分类，库存可分为单期库存和多期库存。

（1）单期库存。单期库存指消耗完毕后不再重新补充的库存，实际上是那些发生在比较短的时间内的物料需求，或存储时间不可能太长的物料需求，其关键是确定一个合理的订货量。

（2）多期库存。多期库存指每次库存消耗完毕后需重新购买补充的库存。大多数库存属于这种类型，其基本问题主要体现在两个方面：何时订料、每次订购多少物料。

4. 按库存物料的需求特征分类

按库存物料的需求特征分类，库存可分为独立需求库存和相关需求库存。

（1）独立需求库存。独立需求库存指企业外部环境即用户对企业物料的需求，实际上是用户对企业产品的需求，其本质特征是那些具有不确定性、企业自身不能控制的需求，因而不能精确计算。

(2) 相关需求库存。相关需求库存指企业内部物料转化各环节之间所发生的物料需求，实际上是对企业的原材料、在制品的需求，其本质特征是依附企业最终产品的需求，即依附于独立需求库存。在独立需求库存确定以后，即可精确计算出相关需求库存。

二、库存的功能与影响

(一) 库存的功能

理想的库存过程应该是在订货确定后就按照顾客的规格制造产品。这就是所谓的订货型（make-to-order）作业，其特点是具有客户定制化的设备，这种系统无须按未来销售量预计储存材料或制成品，虽然零库存的制造/配送系统并不一定能实现，但必须记住，在库存中投资的每一分钱都必然要借助其他的物流资源得到补偿，并且要显示出一种有效的总成本回报。

库存是资产配置的一个重要领域，应该对资金投入提供最低限度的报酬。对此，会计专家早已认识到其中存在着如何衡量的问题，因为公司的损益报告一般都不充分显示其真实的成本或库存投资的收益，由于缺乏先进的衡量办法，使之难以评估服务层次、作业效率和库存水平之间的交替换位。大多数企业承担的平均库存都超过了其基本需要。因此，仔细地审查库存负担中表现出来的四个主要功能，就能更好地了解这种普遍性了。库存的四个主要功能如下所述。

1. 地域专业化

库存的第一个功能就是单一的作业单位可以进行地域专业化（geographical specialization）。由于诸如能源、材料、水资源和劳动力等的需要，经济上的制造地点往往与主要市场的距离相去甚远，例如，轮胎、电池、动力传送器和各种弹簧等是汽车装配中的重要零部件，而有关生产各种零部件的技术和专家的意见一般都倾向于库存地点应位于材料原产地附近，以便最大限度地缩短运输距离。这种战略导致生产地域的分割，以便能经济地生产每一个汽车零部件，然而，地理上的分割需要内部的库存转移，将各种零部件完全综合到最后的装配中去。

地理上的分割还需要对各种分割进行市场分类。在单一的仓库收集来自各地制造的物品，然后集合成一种组合产品进行装运。例如，宝洁公司使用配送中心从其洗衣店、食品和保健部门组合产品，向顾客提供单一的综合性装运。该例子说明，这类仓库有可能通过库存进行地理上的分割并进行综合配送。

地理上的分割使一个企业可以在制造单位和配送单位之间实行经济上的专业化。当地域专业化被利用时，库存就会以材料、半成品（在制品）、制成品的形式被引入物流系统，除了每个地点需要一个基本库存外，还必须使用转移中的库存把制造和配送联系在一起。虽然地域专业化难以衡量，但通过它获得的经济利益补偿预期大于所增加的库存成本和运输成本。

2. 分离

库存的第二个功能是分离（decoupling），它通过在生产作业之间储存在制品，在单一的制造工厂内最大限度地提高作业效率。各种分离过程允许各种产品按大于市场需求的经济批量进行制造和配送。在对产品产生需要之前就进行储备的仓库库存允许以最低限度的运费成本按大批量托运配送到顾客手中。在营销方面，分离使不同时间制造的产品可以按一个门类进行出售。于是，库存的分离功能就等于给企业的不确定生产提供了"缓冲"，或者给加了个"衬垫"。因此，分离功能不同于地域专业化：前者是在单一的地点增加作业效率，而后者则包括了多重地点。

3. 平衡供求

库存的第三个功能是平衡（balancing），它关系到消费和制造之间的时间。平衡的库存缓解了供给对需求的可得性。最引人注目的平衡例子就是季节性生产和全年消费，例如橘子汁；季节性消费和全年生产，例如防冻剂。各种库存的平衡可以把制造经济与各种消费联系在一起。

在管理上要协调制造和需求中的时间差，涉及难以制订生产计划的问题。当需求集中在一个非常短暂的销售季节时，制造商、批发商和零售商会被迫在销售高峰期到来之前就已备好了库存。例如，在草坪家具制造中，每年到了初秋，各单位就必须加速生产，直到第二年的春天或秋天才进行出售。在1月初和2月初，制造商的库存便达到了高峰，随后草坪家具的订货数量开始下降，同时它们开始通过市场营销渠道按各自的途径流向批发商和零售商，零售商在初春开始销售，然而，当这种零售活动从卖方市场变换到买方市场时，随着零售商企图降低库存和排除换季影响，价格竞争就占据了市场营销的主导地位。于是，从零售商的观点来看，整个销售系统的库存状况必须在销售高峰季节还没有到来前的6个月之内计划妥当。

尽管上面举的草坪家具是一个极端例子，但几乎所有的产品或多或少都具有季节性变动因素。因此，库存储备可以使产品的大批消费或大批生产无视季节性因素。库存的平衡功能需要在季节储备中投入大量的资金，同时可期望在季节销售中得到充分的补偿。在制订计划时，至关重要的问题是要确定储备多少库存以享受最大限度销售，并能以最低限度的风险转换到下一个销售季节。

4. 不确定因素的缓冲

安全储备（safety stock）功能或缓冲储备（buffer stock）功能关系到库存需求或库存补给的变化。为此，大量的库存计划都致力于确定安全储备的规模。事实上，大多数库存过剩就是产生于库存计划的不恰当。

对安全储备的要求产生于未来销售量和库存补给的不确定性。只要有不确定因素的存在，就必须保持库存状态。在某种意义上，制订安全储备计划类似于购买保险。

安全储备可以防止两种类型的不确定因素：第一种不确定因素与完成周期中库存需求量超过预测数有关；第二种不确定因素涉及在完成周期内自身运作过程中的延误。例如，顾客要求按一定计划增减的单位数，就是有关需求不确定因素的例子。完成周期的不确定性产生于接受订货、订单处理或运输服务等方面的延误。

总而言之，地域专业化、分离、平衡供求，以及用于安全储备缓冲不确定因素等，是库存的四个功能。这些功能确定了特定的系统所必需的对库存进行的投资，以期能实现管理部门的目标。在给定某种具体的制造战略或营销战略条件下，只有当这四个库存功能在同一层次上发挥作用时，已计划的库存和已承诺的作业才有可能被减少。凡超过最低层次的库存都表现为过度承诺。在最低层次上，已投资的库存要实现地域专业化和分离功能，只有通过改变实施地点和作业过程来进行调整。最低层次的库存需要依赖于对季节性需求的估算来平衡供给与需求。随着经验的积累，管理部门可以相当充分地预计在高需求量期间实现边际销售量所需的库存。于是，季节性库存计划就可以在该经验的基础上形成。库存对安全储备的承诺最能代表厂商的表现，这类承诺通常具有作业性质，一旦发生差错或政策有变就能够迅速地进行调整。管理部门可以通过各种技术的帮助来计划安全储备方面的承诺。

（二）库存对不同渠道成员的风险影响

由于库存中投入了资金以及库存有可能成为陈旧物，所以持有库存是有风险的。首先，已投入库存的投资无法用于改善企业已完成的其他物品或资产。作为选择，这必须通过借贷支持库存的投资基金，由此增加厂商的利息费用。其次，产品有可能被偷窃或成为废旧物。这些因素以及与库存有关的资金数量对大多数企业构成了很大的风险。必须了解的是，这种风险的性质和程度完全取决于企业在配送渠道中的地位。

1. 对制造商的风险影响

对于制造商来说，库存具有长期的性质，制造商的库存负担从原材料和零部件开始，其中包括在制品，直至以产成品告终。此外，在销售前，产成品往往必须被转移到靠近批发商和零售商的仓库中去。虽然制造商拥有的产品品种可能比零售商或批发商窄得多，但是制造商的库存负担相对具有更深的层次和较长的时间。

2. 对批发商的风险影响

批发商承受的风险与零售商相比虽然较狭窄，但具有更深层次和更长时间。批发商购买大批的商品，但小批量地出售给零售商。批发商的经济合理性来自其有无能力以小批量向零售顾客提供来自不同制造商的分类商品。当产品具有季节因素时，批发商也会被迫在出售前就已采取库存措施，因而增加风险的程度和持续时间。

批发企业的最大危害之一是，产品品种的扩大程度使库存风险的广度接近零售商的地步，而风险的程度和持续时间却依然保持传统批发商的特征。例如，传统的全日制五金商店和食品批发商在过去的10年间所面临的困境是：产品品种的扩大已经增加了库存风险的范围；此外，它们的零售客户通过将库存的责任推卸给批发商使风险的程度和持续时间进一步加大。产品品种增值的压力不同于其他任何一个因素，使一些普通的批发商望而却步，为专业化作业所取代。

3. 对零售商的风险影响

对于零售商来说，库存管理基本上属于买进和卖出之类的事务。零售商购买各种各样的产品并在市场的营销过程中承担风险，零售商承担的库存风险可以被看作很广，但不深。由于高额的租金，零售商主要强调库存周转时间和直接的产品利用率。周转时间用于衡量库存速度，为年销售量除以平均库存量的比率。

尽管零售商在各种产品上承担着一定的风险，但它们在每一种产品上的风险并不大。在典型的超级市场里，风险分布超过10 000个库存量单位。廉价商店提供的一般商品和食品往往超过25 000个库存量单位。一家全日制的百货商店有可能拥有多达50 000个库存量单位。面对如此之广的库存，零售商企图迫使制造商和批发商承担越来越大的库存责任来降低风险，在营销渠道上通过库存进行"备份"的做法已导致零售商要求批发商和制造商按组合产品的装运进行快速递送。专业零售商与大型综合商场形成鲜明对照，它们所经历的库存风险的范围一般较小，因为它们所处理的产品品种较狭窄。然而，专业零售商在库存和持续时间方面却必须承担更大的风险。

如果一个单一的企业打算在不止一个层次上进行作业，那么它就必须准备承担额外的库存风险。例如，经营一个地区仓库的食品连锁店，因与批发商的作业有关，它所承担的风险就大大超过正常的零售作业。当一个企业的垂直一体化达到一定程度时，就必须在各个层次的营销渠道上进行库存管理。

第二节　仓储管理技术

把库存量控制到最佳数量，尽量少用人力、物力、财力把库存管理好，获取最大的供给保障，是很多企业、很多经济学家追求的目标，甚至是企业之间竞争生存的重要一环。

一、经济订货批量

(一) 库存控制系统要素

1. 需求

存储是为了满足未来的需求，需求被满足，存储量就减少，需求可能是间断的，也可能是连续发生的。需求可以是确定型的，也可以是随机型的。

2. 补充

由于需求的发生，库存物不断减少，为保证以后的需求，必须及时补充库存物品。补充相当于存储系统的输入。

3. 费用分析

在存储论中，一个存储策略通常是指：决定在什么时候对存储系统进行补充，以及补充多少库存量。在众多的存储策略中，评价一项策略的优劣时，常用的标准是该策略所耗用的平均费用。

存储模型中经常考虑的费用是订货费、生产费、存储费和缺货损失费。

4. 存储策略

确定补充量以及补充时机的办法称为存储策略。最常见的策略形式有以下三种：

(1) t_0 循环策略：每隔一个循环时间补充量 Q。

(2) (s, S) 型策略：即经常检查库存量 x，当 $x > s$ 时不补充，当 $x \leq s$ 时补充。补充量 $Q = S - x$（即把库存量提高到 S）。这里的 s 是应达到的最低库存量，S 是最大库存量。

(3) (t, s, S) 型混合策略：每经过时间 t 检查库存量 x，当 $x > s$ 时不补充，当 $x \leq s$ 时，补充存储量使之达到 S。

根据问题的实际背景和采取的策略形式，存储总是可以分成不同的类型。按照存储模型中量和期的参数性质划分，可分为确定型存储模型和随机型存储模型两大类，下面仅介绍确定型存储模型。

(二) 确定型存储模型

这里所讨论的存储模型中的量和期的参数都是确定性的。而且，一种存储物的量和期与另一种存储物的量和期不发生相互影响关系。下面介绍经济订货批量模型。

1. 假设条件

(1) 当存储降至零时，立即补充。

(2) 需求是连续均匀的，设需求速度 R 为常数，则 t 时间内的需求量为 Rt。

(3) 每次订购费不变，单位存储费不便。

(4) 每次订购量相同。

2. 存储状态变化情况

存储状态变化情况如图6-2所示。

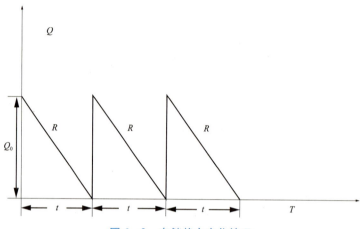

图6-2 存储状态变化情况

3. 建立模型

由图6-2可知，在t内补充一次存储，订购量Q必须满足这一时间内的需求，故得$Q = Rt$，一次订购费为c_3，货物单价为K，则订货费为$c_3 + KRt$。单位时间内的订货费为

$$\frac{c_3}{t} + Rt$$

已知需求速度R为常数，存储量由时刻0的Q线性降至时刻t的0，故在t内的存储量为一个三角形的面积：$Qt/2 = Rt^2/2$。单位时间内的存储量为$Rt/2$，单位时间内的存储费用为$c_1 Rt/2$。故得t内总的平均费用为

$$c(t) = \frac{c_1 Rt}{2} + \frac{c_3}{t} + KR$$

这里的t为所求的存储策略变量。根据微积分求最小值的方法，可求出一阶导数并令其等于0，得

$$\frac{\mathrm{d}c(t)}{\mathrm{d}t} = \frac{1}{2}c_1 R - \frac{c_3}{t^2} = 0$$

解上述方程可得

$$t_0 = \sqrt{\frac{2c_3}{c_1 R}} \qquad ①$$

即每隔t_0时间订货一次，可使其达到最小。其订购量为

$$Q_0 = Rt_0 = \sqrt{\frac{2c_3}{c_1 R}} R = \sqrt{\frac{2c_3 R}{c_1}} \qquad ②$$

由于货物单价K与Q_0、t_0无关，在费用函数中可以略去KR这项费用。故可得

$$c(t) = \frac{c_3}{t} + \frac{1}{2}c_1 Rt \qquad ③$$

将t_0代入式③，可得

$$c(t_0) = c_3\sqrt{\frac{c_1 R}{2c_3}} + \frac{1}{2}c_1 R\sqrt{\frac{2c_3}{c_1 R}} = \sqrt{2c_1 c_3 R} \qquad ④$$

若将上述费用函数用曲线表示，则同样可以得到与式①、②、③一致的结果，如图 6-3 所示。

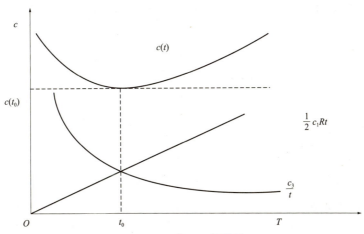

图 6-3 费用函数曲线

订货费用曲线 $\frac{c_3}{t}$，存储费用线 $\frac{c_1 Rt}{2}$，总费用曲线为

$$c(t) = \frac{c_3}{t} + \frac{c_1 Rt}{2}$$

图 6-3 中，曲线的最低点对应的横坐标 $c(t_0)$ 正好与订购费用曲线和存储费用曲线的交点对应的横坐标一致，即

$$\frac{c_3}{t_0} = \frac{c_1 Rt_0}{2}$$

$$\text{解出 } t_0 = \sqrt{\frac{2c_3}{c_1 R}} \qquad ⑤$$

$$Q_0 = \sqrt{\frac{2c_3 R}{c_1}} \qquad ⑥$$

$$c(t_0) = \sqrt{2c_1 c_3 R}$$

例 6-1：某单位每月需要某一产品 200 件，每批订购费为 20 元。每次货物到达后先存入仓库，每月每件要付出 0.8 元的存储费。试计算其经济订货批量。

解：已知 $R = 200$ 件/月，$c_3 = 20$ 元/每批，$c_1 = 0.8$ 元/每月·每件。

根据上述模型，易算出：

最佳订购周期

$$t_0 = \sqrt{\frac{2c_3}{c_1 R}} = \sqrt{\frac{2 \times 20}{0.8 \times 200}} = \frac{1}{2}（月）$$

最佳订购批量

$$Q_0 = Rt_0 = \frac{1}{2} \times 200 = 100（件）$$

平均最小费用

$$c(t_0) = \sqrt{2c_1 c_3 R} = \sqrt{2 \times 0.8 \times 20 \times 200} = 80 \text{（元/月）}$$

即在一个月内订购两次，每次订购量为100件，在不致中断需求的前提下，每月付出的最小费用为80元。

例6-2：接例6-1，若每月需量提高到800件，其他条件不变，那么最佳订购量是否也提高到400件（原来的4倍）？

解：$R=800$ 件/月，其他条件与例6-1相同。

求得

$$t_0 = \sqrt{\frac{2c_3}{c_1 R}} = \sqrt{\frac{2 \times 20}{0.8 \times 800}} = \frac{1}{4}\text{（月）}$$

$$Q_0 = R t_0 = 800 \times \frac{1}{4} = 200\text{（件）}$$

$$c(t_0) = \sqrt{2c_1 c_3 R} = \sqrt{2 \times 0.8 \times 20 \times 800} = 160 \text{（元/件）}$$

显而易见，需求速度与订购量并不是同倍增长的。这说明了建立存储模型的重要性。

二、ABC 分类法

（一）ABC 分类法的原理

ABC 分类法的依据是帕累托原理。19世纪，意大利经济学家帕累托在研究财富的分配时发现，当时意大利80%的财富集中在20%的人手中，这个发现被称为帕累托原理，也被称为80/20法则，即"关键的少数和次要的多数"规律。

在任何一组东西中，最重要的只占其中一小部分，约20%，其余80%尽管是多数，却是次要的。

80%的交通事故是由20%的汽车司机引起的。

20%的罪犯的犯罪行为占所有犯罪行为的80%。

汽车燃料的80%浪费在燃烧上，只有其中的20%可以使车辆前进，而这20%的投入，却回报以100%的产出。

世界财富的80%掌握在20%的人手中。

在人的生命中，20%的时间带来80%的快乐。

20%的产品或客户，为企业赚得约80%的销售额和利润。

该分析方法的核心思想是在决定一个事物的众多因素中分清主次，识别出少数的但对事物起决定作用的关键因素和多数的但对事物影响较小的次要因素。

1951年，美国通用公司经理戴克将"关键的少数和次要的多数"这一规律应用到库存管理中，于是就诞生了 ABC 分类法。

ABC 分类法是根据物品在技术或经济方面的主要特征，进行分类排队，将分析对象划分成 A、B、C 三类，从而有区别地确定管理方式的分析方法。

ABC 分类法的划分标准为：

1. A 类商品

其价值占库存总价值的60%~80%，品种数通常为总数目的15%~20%。

2. B 类商品

其价值占库存总价值的 15%~20%,品种数通常为总数目的 30%~40%。

3. C 类商品

其价值占库存总价值的 5%~10%,品种数通常为总数目的 60%~70%。

(二) ABC 分类法的操作步骤

1. 收集数据

收集有关资料,包括各个品种商品的年销售量和商品单价等数据。

2. 统计汇总

对收集来的数据进行整理并按要求进行计算,如计算销售额、品种数、以累计品种数、累计品种百分比、累计品种百分比、累计销售额、累计销售额百分比等。

3. 编制 ABC 分类表

按销售额的大小,由高到低对所有品种按顺序排列,将必要的原始数据和统计汇总的数据填入 ABC 分类表中。

4. 绘制 ABC 分类图

以累计品种百分比为横坐标,以累计销售额百分比为纵坐标,按照对应的数据,绘制 ABC 分类图。

5. 确定重点管理

根据 ABC 分类表的结果,对 A、B、C 三类商品采取不同的管理策略。

案例分析

某仓库 10 种商品库存占用资金量见表 6-2。对其进行 ABC 分类,并确定不同的库存管理方法,见表 6-3。

表 6-2 某仓库 10 种库存占用资金

物品名	1	2	3	4	5	6	7	8	9	10
库存占用总资金/元	37	230	96	2 100	460	910	102	19	128	3 200

表 6-3 某仓库 10 种物品的 ABC 分类表

物品名	库存占用总资金/元	库存占用总资金百分比/%	累计年度使用资金百分比/%	品种百分比/%	累计品种百分比/%	分类
10	3 200	43.9	43.9	10	10	A
4	2 100	28.8	72.7	10	20	A
6	910	12.5	85.2	10	30	B
5	460	6.3	91.5	10	40	B
2	230	3.2	94.7	10	50	C
9	128	1.8	96.5	10	60	C
7	102	1.4	97.9	10	70	C
3	96	1.3	99.2	10	80	C

续表

物品名	库存占用总资金/元	库存占用总资金百分比/%	累计年度使用资金百分比/%	品种百分比/%	累计品种百分比/%	分类
1	37	0.5	99.7	10	90	C
8	19	0.3	100	10	100	C
合计	7 282	100	—	100	—	—

A 类物品管理方法：

按照需求，小批量、多批次的采购入库，最好能做到准时制管理。

按照看板订单，小批量、多批次的发货，最好能做到准时制出库。

尽可能缩短订货提前期，对交货期限加强控制。

科学设置最低定额、安全库存和订货报警点，防止缺货发生；与供应商和用户共同研究替代品，尽可能降低单价；制定应急预案、补救措施。

每天都要进行盘点和检查。

B 类物品管理方法：

采用定量订货方法，前置期时间较长。

每周要进行盘点和检查。

中量采购。

C 类物品管理方法：

大量采购，获得价格上的优惠。由于所消耗金额非常小，即使多储备，也不会增加太多金额。

简化库存管理。

每月循环盘点一遍。

对于积压物品和不能发生作用的物料，应该每周向公司决策层通报，及时清理出仓库。

（三）ABC 库存管理措施

1. A 类物品的管理

对 A 类商品要正确地预测需求量，与供应商协商缩短前置时间，采用定期订货方式，对存货做定期盘点，提高库存精确度，将 A 类物品置于易于出入库的位置。认真对待 A 类物品，投入相应的人力、物力进行重点管理。

2. B 类物品的管理

B 类物品可采用定量订货方式，少量采购，库存数量视具体情况来定，每两三周盘点一次，进行普通管理。

3. C 类物品的管理

C 类物品可采用定量订货方式，大量采购，增大安全库存量，简化库存管理手段，每月盘点一次即可，进行简单管理。

三、MRP 库存控制法

（一）MRP 的基本原理

MRP（Material Requirement Planning），即物料需求计划，是根据市场需求预测和客户订单制订的产品生产计划,制作出构成产品的物料结构表,结合库存信息,通过计算机计算出所需各种物料的需求量和需求时间,从而确定物料的生产进度和订货日程的一种生产作业管理方法。

MRP 的基本原理是由主生产进度计划和主产品的层次结构逐层逐个地求出主产品所有零部件的出产时间、出产数量,这个计划叫作物料需求计划。MRP 的逻辑原理,如图 6-4 所示。

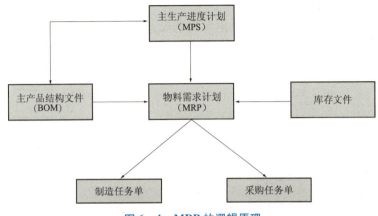

图 6-4 MRP 的逻辑原理

由图 6-4 可以看出,物料需求计划是根据主产品结构文件、主生产进度计划和库存文件而形成的。

(1) 主产品结构文件即物料清单(Bill of Materials),主要反映出主产品的层次结构、所有零部件的结构关系和数量组成。根据这个文件,可以确定主产品及其各个零部件的需求数量、需求时间和它们相互间的装配关系。

(2) 主生产进度计划(Master Production Schedule)主要描述主产品结构文件决定的零部件的出产进度,表现为各时间段内的生产量,有出产时间和出产数量或装配时间和装配数量等。

(3) 库存文件包括了主产品和其所有的零部件的库存量、已订未到量和已分配但还没有提走的数量。

(二)MRP 计划的编制

1. MRP 的输入

MRP 的输入有 3 个文件。

(1) 主生产进度计划。主生产进度计划是 MRP 系统最主要的输入信息,也是 MRP 系统的主要依据。该计划来自企业的年度计划,在 MRP 中用 52 周来表示。其基本原则是,主产品进度计划覆盖的时间长度要不少于其组成零部件中具有的最长的生产周期。

(2) 主产品结构文件。主产品结构文件一般用树型结构表示,最上层是 0 级,即主产品级,然后是 1 级,对应主产品的一级零部件,如此逐级往下分,最后一级为 n 级,一般是最初级的原材料或者外购零配件。每一层的参数有部件名称、组成零部件的数量,有的也包括相应的提前期(包括生产提前期和订货提前期)。

主产品 A 和 B 的树型结构,如图 6-5 所示。产品 A 由 2 个零件 D 和 1 个零件 C 装配组成,而零件 C 又由 2 个零件 E 和 3 个零件 F 装配组成。产品 B 由 2 个零件 C 和 3 个零件 E 装配组成。

（3）库存文件。该文件包含各个品种在系统运行提前期库存量的静态资料。其主要参数有：

①毛需求量。毛需求量是指主产品及其零部件在每一周的需求量。

②预计入库量。预计入库量是指根据正在执行中的采购订单或生产订单预测未来的某一个时段将要入库或将要完成的数量。

③现有库存量。现有库存量是指每个周末库存产品的数量。

MRP 输入完毕后，系统会自动计算出各周的库存量、净需求量、计划订货量和计划发出的订货量。

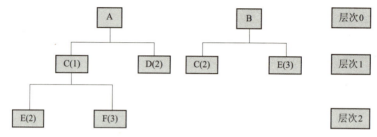

图 6-5　主产品 A 和 B 的树型结构

2. MRP 的输出

MRP 的输出包括主产品及其零部件在各周的净需求量、计划产出（交付）量和计划投入（采购）量。

（1）净需求量是指系统需要外界在给定的时间提供的给定的产品数量。

（2）计划产出（交付）量是计划从外界接受订货的数量和时间。

（3）计划投入（采购）量是发出采购订货单进行采购或发出生产任务单进行生产的数量和时间。

根据图 6-5、表 6-4、表 6-5 三个资料，计算出 A、B 产品和 C、D、E、F 四种零部件的需求量和生产订单、采购订单等输出信息，见表 6-6。

表 6-4　A、B 产品的市场需要量及需求时间预测

时间/周	1	2	3	4	5	6	7	8	9	10	11	12
产品 A 的市场需求量/件									325	456		500
产品 B 的市场需求量/件									180		320	

表 6-5　库存量、生产周期等信息

产品	A	B	C	D	E	F
现有库存量/件	30	50	15	35	100	50
安全库存量/件		10			10	
预计入库量/件	95（3）	40（5）	95（4）	195（2）		80（4） 200（6）
生产（订购）周期/周	2	3	1	2	2	1

表 6-6　MRP 计划的编制过程表

产品/件	时间/周	1	2	3	4	5	6	7	8	9	10	11	12
A	毛需求量									325	450		500
	预计入库量				95								
	现有库存量 30	30	30	1 125	125	125	125	125	125	125	0	0	0
	净需求量									200	450		500
	计划产出（交付）量									200	450		500
	计划投入（采购）量							200	450		500		
B	毛需求量									180		320	
	预计入库量					40							
	现有库存量 30	50	50	50	50	90	90	90	90	90	10	10	10
	净需求量									100		320	
	计划产出（交付）量									100		320	
	计划投入（采购）量							100		320			
C	毛需求量 C = A + 2B						200	200	1 090		500		
	预计入库量					95							
	现有库存量 15	15	15	15	110	110	110	0	0	0	0	0	0
	净需求量						90	200	1 090		500		
	计划产出（交付）量						90	200	1 090		500		
	计划投入（采购）量					90	200	1 090		500			
D	毛需求量 D = 2A							400	900		1 000		
	预计入库量		195										
	现有库存量 35	35	230	230	230	230	230	230	0	0	0	0	0
	净需求量							170	900		1 000		
	计划产出（交付）量							170	900		1 000		
	计划投入（采购）量						170	900		1 000			

续表

产品/件	时间/周	1	2	3	4	5	6	7	8	9	10	11	12
E	毛需求量 E = 2C + 3B					180	700	2 180	960	1 000			
E	预计入库量												
E	现有库存量 100	100	100	100	100	100	10	10	10	10	10	10	10
E	净需求量					90	700	2 180	960	1 000			
E	计划产出（交付）量					90	700	2 180	960	1 000			
E	计划投入（采购）量				90	700	2 180	960	1 000				
F	毛需求量 F = 3C					270	600	3 270		1 500			
F	预计入库量					80	200						
F	现有库存量 50	50	50	50	130	130	200	0	0	0	0	0	0
F	净需求量					140	400	3 270		1 500			
F	计划产出（交付）量					140	400	3 270		1 500			
F	计划投入（采购）量				140	400	3 270		1 500				

（三）闭环 MRP 和 MRP Ⅱ

1. 闭环 MRP

MRP 能根据有关数据计算出相关产品需求的准备时间与数量，但它还不够完善，其主要缺陷是没有考虑到生产企业现有的生产能力和采购有关条件的约束。因此，计算出来的产品需求有可能因设备和工时的不足而没有能力生产，或者因原料的不足而无法生产。为了解决以上问题，MRP 系统在 20 世纪 70 年代发展为闭环 MRP 系统。闭环 MRP 系统除了产品需求以外，还将生产能力需求计划、车间作业计划和采购作业计划全部纳入 MRP，形成一个封闭的系统，称为闭环 MRP，它是一个完整的生产计划与控制系统。

2. MRP Ⅱ

MRP Ⅱ（Manufacturing Resource Planning），即制造资源计划。它是把企业作为一个有机整体，从整体最优的角度出发，把生产、财务、销售、工程技术、采购等各个子系统，集成为一个一体化的系统。通过运用科学方法对企业制造资源和产、供、销、财各个环节进行有效的计划、组织和控制，使它得以协调发展。

（四）JIT 库存控制法

1. JIT 的含义与目标

JIT 是 Just in Time 的缩写，译为准时制。JIT 管理模式因日本丰田汽车公司的成功应用而成为世界闻名的先进管理体系。20世纪70年代以来,在石油危机的冲击下,为了降低成本,消除在生产过程中的一切浪费,日本丰田汽车公司首先推出准时化的生产方式JIT。它反映了生产制造业以订单驱动的一种理念,JIT通过看板管理,通过工厂的"拉动系统"把供、产、销紧密地衔接起来,使物资储备、产成品库存以及在制品库存大为减少,提高了生产效率。

JIT的目标是彻底消除无效劳动和浪费,即有计划地消除从原材料到产成品的所有过程的一切浪费,强调零库存,以零缺陷为目标改善产品质量。力求在恰当的时间、恰当的地点,以恰当的数量、恰当的质量提供恰当的产品,为实现这一目标,JIT生产必须在产品质量、生产过程、时间等方面确立目标,具体要实现零库存、高柔性、无缺陷、零浪费。

虽然闭环MRP系统可以确切地计算出产品需求量和时间,可是它无法计算出各种产品的价值而进行成本核算,无法进行财务信息处理,闭环MRP只实现了物流信息处理。因此,为了实现物流和资金流的结合,在闭环MRP的基础上形成了MRPⅡ。MRPⅡ具有计划的一贯性与可行性、管理的系统性、数据的共性、动态的应变性、模拟预见性和物流、资金流的统一等特点。

2. JIT 库存控制的要素

(1)零库存。零库存是一种现代库存管理方法,它要求在准确的时间把准确数量的货物送到准确的地点。JIT生产可以发现其他生产方式由于过多的库存和过多的人员而隐藏的问题。

(2)备货期短。由于采用小批量供货和较短的供货周期,JIT使备货时间大大地缩短了。

(3)多批次小批量。多批次小批量订货可以减少和避免存货,当发现问题时,容易得到改进和敏捷制造。

(4)高质量和无缺陷。JIT实现了生产过程同步化,提高了产品质量,减少了废品与返工,提高了劳动生产率及设备利用率。

3. JIT 生产系统的主要方法

(1)看板管理。看板管理是实现准时制生产的工具之一,它将传统生产过程中前道工序向后道工序送货,改为后道工序根据看板向前道工序取货。

看板是一张卡片,看板上的信息通常包括零件号码、产品名称、制造编号、容器形式、容器容量、看板编号、移送地点和零件外观等。看板管理使用的卡片有"领料看板"和"生产看板"两种基本形式。这两种卡片随同存放材料或零部件的存料箱一起在上下两道工序之间往返传送。看板充当了传递指令的角色,使用看板管理才有可能控制准时制生产的生产进度。

JIT生产方式中,看板管理降低了库存水平,强化了质量控制。看板只不过是一种管理工具,绝不能把JIT生产方式与看板方式等同起来。看板只有在工序一体化、生产均衡化、生产同步化的前提下,才有可能运用。通过看板,采用拉动方式把供、产、销紧密地衔接起来,使产品储备、成本库存和在制品大为减少,提高生产效率。

(2)零库存管理。零库存是指某种或某些种物品的在库储存数量为"零",或接近"零",即某种或某些种产品无库存或有极少库存,但不表示企业没有库存,不以库存形式存在的产品,就可以免去仓库存货的一系列问题。这样就可以节省仓库建设、管理、存货维护、保管、装卸、搬运等费用,以及克服存货占用流动资金及库存产品的老化、损失、变质等问题。

"零库存"管理的目的是,通过降低库存,发现管理中存在的问题,然后解决这些暴露出来的问题，使生产系统得到改善。"零库存"可以通过准时制、看板管理等方式来实现。

第三节　仓储成本管理

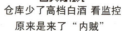

一、仓储成本管理的意义

1. 成本管理企业管理的重要组成部分

成本管理涉及企业内部资金和费用的管理，企业的绝大多数管理活动都涉及资金和费用，因而可以说成本管理是企业管理的基础。仓储企业在追求提高管理水平、强化管理能力时，最基础的是做好成本管理。一方面有了良好的成本管理，才能够提高整体管理水平；另一方面为了追求管理水平，不能大幅增加成本。

2. 在成本核算的基础上进行成本管理

成本管理在理论上可以有目标成本管理，但所设置的目标必须是企业能达到的目标。也就是说需要建立在企业实际运作的基础上确定成本目标。要通过仓储投入与产出的核算，通过规范的经济核算指标反映仓储的现状和争取的目标。在此基础上，开展成本控制和效益管理。

3. 成本管理与提高服务质量相结合

成本管理的主要目的是通过管理降低成本，从而增加收益或者降低价格、提高竞争力。但仓储服务却是随着服务水平的提高而服务成本增大，降低服务成本或多或少会影响到服务水平。因而在成本管理涉及服务水平的成本支出不应成为降低的对象，而应获得差别对待。

4. 成本管理是企业全体员工的职责和义务

成本管理是企业全体员工的职责和义务，需要全体员工的参与和支持。成本管理需要认真地动员和细致的监督，务必使每一位员工都能充分认识到成本管理的重要性，节约每一分成本，减少每一元支出，杜绝浪费和消除风险。

二、降低仓储成本的途径

（1）分类管理。进行储存物的 ABC 分析，确定重点管理和一般管理的分类。ABC 分析是实施储存合理化的基础分析，在此基础上可以进一步解决各结构关系、储存量、重点管理、技术措施等合理化问题。在 ABC 分析的基础上实施重点管理，分门别类地进行仓储操作和保管，达到控制仓储成本的目的。

（2）在形成了一定的社会总规模的前提下，追求经济规模，适度集中库存。适度集中库存是利用储存的规模优势，以适度集中储存代替分散的小规模储存来实现合理化。在集中规模的情况下，有利于采用机械化、自动化方式，有利于形成一定批量的干线运输，有利于成为支线运输的始发站而获得仓储以外的运输费用降低，进而降低仓储总成本。

（3）加速周转，提高单位仓容产出。储存现代化的重要课题是将静态储存变为动态储存，周转速度快，会带来一系列的好处：资金周转快，会使资本效益高、货损货差小、仓库吞吐能力增加、成本下降等。具体做法如采用单元集装存储，建立快速分拣系统，都有利于实现快进快出、大进大出。

（4）采用"先进先出"方式，保证每个被储物的储存期不至过长，减少仓储物的保管风险。"先进先出"是一种有效的方式，也成了储存管理的准则之一。有效的先进先出方式主要有：

①贯通式（重力式）货架系统。利用货架的每层形成贯通的通道，从一端存入物品，从另一端取出物品，物品在通道中自行按先后顺序排队，不会出现越位等现象。贯通式（重力式）货架系统能非常有效地保证先进先出。

②"双仓法"储存。给每种被储物都准备两个仓位或货位，轮换进行存取，再配以必须在一个货位中取光后才可以补充的规定，则可以保证实现"先进先出"。

③计算机存取系统。采用计算机管理，在存货时向计算机输入时间记录，编入一个按时间顺序输出的简单的程序，取货时计算机就能按时间给予指示，以保证"先进先出"。这种计算机存取系统能"先进先出"，保证不做超长时间的物资储存和快进快出结合起来，即在保证一定先进先出的前提下，将周转快的物资随机存放在便于存储之处，以加快周转，减少劳动消耗。

（5）提高储存密度，提高仓容利用率。其主要目的是减少储存设施的投资，提高单位存储面积的利用率，以降低成本、减少土地占用。具体有下列三种方法：

①采取高垛的方法，增加储存的高度。具体方法有采用高层货架仓库、集装箱等都可比一般堆存方法大大增加储存高度。

②缩小库内通道宽度以增加储存有效面积，具体方法有采用窄巷道通道，配以轨道式装卸车辆，以减少车辆运行宽度要求；采用侧叉车、推拉式叉车，以减少叉车转弯所需的宽度。

③减少库内通道数量以增加有效储存面积，具体方法有采用密集型货架，采用不依靠通道可进车的可卸式货架，采用各种贯通式货架，采用不依靠通道的桥式起重机装卸技术等。

（6）采用有效的储存定位系统。储存定位的含义是被储存物位置的确定。如果定位系统有效，则能大大节约寻找、存放、取出的时间，节约不少物化劳动及活劳动，而且能防止差错，便于清点及实行订货点等的管理方式。储存定位系统可采取先进的计算机管理，也可采取一般人工管理。行之有效的方式主要有：

①"四号定位"方式。用一组四位数字来确定存取位置的固定货位方法，是我国手工管理中采用的科学方法。这四个号码是：库号、架号、层号、位号。这就使每一个货位都有一个组号，在物资入库时，按规划要求，对物资编号，记录在账卡上，提货时按四个号码的指示，很容易将货物拣选出来。这种定位方式可对仓库存货区事先做出规划，并能很快地存取货物，有利于提高速度，减少差错。

②电子计算机定位系统。这是利用电子计算机储存容量大、检索迅速的优势，在入库时，将存放货位输入计算机；在出库时，向计算机发出指令，并按计算机的指示人工或自动寻址，找到存放货，拣选取货的方式。一般采取自由货位方式，计算机指示入库货物存放在就近易于存取之处，或根据入库货物的存放时间和特点，指示合适的货位，取货时也可就近就便。这种方式可以充分利用每一个货位，而不需要专位待货，有利于提高仓库的储存能力，当吞吐量相同时，可比一般仓库减少建筑面积。

（7）采用有效的监测清点方式。对储存物资数量和质量的监测有利于掌握仓储的基本情况，也有利于科学控制库存。在实际工作中稍有差错，就会使账物不符，所以，必须及时且准确地掌握实际储存情况，经常与账卡核对，保证仓储物资的完好无损，这是人工管理或计算机管理必不可少的。此外，经常的监测也是掌握被存物资数量状况的重要工作，监测清点的有效方式主要有：

①"五五化"堆码。这是我国手工管理中采用的一种科学方法。储存物品时，以"五"为基本计数单位，堆成总量为"五"的倍数的垛形，如梅花五、重叠五等。堆码后，有经验者可过目成数，大大加快了人工点数的速度，而且很少出现差错。

②光电识别系统。在货位上设置光电识别装置，通过该装置对储存物的条码或其他识别装置（如芯片等）进行扫描，并将准确数目自动显示出来。这种方式不需人工清点就能准确掌握库存的实有数量。

③电子计算机监控系统。用电子计算机指示存取，可以避免人工存取容易出现差错的弊端，如果在储存物上采用条形码技术，使识别计数和计算机联结，每存取一件物品时，识别装置自动识别条码并将其输入计算机，计算机会自动做出存取记录。这样只需向计算机查询，就可了解所存物品的准确情况，因而无须再建立一套对仓储物实有数的监测系统，减少查货、清点工作。

（8）充分利用现代仓储技术和设备。虽然现代技术和设备的使用意味着巨量的投资，但现代技术和设备在减少差错、提高效率、提高仓库利用率、降低残损、减少人员劳动强度、防止人身伤害等方面都会为仓储企业带来直接的长远收益。如采用计算机管理技术、仓储条码技术、现代化货架、专用作业设备、叉车、新型托盘等。

（9）盘活资产和合理使用。外协仓储设施和设备的巨大投入，只有在充分利用的情况下才能获得收益，如果不能投入使用或者只是低效率使用，只会造成成本的加大。仓储企业应及时决策，采取出租、借用、出售等方式使这些资产盘活。

而对于仓储企业不擅长运作的仓储活动，仓储企业也可充分利用社会服务，通过外协的方式，让更具有优势的其他企业提供服务，如运输环节、重型起吊、信息服务等，使企业充分获得市场竞争的利益。

（10）加强劳动管理工资是仓储成本的重要组成部分，劳动力的合理使用，是控制人员工资的基本原则。我国是具有劳动力优势的国家，工资较为低廉，较多使用劳动力是合理的选择。但是对劳动进行有效管理，避免人浮于事、出工不出力或者效率低下也是成本管理的重要方面。

（11）降低经营管理成本。经营管理成本是企业经营活动和管理活动的费用和成本支出，包括管理费、业务费、交易成本等。加强该类成本管理，减少不必要的支出，也能实现成本降低。当然，经营管理成本费用的支出时常不能产生直接的收益和回报，但也不能完全取消，加强管理是很有必要的。

（12）从物流管理的层面考虑。降低仓储成本物流管理的最重要的目的就是降低产品的最终成本。独立的仓储经营活动是构成物流的重要环节，仓储经营人应该站在全程物流的层面，通过调整其他物流环节和改变仓储运作，降低整体成本。

本章小结

仓库的防火间距

本章首先介绍了库存的定义、分类和功能，库存成本与物流总成本的关系。接着讨论了库存控制的主要方法，如经济订货批量模型、ABC 分类法、MRP 库存控制技术和 JIT 库存控制技术。最后说明了库存成本的意义和降低库存成本的途径。

知识考查

一、单选题

1. 由于生产需求存在着不确定性，企业需要持有周期库存以外的库存称为（   ）。
   A. 周期库存　　　B. 在途库存　　　C. 安全库存　　　D. 投机库存
2. 下列关于经济订货批量的假设前提中说法错误的是（   ）。
   A. 当存储降至零时，立即补充　　　B. 需求是连续不均匀的
   C. 每次订购费不变，单位存储费不变　　　D. 每次订购量相同
3. 粮食在固定季节生产，全年消费，所以每年生产出来的粮食都要放在仓库里储存，这体现了库存的（   ）功能。
   A. 地域专业化　　　　　　　　B. 平衡供需
   C. 分离　　　　　　　　　　　D. 不确定因素的缓冲
4. 体现"关键的少数和次要的多数"的库存控制方法为（   ）。
   A. ABC 分类法　　　　　　　　B. 经济订货批量模型
   C. MRP 库存控制技术　　　　　D. JIT 库存控制技术
5. MRP 的意思是（   ）。
   A. 零库存　　　B. 制造资源计划　　　C. 准时制　　　D. 物料需求计划

二、多选题

1. 库存的功能包括（   ）。
   A. 地域专业化　　　B. 分离　　　C. 平衡供需　　　D. 不确定因素的缓冲
2. 库存的风险影响包括（   ）。
   A. 对制造商的风险影响　　　　　B. 对批发商的风险影响
   C. 对供货商的风险影响　　　　　D. 对零售商的风险影响
3. 按其在生产过程和配送过程中所处的状态分类，库存可分为（   ）。
   A. 配送库存　　　B. 原材料库存　　　C. 在制品库存　　　D. 成品库存
4. 按库存是否需要多次补充分类可分为（   ）。
   A. 单期库存　　　B. 周期库存　　　C. 混合库存　　　D. 多期库存
5. 物料需求计划是根据（   ）而形成的。
   A. 主产品结构文件　B. 主生产进度计划　C. 库存文件　　　D. 其他文件

三、判断题

1. 库存的存在是一种资源和资金的浪费，所以库存是没有意义的。（   ）
2. 由于价格上涨物料短缺或是为了预防罢工等囤积的库存是安全库存。（   ）
3. 在任何一组东西中，最重要的只占其中一小部分，约20%，其余80%尽管是多数，却是次要的。（   ）
4. MRP Ⅱ 是指制造资源计划。（   ）
5. 零库存就是企业完全没有库存。（   ）

第七章

仓储商务管理

知识目标：
（1）了解仓储经营的理念，掌握基本仓储经营方法，了解仓储可开发的经营项目。
（2）了解仓储商务管理的意义，了解仓储商务管理的要求，理解仓储商务管理的原则，掌握仓储商务管理的内容。
（3）理解仓储合同的定义，了解仓储合同的分类，掌握仓储合同的订立、变更和解除，理解合同各方的权利义务。

能力目标：
（1）会用仓储基本经营方法对仓储进行简单的经营管理。
（2）能够对简单的仓储经营活动进行商务管理。
（3）能够订立仓储合同。

素质目标：
（1）培养学生诚实守信的职业精神。
（2）培养学生的法律意识。
（3）培养学生创新能力。

导入案例

月山啤酒集团的仓储管理

月山啤酒集团在几年前就借鉴国内外物流公司的先进经验，结合自身的优势，制定了自己的仓储物流改革方案。首先，成立了仓储调度中心，对全国市场区域的仓储活动进行重新规划，对产品的仓储、转库实行统一管理和控制。由提供单一的仓储服务，到对产成品的市场区域分布、流通时间等全面的调整、平衡和控制，仓储调度成为销售过程中降低成本、增加效益的重要一环。其次，以原运输公司为基础，月山啤酒集团注册成立具有独立法人资格的物流有限公司，引进现代物流理念和技术，并完全按照市场机制运作。作为提供运输服务的"卖方"，物流公司能够确保按规定要求，以最短的时间、最少的投入和最经济的运送方式，将产品送至目的地。再次，筹建了月山啤酒集团技术中心。月山啤酒集团应用建立在Internet信息传输基础上的ERP系统，筹建了月山啤酒集团技术中心，将物流、信息流、资金流全面统一在计算机网络的智能化管理之下，建立起各分公司与总公司之间的快速信息通道，及时掌握各地最新的市场库存、货物和资金流动情况，为制定市场策略提供准确的依据，并且简化了业务运行程序，提高了销售系统的工作效率，增强了企业的应变能力。

通过这一系列的改革，月山啤酒集团获得了很大的直接经济效益和间接经济效益。首先是集团的仓库面积由 7 万多平方米下降到不足 3 万平方米，产成品平均库存量由 12 000 吨降到 6 000 吨。其次，这个产品物流体实现了环环相扣，销售部门根据各地销售网络的要货计划和市场预测，制订销售计划；仓储部门根据销售计划和库存及时向生产企业传递要货信息；生产厂有针对性地组织生产；物流公司则及时地调度运力，确保交货质量和交货期。再次，销售代理商在有了稳定的货源供应后，可以从人、财、物等方面进一步降低销售成本，增加效益，经过一年多的运转，月山啤酒物流网取得了阶段性成果。实践证明，现代物流管理体系的建立，使月山集团的整体营销水平和市场竞争能力大大提高。

分析：月山集团是如何通过仓储管理降低仓储成本的？

第一节　仓储经营管理

仓储经营管理可以理解为：在仓库管理活动中，运用现代的管理思想、先进的管理理论、科学的方法以及市场经济的经营理念，对仓储经营活动进行计划、组织、指挥、协调、控制和监督，以实现最佳的协调与配合，充分利用仓储资源，降低仓储经营管理成本，提高仓储经济效益。

一、仓储经营的意义

对仓储经营主体而言，仓储经营管理的过程，是改变传统的仓储经营观念，开发全新的仓储经营服务方式的过程，也是进行技术创新、组织创新、管理创新和制度创新的过程。因此，开展仓储经营具有重要的意义。

（1）搞好仓储经营活动是社会再生产顺利进行的必要条件。仓储经营的意义在于调节生产与消费在空间、时间、品种、数量等方面存在的矛盾。通过仓储经营活动，发挥仓储经营连接生产与消费的纽带和桥梁作用，借以克服众多的相互分离又相互联系的生产者之间、生产者与消费者之间在商品生产与消费地理上相分离的问题，衔接商品生产与消费时间上的不连贯，以及调节商品生产与消费在方式上的差异，保证社会再生产的顺利进行。

（2）搞好仓储经营活动是保持物资原有使用价值和合理使用物资的重要手段。任何一种物资，在消费之前，由于其本身的性质，所处的条件和自然、社会、经济、技术等因素，都可能出现数量减少、质量降低的现象，如果不创建必要的保护条件，物资损害就不可避免。因此，必须进行科学的管理，加强对物资的养护，搞好仓储经营活动，以保护好处于暂时停滞状态的物资的使用价值。同时，在仓储经营过程中，努力做到流向合理、分配合理、供料合理，以加快物资流转速度，不断提高工作效率。

（3）搞好仓储经营活动，是提高仓储能力、加快资金周转、节约费用、满足市场的需求。想要搞好仓储经营活动，必须充分利用仓储设施和资源，提高仓储服务，降低成本，提高经济效益，提升仓储经营的层次，提高仓储服务的附加值，提高仓储企业的收益。通过仓储经营减少物资资产在仓储过程中的沉淀，盘活资金，增加收益，减少物质耗损和劳动消耗，从而可以加速物资和资金的周转，节省费用支出，降低物流成本，开发"第三利润源泉"，提高社会和企业的经济效益。

（4）开展仓储经营活动是物流发展的需要，可将仓储设施向社会开放，开展多样化经营、提高效益。在物流高速发展的今天，对仓储的技术要求越来越高。因此，为满足要求，必须将现有的仓储经营设施向社会开放，开展多样化经营，具体内容有：设施开放、商品种类开放、地区开放、行业开放、服务对象开放、经营项目开放、服务时间开放等。

（5）开展仓储经营活动可以加强企业基础工作，提高管理水平。经营管理是仓库管理的最高层次，经营管理需要良好的生产管理、财务管理、人事管理等的支持，同时良好的经营管理又能促进各项管理水平的提高。仓储管理的基础工作是仓储管理工作的基石，为适应仓储管理功能的变化，必须加强各项基础工作，如标准化工作、计量工作和经济核算等，要以提高仓储经济效益为目标，健全仓储管理体系，为提高仓储经营管理水平创造良好条件。

仓储作为物流活动的一个重要环节，在物流活动中，已不是传统意义上的仓储概念了，它在内容、范围方面有了更广泛的延伸。

二、仓储经营组织的要求

仓储经营组织按照规定的经营目标，将仓储作业人员与仓储作业手段有效地结合起来，完成仓储作业过程各环节的职责，为商品流通提供良好的仓储服务，实现仓储经营的高效益。

仓储经营的目标：按照仓储活动的各项要求和仓储管理上的需要，把与仓储经营有直接关系的部门、环节、人尽可能合理地组织起来，使他们的工作协调有效地进行，加速商品在仓库中的周转速度，合理地使用人力、物力，以取得最大的经济效益。

具体来讲，仓储经营的目标是实现仓储经营活动的"快进、快出、多储存、多经营、保管好、费用省"。

"快进"是指物资运抵港口、车站或仓库专用线时，要以最快的速度完成物资的接运、验收和入库作业活动。

"快出"是指物资出库时，要及时、迅速、高效地完成备料、复核、出库和交货清理作业活动。

"多储存"是指在库容合理规划的基础上，最大限度地利用有效的储存面积和空间，提高单位面积的储存量和面积利用率。

"多经营"是指仓储采用多种经营方式提高企业的收益，如商品交易中介、运输中介、配送与配载等。

"保管好"是指按照物资性质要求和储存条件，合理安排储存场所，采取科学的保管方法，使其在保管期内质量完好、数量准确。

"费用省"是指在物资输入、输出以及保管的整个过程中，都要努力节省人力、物力和财力消耗，以最低的仓储成本取得最好的经济效益。

在仓储经营组织过程中，应综合考虑各方面的因素，并注意以下六个方面：一是保证仓储作业过程的连接性，充分利用仓储资源；二是实现仓储作业过程的比例性，保持生产作业的均衡进行；三是采取仓储经营方法的适合性，要满足社会需要；四是充分调动仓库人员的积极性，提高劳动效率；五是具有有利于人才脱颖而出的机制，提高管理水平；六是具有良好的风险防范机制，提高经济效益。

三、保管仓储

随着社会经济活动持续不断地进行，商品的仓储数量和仓储结构也在不断变化，为了保证商品的仓储趋向合理化，必须用一些科学的方法，对商品的仓储及仓储经管进行有效的动态控制。如何确定科学、先进、有效的仓储经营方法是仓储企业搞好经营管理的关键。仓储企业经营管理的目的是使企业的仓储资源得以充分利用，在仓储产品交换中获得最大的收益和最小的成本投入，实现经营的利润最大化。仓储经营方法根据仓储的目的不同可分为：保管仓储、混藏仓储、消费仓储、仓库租赁经营、流通加工等。

1. 保管仓储的经营方法

保管仓储是指保管人储存存货人交付的仓储物，存货人支付仓储费的一种仓储经营方法。在保管仓储中，仓储经营人以获得仓储保管费收入最大化为经营目标，仓储保管费来源于仓储物的数量、仓储时间和仓储费率的乘积，其公式为

$$TR = QTp$$

式中，TR 为总收入；Q 为存货数量；T 为存货时间；p 为仓储费率。

或者在多种类商品、不同费率时，表达为

$$TR = \sum Q_i T_i p_i (i = 1, 2, 3, \cdots, n)$$

在整体上

$$总收入 = 总库容量 \times 仓容利用率 \times 平均费率$$

在保管仓储经营中，仓储经营人需要尽可能地吸引仓储，获得大量的仓储委托，采取合适的价格策略，并在仓储保管中降低保管成本和支出，才能获得较高的利润。

2. 保管仓储的经营特点

（1）保管仓储的目的在于保持保管物原状。寄存人交付保管物于保管人，其主要目的在于保管。也就是说，他主要是将自己的货物存入仓储企业，仓储企业必须对仓储物实施必要的保管而达到最终维持保管物原状的目的。它与存货企业是一种提供劳务的关系，所以在仓储过程中，仓储物的所有权不发生转移，仓储企业没有处分仓储物的权力。

（2）仓储管理的货物一般都是数量大、体积大、质量高的大宗货物、物资。如粮食、工业制品、水产品等，它与一般的保管不同的是：仓储物只能是动产，不动产不可能是仓储物。

（3）保管仓储活动是有偿的，保管人为存货人提供仓储服务，存货人必须支付仓储费。仓储费是保管人提供仓储服务的价值表现形式，也是仓储企业盈利的来源。

（4）仓储保管经营的整个仓储过程均由保管人进行操作，仓储经营人需要承担完全的投入，包括仓库设备、生产工具、物料及各种消耗和全部劳动力的投入。

四、混藏仓储

1. 混藏仓储的经营方法

混藏仓储是保管仓储在一定条件下的发展。它是指存货人将一定品质、数量的种类物交付保管人储藏，保管人将相同的保管品集中混合储存，而在储存保管期限届满时，保管人只需以相同种类、相同品质、相同数量的替代物返还的一种仓储经营方法。

例如，农民将小麦交给粮库保管，约定粮库可以混藏小麦，粮库将所有收存的小麦混合储存于相同品种的小麦仓库，形成一种保管物为混合物的状况。小麦的所有权并未交给粮库，各存货人对该混合保管物按交付保管时的份额而各自享有所有权。在农民需要时，粮库从小麦仓库取出存货的数量交还该农民。

2. 混藏仓储的经营特点

（1）混藏仓储的对象是种类物。混藏仓储的目的并不完全在于原物的保管，有时寄存人仅仅需求实现物的价值的保管即可，保管人以相同种类、相同品质、相同数量的替代物返还，并不需要原物返还。因此，当寄存人基于物之价值保管的目的而免去保管人对原物的返还义务时，保管人减轻了义务负担，也扩大了保管物的范围，种类物成为保管合同中的保管物。保管人即以种类物为保管物，则在保存方式上失去各保管物特定化的必要，所以将所有同种类、同品质的保管物混合进行仓储保存。

（2）混藏仓储的保管物并不随交付而转移所有权。混藏保管人只需为寄存人提供保管服务，而保管物的转移只是物的占有权的转移，与所有权的转移毫无关系，保管人无权处理存货的所有权。

（3）混藏仓储是一种特殊的仓储方式。混藏仓储与消费仓储、保管仓储有着一定的联系，也有一定的区别。保管仓储的对象是特定物，而混藏仓储的对象是种类物。

混藏仓储在物流活动中发挥着重要的作用，在提倡物尽其用、发展高效物流的今天，赋予了混藏仓储更新的功能，配合先进先出的运作方式，使仓储物资的流通加快，有利于减少耗损和过期变质等风险。

混藏仓储是保管仓储为了降低仓储成本的产品开发，通过混藏的方式使仓储设备投入最少、仓储空间利用率最高。混藏仓储主要适用于农村、建筑施工、粮食加工、五金等行业，对象为品质无差别、可以准确计量的商品。

混藏仓储经营人的收入依然来自仓储保管费，存量越多、存期越长收益越大。混藏式仓储是成本最低的仓储方式，但若存货品种增加，则会使仓储成本增加。在混藏仓储经营中尽可能开展少品种、大批量的混藏经营。

混藏仓储为仓库经营人提高了仓储设施的利用率，但也带来了一定的风险。首先是精确计量的风险，货物进出库都需要精确计量，确保进出数量完全一致，否则计量误差的损失由仓库经营人承担。其次是货物自然减量的风险，货物自然减量使仓储物减少，这种减少一般以约定减少比例的方式转移到存货人身上，但超出约定比例的减量则要由仓库经营人承担，自然减量是由含水量、杂质含量、气候和天气等决定的，要准确测定自然减量是极为困难的。另外，最主要的风险还是仓储物变质的风险，由于仓储物变质，无法按照同品质交货，仓库经营人至少要承担品质差异的损失。

五、消费仓储

1. 消费仓储的概念

消费仓储是指存货人不但将一定数量品质的种类物交付仓储管理人储存，而且与保管人相互约定，将储存物的所有权也转移给保管人，在保管期间，保管人可以使用仓储物。在合同期届满时，保管人以相同种类、相同品质、相同数量的替代品返还给存货人的一种仓储方法。

2. 消费仓储的特点

（1）消费仓储是一种特殊的仓储形式，具有与保管仓储相同的基本性质。消费仓储的目的是对保管物的保管，主要是为存货人的利益而设定的，原物虽然可以消耗使用，但其价值得以保存。存货人交付保管物于保管人，只要求自己的货物在需要时仍然保持其与原样相同的状态和性质。

（2）消费仓储以种类物作为保管对象，仓储期间转移所有权于保管人。在消费仓储中，存货人将保管物寄于保管人处，保管人以所有人的身份自由处分保管物，保管人在接收到保管物时便取得了保管物的所有权。这是消费仓储最显著的特征。

（3）消费仓储以物的价值保管为目的。在消费仓储中不但转移保管物的所有权，而且必须允许保管人使用、收益、处分保管物，保管物的所有权转移于保管人，保管人无须返还原物，而仅以同种类、同品质、同数量的物品返还保存保管物的价值即可。保管人可通过经营仓储物，即通过在高价时消费仓储物、低价时购回等活动获得经济利益；或者通过仓储物市场价格的波动进行高卖、低买，获得差价收益。当合同到期时，只需买回相同的仓储物归还存货人即可。

3. 消费仓储的经营

消费仓储的经营有两种主要模式：第一，仓储保管人直接使用仓储物进行生产加工。如建筑仓储经营人直接将委托仓储的水泥用于建筑生产，在保管到期前从市场购回相同的水泥归还存货人。第二，仓储经营人在仓储物的价格升高时将仓储物出售，在价格降低时购回。

消费仓储经营人的收益主要来自对仓储物消费的收入，当该消费的收入大于返还仓储物时的购买价格时，仓储经营人就获得了经营利润。反之，当消费收益小于返还仓储物时的购买价格时，不会对仓储物进行消费，而依然原物返还。在消费仓储中，仓储费收入是次要收入，有时甚至采取免费仓储的措施。

可见，消费仓储是仓储经营人利用仓储物停滞在仓库期间的价值进行经营，追求利用仓储财产经营的收益。消费仓储的开展使仓储财产的价值得以充分利用，提高了社会资源的利用率。消费仓储可以在任何仓储物中开展，但对于仓储经营人的经营水平有极高的要求，如今这种仓储方式在期货仓储中已广泛开展。

六、仓库租赁经营

仓库租赁经营是通过出租仓库、场地，出租仓库设备，由存货人自行保管货物的仓库经营方式。进行仓库租赁经营时，最主要的一项工作是签订仓库租赁合同，在合同条款的约束下进行租赁经营，取得经营收入。

采取出租仓库的方式经营，出租人的经营依据是开展仓储保管的收益低于出租的收益，其核心是仓库经营人的保管成本无法降低，或者是仓库经营人不具有特殊商品的保管能力和服务水平。即

$$仓储保管费 - 保管成本 - 服务成本 < 租金收入$$

对租用仓库者而言，因其具有特殊的保管能力、作业能力，或者为了内部化的需要而租用仓库，自行进行仓储保管。

仓库租赁经营中，租赁双方关系确定的依据是他们所签订的租赁合同。

租用人的权利是对租用的仓库及仓库设备享有使用权（而不享有所有权）；并有保护设备，在约定的范围内使用仓库及仓库设备，按约定支付租金的义务。

出租人的权利是对出租的仓库及仓库设备拥有所有权，并享有收回租金的权利；同时，必须承认租用人对所租用仓库及仓库设备的按约定的使用权并保证仓库及仓库设备的性能完好。

进行仓库出租经营时，既可以整体出租，也可以采用部分出租、货位出租等分散形式。

在分散出租形式下，仓库所有人需要承担更多的仓库管理工作，如环境管理、保安管理等。

目前，一种称作箱柜租赁的保管业务在许多国家发展较快。在日本，从事箱柜租赁保管业务的企业数目和仓库营业面积在迅速上升。

箱柜租赁保管业务是仓库业务者以一般城市居民和企业为服务对象，向他们出租体积较小的箱柜来保管非交易物品的一种仓库业务。对一般居民和家庭的贵重物品，如金银首饰、高级衣料、高级皮毛制品、古董、艺术品等，提供保管服务。对企业依法律或规章制度规定必须保存一定时间的文书资料、磁带记录资料等物品为对象提供保管服务。箱柜租赁保管业务强调安全性和保密性，它为居住面积较小的城市居民和办公面积较窄的企业提供了一种便利的保管服务，箱柜租赁保管业务是一种城市型的仓库保管业务。许多从事箱柜租赁保管业务的仓库经营人专门向企业提供这种业务，他们根据保管物品、文书资料和磁带记录资料的特点建立专门的仓库。这种仓库一般有三个特点：一是注重保管物品的保密性，因为保管的企业资料中许多涉及企业的商业机密，所以仓库有责任对其进行保护，防止被保管的企业资料流失到社会上去；二是注重保管物品的安全性，防止保管物品损坏变质。因为企业的这些资料，如账目发票、交易合同、会议记录、产品设计资料、个人档案等需要保管比较长的时间，必须防止保管物品损坏变质；三是注重快速服务反应。当企业需要调用或查询保管资料时，仓库经营人能迅速、准确地调出其所要的资料，并及时地送达企业。箱柜租赁保管业务作为一种城市型的保管业务，今后具有较大的发展潜力。

七、流通加工

1. 流通加工的概念

流通加工是指物品从生产地到使用地的过程中，根据需要施加包装、分割、计量、分拣、刷标志、拴标签、组装等简单作业的总称，流通加工是目前仓储企业的一项具有广阔前景的经营业务，它必将给流通等领域带来很大的经济效益和社会效益。

2. 流通加工产生的原因

流通加工是物流服务业与现代化生产发展相结合的产物，它弥补了企业大批量生产加工不能满足消费者的不同需求的不足。例如，各企业对钢材除了有标号、规格型号上的要求外，在长度、宽度等方面也有特殊的要求。但是，生产企业面对成千上万的用户，在生产过程中是很难达到这一要求，它们只生产统一规格的产品，而唯有在流通过程中通过流通加工来满足用户的不同需求。为了提高物流效率、降低物流成本，可以对处于物流过程中的商品进行加工，而这种加工工作一般只能在仓储阶段进行。

3. 流通加工的作用

（1）有利于产品生产者提高生产率，提高产品质量和经济效益，使生产集中于现代化生产模式，以流通加工这一方式来弥补大量生产的不足。

（2）可以提高物流效率与服务质量，可以使产品满足用户个性化、多样化的需求，使物流功能得以完善和提高。

（3）可提高仓储业加工设备的利用率和劳动生产率。将加工对象集中起来进行流通加工，达到低成本、高质量的加工效果，来满足客户的特殊需求。

（4）可以提高各种运输手段的运用效率，流通加工能使运输工具、装卸设备充分发挥作用，从而提高货物的运输效率，降低运输费用。

（5）可以完善商品功能，提高经济效益。流通加工可以改变一些商品的功能，使其具有更广的适应面，从而提高商品的销售量和销售额，满足市场的需要。

4. 仓储开展流通加工的经济效益

（1）直接经济效益。

①流通加工的劳动生产率高。流通加工是集中加工，其加工效率比分散加工要高得多。

②可提高原材料的利用率。集中下料，合理套裁，有明显提高原材料利用率的效果。

③可提高加工设备的利用率。在分散加工的情况下，由于生产周期和生产节奏的限制，设备的利用时松时紧，从而导致设备的加工能力不能得到充分发挥。而在流通领域的加工是面向社会的，加工对象较为稳定，加工数量可得到大幅提高，从而使设备的利用率提高。

④流通加工使商品增值。

⑤加工委托人对加工劳动支付的报酬。

⑥经过流通加工使商品物流成本降低，仓储经营人参与利益分享。

（2）间接经济效益。

①能为许多生产厂家缩短生产时间，使它们可以腾出更多的时间来进行创造性生产。

②能为多个生产或消费部门服务。

③对生产的分工和专业化起中介作用。

④可以在加工活动中更为集中、有效地使用人力和物力，会比生产企业加工更能提高加工的经济效益。

⑤吸引更多的仓储货源。

⑥提高仓储服务水平的回报。

总之，流通加工是一项具有广阔前景的物流活动。流通加工的重要性不仅在于为物流的合理化提供了条件，更重要的是为提高社会效益、经济效益开辟了一条途径，它在我国的仓储中显得越来越重要。但仓储企业流通加工业务的开展或多或少都要有一定的资源投入或者成本投入，因而需要选择仓储企业有能力开展的业务，尤其是有成本优势的业务进行流通加工，才能使流通加工经营获得更好的收益。

5. 典型的流通加工方案

（1）钢材流通加工。采用集中剪板、集中下料的方式，可避免单独剪板、下料的一些弱点，提高材料的利用率。

（2）木材流通加工。可依据木材种类、地点等进行加工，如在木材产区可对原木进行流通加工，使之成为容易装载、易于运输的形状，以供以后进一步加工，这样既可提高运输效率，也可提高出材率。

（3）平板玻璃流通加工。主要方式是集中套裁、开片供应，可提高平板玻璃的利用率，简化玻璃生产厂家的规格，实现规模生产，提高生产效率。

（4）食品流通加工。食品流通加工的项目很多，如冷冻加工、分选加工、分装加工、精致加工等。

（5）煤炭流通加工。煤炭流通加工有多种形式，如除矸加工等。除矸加工可提高煤炭运输效益，减少运输能力浪费，煤炭加工可采用管道运输方式运输煤炭，减少煤炭消耗，提高煤炭利用率。

（6）水泥流通加工。此类加工的方法很多，集中搅拌混凝土是其中的一种主要加工方法。

（7）组装产品流通加工。有些产品如果在生产过程中完全组装好，不但包装成本高，而且运输及装卸效率都会下降，所以对一些组装技术不高的产品，如自行车、家具等可在流通加工中完成组装。

（8）生产延续流通加工。一些产品因本身特殊性的要求，需要较宽阔的仓储场地或设施，而在生产场地建设这些设施又不经济，那么就可将部分生产领域中的作业延伸到仓储环节完成，如对时装的检验、分类等。

八、仓储多种经营

物流服务是保证企业能有效提供优质服务的基础，面对日益激烈的竞争和消费者价值取向的多重化，加强仓储的多种经营，改进服务方式已经成为创造持久竞争优势的有效手段。

（一）仓储多种经营的条件

物流的发展为仓储的多种经营创造了有利的条件。

1. 能适应瞬息万变的物流市场

消费者需求受市场环境中多种不可控因素影响，环境因素在不断变化，市场需求也在不断变化，这时企业采用多种仓储经营方式，就能适应市场需求的变化。

2. 能更好地减少风险

任何一个企业的经营活动都存在风险，问题是如何减少风险、分散风险并增强抗风险的能力，实施仓储经营多样化，可使仓储的经营范围更广。分散经营，可减少风险，确保企业的正常经营。

3. 是实现仓储企业经营目标的需要

采用多种经营方式，如运输中介、商品交易、配送与配载、仓储增值服务等，为实现仓储企业的经营目标提供可靠的保证。

（二）仓储增值服务

随着物流业的快速发展，仓储企业应充分利用其联系面广、仓储手段先进等有利条件，向多功能的物流服务中心方向发展，开展加工、配送、包装、贴标签等多项增值服务，从而提高仓储在市场经济中的竞争能力，增加仓储利润来源，提高自身的经济效益。

仓储本身就是为客户提供的一项增值服务，它为客户提供了时间和空间上的效用。

为了能最经济地满足来自市场的需求和挑战，包括动态的仓储环境、不断增长的顾客需求以及对更佳仓储表现的要求等，仓储业可以通过扩大自己的业务范围，提供更多的增值服务项目，以便在激烈的市场竞争中获得更多的利益。仓储可提供的增值服务项目有：

（1）托盘化。这是指将产品转化成一个独立托盘的作业过程。

（2）包装。产品的包装环节由仓储企业、仓储部门来完成，并且把仓储的规划与相关的包装业务结合起来综合考虑，有利于整个物流效益的提高。

（3）贴标签。在仓储过程中完成在商品上或商品包装上贴标签的工序。

（4）产品配套、组装。当某产品需要由一些组件或配件组装配套而成时，就有可能通过仓储企业或部门的配套组装增值服务来提高整个供应链过程的效率。在仓储过程中，这些配件不出仓库就可直接由装配工人完成配装，提高了物流的效率，节约了供应链成本，不但使仓储企业的竞争力增强、效率提高，而且使生产部门和企业的压力减轻。

（5）涂油漆。把对商品的涂油漆过程放到仓储环节来进行，同样可以达到缩短物流流程、节约物流成本、提高仓储企业的效率的目的。

（6）简单的加工生产。一些简单的加工生产业务，本来是在生产过程中作为一道单独的工序来完成的。把这些简单的加工过程放到仓储环节来进行，可以从整体上节约物流流程、降低加工成本，并使生产企业能够专心于主要的生产经营业务活动。

（7）退货和调换服务。在客户的产品销售之后，产品出现质量问题或出现纠纷，需要实施退货或货物调换业务时，由仓储企业来帮助办理有关事项会更为便利。

（8）订货决策支持。由于仓储过程中掌握了每种货物的消耗过程和库存变化情况，这就有可能对每种货物的需求情况做出统计分析，从而为客户提供订货及库存控制的决策支持，甚至帮助客户做出相关的决策。

（三）运输中介

运输中介即运输服务中间商。运输中介通常不拥有运输设备，但向其他厂商提供间接服务，其职能类似于营销渠道中的批发商。典型的中间商从各种托运人手中汇集一定数量的货源，然后购买运输。中间商通常向托运人提供服务的费率低于承运人直接的费率，但中间商通常可以从承运人处得到更低的费率。中间商的利润率是向托运人收取的费率和向承运人购买的运输服务成本的差额，中间商可以免除承运人在大城市内承担的收取货物和交付货物的服务。

中间商主要有货运代理人、经纪人。

1. 货运代理人

货运代理人以营利为目的提供运输中介服务。货运代理人把来自各种顾客手中的小批量装运整合成大批量装载，然后利用专业承运人进行运输。在目的地，货运代理人把大批量装载拆成原来的装运量，向收货人交付。货运代理人的主要优势在于大批量的装运可以获得较低的费率，而且在很多时候可以使小批量装运的速度快于个别托运人直接交付专业承运人托运的速度。

货运代理人是社会分工的产物，它有以下优点：第一，使专业承运人规模经济效益提高，使小批量货物可以集中到发运地，便于整合运输。第二，缩短专业承运人发出货物的时间，减少货物在专业承运人处的储存时间，增加作业效率。第三，使托运人的发货时间缩短，货运代理人收集的大量货物可以让专业承运人快速发货而不必等待集货发运。许多时候，托运人自己因小批量货物暂时没有多个同样目的地的货物而无法发货，只能等达到一定数量后才可发运。第四，货运代理人收集的大量货物可以集中一次发运到目的地，不用中途重新装运，减少工作量，减少货物二次装运的破损率。第五，货运代理人具有熟练的运输专业技能，充分掌握运输市场的信息，且与众多的实际承运人有着密切的关系和简单而有效的业务流程。

2. 经纪人

经纪人实际上是运输代办，为委托人搜寻市场和交易商，使委托人和交易对象发生运输交易。经纪人以收取服务费为目的。

经纪人对整个物流活动来说相当于润滑油，使托运人和承运人有机结合起来，并且方便了少货量托运人的托运活动。经纪人同时也简化承运人的作业行为，避免了众多的少货量托运人集中到承运人处办理业务的情况。经纪人还可以避免物流浪费，出于对利润的追求，其承接的运输会以最经济、最合理的方式运出,而一些托运人不了解托运常识时,经纪人却会根据托运人的要求,合理安排运输方式,节约费用。

(四) 配送与配载

1. 配送

(1) 配送的含义。

配送是在经济合理区域范围内,根据用户的要求,对物品进行拣选、加工、包装、分割、组配等作业,并按时送达指定地点的物流活动。

(2) 配送的特点。

配送作为一种现代化的物流管理方式,在物流全过程中起着重要的作用。配送可以缩短流通渠道,减少物流环节,提高资金效益和促进物流的合理化。配送具有以下特点:

①配送是从配送中心至用户的一种特殊送货方式。它不单是送货,在活动内容中还有分拣、配货、配装等工作,可以满足用户的多种需求。

②配送不是单独的运输或输送,而是运输与其他活动共同构成的组合体。

③配送是和订货系统紧密联系的,但它又不是广义概念上的组织商品订货、签约、进货及对商品的处理、分配、供应,而是供应者送货到户式的服务性供应。从服务方式来讲,是一种"门到门"的服务,可以将商品从仓库直送到用户的仓库、营业所、车间或生产线的起点。

④配送是以用户要求为出发点,并以最合理的方式,在保证现代化的装备和管理水平的前提下,达到一种高水平的送货方式。

(3) 仓储经营人的配送经营。

仓储经营人利用商品大量储藏在仓库内等待向消费者送货的条件,向存货人提供分批、分时的送货业务,并进行商品组合、分类等处理,具有极为便利的条件。影响仓储开展配送业务的原因一般是仓储经营人进行配送的收益能否超过开展配送的成本。仓储开展配送业务的收益有:

①配送中的直接收益。接受配送的委托人因配送业务支付的费用,通常该费用比较低廉。仓储经营者如果只获得该收入,则往往无法维持配送业务。

②配送组合、加工的收益。该收益是仓储经营者开展配送业务的另一项劳务收益,能够充分利用自身的劳动力和场地、设备的已有投入,有利于有效利用仓储资源。

③提高仓储的服务水平。高水平的服务可以获得较高的回报,分享服务的增值。

④吸引更多的仓储。因业务的扩张,提供的仓储产品多样化,能满足更多客户的需要,使客户市场得以扩展。

2. 配载

配载是指向运输线路和运输工具安排货载的运输业务。交通运输工具的大型化和运输线路的细分是现代运输业的特征。大型化的运输工具需要大量的货载支持,需要经仓储集货。大量聚集在仓储中的货物需要高效的配载安排,保证运输工具的满载和运输货物的及时出运。由于配载时,一般每种商品数量都不大,而总数量较大,常常需要安排多辆车才能满足用户的配选需求。

配载问题也是配送活动的一个重要内容,合理的配载可充分利用运输工具,把所送的商品以最合理的方式安排到运输车辆上,以最少的运力来满足配送的需要,并且充分利用车辆的容积和载重量，做到满载满装，以降低运输成本。

在进行车辆配载时，要坚持方便装卸、充分利用运输工具、保证商品安全、满足用户需求的原则。

简单的配载一般通过经验和手工计算来完成，在装载商品种类较多、车辆种类又较多的情况下，可采用计算机进行管理。编制设计相应的运输组织软件，并将经常运送的商品数据和车辆数据输入软件，以后每次只需输入需要运送的各种商品量及运送地点，即可找到最佳的配载效果。

（五）物流经营者

物流经营者的类型主要有：

（1）物流经营者本身为产品生产者和物流组织者。它们根据买卖合同进行产品生产、物流组织与物流管理，运用所拥有或租赁的专门设施、设备，包括船舶、仓库等，以及各项物流技术，开展物流的各项功能作业。企业设有物流组织和管理的职能部门。如在日本，许多厂矿企业、制成品企业都设置有类似物流管理的部门。

（2）物流经营者本身为经销商、批发商或采购商，同时又是物流组织者和货物配送者。它们依据市场需求和供应状况，进行产品、初级产品或未制产品的采购，并通过拟订的物流方案统筹组织与管理，直至完成产品推销。

（3）物流经营者是参与物流某项功能的服务者。它们根据该项功能服务的要求与便利增加附加功能或接受整个物流委托，成为物流的组织者。比如，仓储公司利用仓储与保管的基本功能的便利，向客户进行物流产品推销和物流功能服务；运输公司利用货物国际贸易运输的便利，向客户进行运输延伸业务的服务等。

（4）专业物流基本功能的服务者。它们拥有一定的物流设施、设备和专业人员，或属无设施与设备但拥有专业人员的经营者。它们通过市场寻找客户，接受委托，进行物流基本功能服务。这类经营者一般面向社会，向各类客户提供需求服务。

（5）综合物流经营者。一般是跨国或跨地区的产品生产者或商品经销者成为为生产者和营销者进行综合物流服务的专业经营者，包括从事远洋运输、具有综合运输实力和能力的经营公司。它们利用差异优势、运输优势以及具备开展综合物流的条件和能力，充当综合物流经营者的角色，与客户签订综合物流协议，进行综合物流设计、组织和过程监管、提供物流信息，以优良的综合服务满足客户对物流的要求。

（6）虚拟物流，其经营者绝大多数是虚拟公司。它们可能没有物流功能性作业的设施与设备，不能展开物流的操作，但是，它们可以借助先进的技术和专业人员为客户提供综合物流的设计、项目开发、运作安排，协调物流过程中的各种相关关系，为企业物流和物流产品提供咨询、论证和决策服务。这类企业一般有自己稳定、可靠的关系网络，高效的信息管理系统和信息处理能力，对市场具有敏感性和响应能力，同时建立有自己的质量保证体系，形成自己的品牌。这类企业一般规模不大，有的在经营活动中确定目标市场后，采用多样化的经营战略扩展市场。

物流管理是现代流通的发展，仓储企业应利用本身就是准物流经营者身份的优势，掌握现代物流管理技术，积极介入整体物流领域，提升仓储服务的层次，争取获得更高的收益。

第二节 仓储商务管理

一、仓储商务与仓储商务管理

仓储商务是指仓储经营人利用所具有的仓储保管能力向社会提供仓储保管产品和为获得经济收益所进行的交换行为。仓储商务是仓储企业基于仓储经营而进行的对外的经济交换活动，是一种商业性的行为。因而，仓储商务发生在公共仓储和营业仓储之中，企业自营仓储则不发生仓储商务。仓储商务活动的内容主要有：仓储商情调查和发现商业机会；市场分析和选择商业机会；商务磋商和签订商业合同；合同履行的协调；争议处理和风险控制；企业形象塑造；制订竞争战略并发展市场；保持企业可持续发展。

仓储商务管理则是仓储经营人对仓储商务所进行的计划、组织、指挥和控制的过程，是独立经营的仓储企业对外商务行为的内部管理，属于企业管理的一个方面。仓储商务管理涉及企业的经营目标、经营收益，因而更为重视管理的经济性、效益性。相对于其他企业项目管理，仓储商务管理具有外向性，围绕着仓储企业与外部发生的经济活动进行管理；仓储商务管理又有整体性的特性，商务工作不仅是商务职能部门的工作，涉及仓储企业整体的经营和效益，也是其他部门能否获得充足工作量的保证。因而仓储商务管理是仓储企业的高层管理的核心工作，也是企业其他各部门应关心的工作和需要各部门支持的工作。

仓储商务管理的目的是使仓储企业充分利用仓储资源，最大限度地获得经济收入和提高经济效益，具体表现在以下六个方面。

1. 充分利用企业资源

在良好的仓储管理之下，仓储企业获得大量的商业机会，也承担了按时完整提供产品的义务，这就需要仓储企业充分利用企业的一切资源，包括仓储能力和作业能力、生产的资金和人力资源，完成生产任务。

2. 满足社会需要

仓储商务管理就是为了使仓储企业能进行尽可能大的产品交换，向社会提供尽可能多的仓储产品，满足社会对仓储产品的需要。仓储商务管理的任务就是有效地开发市场、跟随市场的需要改变产品结构、提高服务水平，降低产品价格，提高产品竞争力。通过市场开发、挖掘商业机会、促进交易，使产品被更广泛的市场和客户接受。

3. 降低成本

生产成本、交易成本的高低是决定产品能否被社会接受的基本条件，仓储商务管理不仅要尽可能地提高交易回报，在市场竞争之下，更重要的是控制成本，提高产品竞争力。仓储商务管理要采取先进的经济管理理论、现代化技术、传统的有效经营相结合的手法，控制和减少交易成本；还要通过将限定的产品价格分解到每个生产环节，促使仓储生产的每一个环节有针对性地进行成本管理，实现整体生产成本的控制。

4. 减少风险

企业的经营风险绝大部分来自商务风险，高水平的商务管理就在于避免发生商务风险，防止责任事故和规避经营风险。建立和规范风险防范机制，及时发现风险隐患，妥善地处理协议纠纷，建立仓储商务质量管理体系是仓储商务管理的重要任务。

5. 塑造企业形象

商务人员对外交往，代表着企业的形象。通过以人为本、任人唯贤、职责明确的原则建立的商务队伍，在对外商业交往中可以体现出商务人员的精明能干、业务熟练，再加上提倡合作和服务的精神，企业守合同、讲信用的商务管理，形成仓储企业高水平、可信赖的企业形象。仓储商务管理的每项工作都会对企业形象产生直接的影响。

6. 提高经济收益

通过充分利用仓储企业的有效资源、提供满足社会需要的产品，可以使产品被市场广泛接受，促进产量的提高；另一方面，严格的成本管理、最少的风险承担使成本降低，实现仓储企业经济收益的提高。而良好的企业形象还能促进企业社会效益的提高。提高整体收益、实现仓储企业可持续发展是仓储商务管理的最终目的。

二、仓储商务管理的内容

仓储商务管理是仓储企业管理的一个组成部分，包括对商务工作的人、财、物的组织和管理，涉及企业资源的使用、制度建设、激励机制以及商务队伍的教育培养、发展提高等各方面，具体来说有以下十个方面。

（1）确定仓储商务机构和商务人员的选用和配备，以及商务工作制度、商务管理制度的设立。

（2）有效地组织市场搜寻，广泛收集并高质量地分析市场信息，捕捉有利的商业机会，科学制订竞争策略。

（3）根据市场的发展和需要，科学规划并设计产品营销策略，督促产品推销。

（4）进行科学合理的组织，充分利用先进的技术和传统的有效方法降低交易成本。

（5）准确地进行成本核算，确定合适的价格，提高产品的竞争力。

（6）细致地进行成本分解，促进企业整体成本管理的效果，进一步降低成本。

（7）以优质的服务满足用户的需要，实现企业的经济效益和社会效益。

（8）加强交易磋商管理和合同管理，严格依合同办事，讲信用、保证信誉。

（9）建立风险防范机制，妥善处理商务纠纷和冲突，防范和减少商务风险。

（10）加强商务人员管理，以人为本，充分发挥全体商务人员的积极性和聪明才智。重视商务人员的培养和提高，确保商务人员能跟上时代发展的要求并保持发展后劲。

三、仓储商务管理所遵循的原则

1. 满足社会需要

社会主义生产的目的是满足社会不断增长的需要。仓储生产同样也是为了满足社会对仓储的需要。仓储商务管理就是保持仓储产品社会交换的不断进行，使仓储资源能被最大限度地利用，服务于社会，为社会创造更大的财富。在仓储商务管理中以社会的需要来组织产品的供应，当产品供不应求时，充分挖掘仓储潜力，发展仓储能力，使需要仓储的物资都能获得必要的储存；当供过于求时，通过组织增值服务，开展多元服务，进一步提高服务质量，使仓储总供给量与市场需求平衡。要避免垄断经营、歧视经营、囤积仓储能力等不满足社会需要的经营方式。随着社会需求的不断发展和不断变化，仓储商务管理也应不断求新、求变，不断创新，跟上社会发展的步伐。

2. 适应市场竞争

市场经济的基本特征就是广泛的市场竞争，没有竞争就没有市场。进入门槛较低的仓储业，供给的增长极快，必然成为竞争激烈的行业。仓储商务工作面临的是竞争激烈的局面，仓储商务管理就要敢于竞争、善于竞争，既要敢于开展积极的竞争，也要勇于面对竞争的挑战。仓储业需要制订完整的市场竞争策略，建立成本优势、价格优势、服务优势、技术优势，充分利用资本经营手段，进行规模化发展，实现规模效应，形成网络服务，在市场竞争中求生存、求发展。

3. 依法进行商务活动

市场经济是法制经济，需要通过法律规范市场，防止恶性竞争和不正当竞争，防止侵害合法权益的现象，维护合法行为和利益。商务工作需要严格遵守法律法规开展商务活动。

商务工作涉及与企业外的经济利益关系，商务管理部门要特别重视利用法制的手段保护企业自身的利益，防止合法利益受到侵犯，维护自身的合法权益。

4. 追求效益最大化

追求效益最大化是市场经济主体的生产经营目的。作为商业活动，仓储经营显然也是为了在向社会提供仓储产品的过程中获得最大的经济效益，获得收益最大化也就是仓储商务管理的基本原则。在仓储商务管理中需要通过合理地利用企业资源、有效的营销手段和竞争策略、广泛的市场开发、准确的产品定位、优质的服务、以人为本的激励措施促进产品的销售，使仓储资源能被充分、高效率地利用。另一方面通过不断降低交易成本，控制生产成本，防止责任风险的发生，使企业成本降低，实现仓储经营的效益最大化，使企业能保持正常经营和进一步发展。

四、仓储商务的内容

1. 仓储经营决策

仓储企业根据社会对仓储产品的需要，以及仓储企业所具有的能力和实力、仓储市场的供给水平，遵循充分运用企业资源、满足社会需要和获得最大利润的原则，合理制订实现企业经营发展目标的方法和经营决策，根据市场的需求和自身的能力，仓储企业可以选择租赁经营、公共仓储、物流中心、配送中心的方式经营，或者采用单项专业经营或者综合经营方式，实行独立经营或者联合经营的经营定位。根据企业所选择的经营方式，合理组织商务队伍，制订仓储商务管理和作业规章制度，形成科学、合理的管理体系。

2. 市场调查和市场宣传

市场调查不仅是企业经营决策的依据，也是仓储企业经营的日常工作。商务部门需要不断进行市场调查并发现商业机会，以便建立商业关系。商务市场调查主要针对市场的供求关系、消费者对产品需求的变化、将来的发展进行准确调查和科学预测，以便企业进行经营决策、产品设计和商务宣传。

市场宣传是建立企业形象的一种手段，也是企业获得商业机会的手段之一。商务部门应合理、充分地利用企业的有限资源，采取有针对性的有效措施，对潜在客户和竞争对手的客户进行有效宣传和推广，促进业务关系的建立。市场宣传可以采用广告宣传、企业联系、宣传推广、人员促销等方法进行。

3. 积极营销和妥善选择商机

营销也称为市场营销，是从市场需要出发，构思、设计、定价、促销和分销的规划和实施过程，其核心是交换，即实现双方互利的交换。仓储企业按照市场对产品的需求，设计仓储方案并向社会推广、实现交易，达到仓储营销的目的。积极营销就是要细致地开展市场、分析产品，准确地选择目标市场和产品定位，合理地确定营销组合，严格管理营销的活动过程。

仓储推销可以采用人员推销和非人员推销的方式，人员推销是选择合适的员工采取上门推销、柜台推销、会议推销等方式进行面对面的推销；非人员推销则是采用广告、营业推广、公共宣传等方式使产品被社会接受。

在获得商机之后，仓储企业应根据企业的经营目标和客户的资信选择合适的对象开展交易活动。

4. 订立仓储合同

合同是市场经济主体之间期望发生民事关系的手段。通过订立合同，两个独立的经济主体发生了债权债务关系。需要仓储服务的存货人与经营仓储的保管人通过订立仓储合同发生了货物保管和被保管的经济关系，并通过仓储合同调整双方的关于仓储的权利和义务。仓储合同需要经过双方要约和承诺的过程，当双方意见一致时合同成立。

由于物资仓储往往需要较长的时间，还可能需要对仓储物进行加工、处理、分拆等作业进行流通管理。为了保证保管人严格按照存货人的要求进行处理，避免时间久远以致遗忘而出现争议，甚至涉及仓单持有人的第三方关系，仓储合同需要订立较为完备的合同，需要合同条款细致，内容充分。由于仓储保管是双务的行为，需要较为完整的合同订立程序，明确地表示合同成立以及完整的合同形式。

5. 存货人向仓库存货

存货人应按合同的约定向保管人交付仓储物。存货人交付仓储物是存货人履行合同的行为。存货人交付仓储物时必须对仓储物进行妥善处理，保证仓储物适合仓储。对危险品或者易变质物品，应提供有关资料，说明仓储物的性质和处理方式。对仓储物的状态、质量程度提供相应的证明。存货人须按合同的约定将仓储物准备好，在合同约定的地点或者仓储地点，为仓库卸货提供方便。在货物交付给仓库时与仓库工作人员共同理货、查验货物。

合同约定预付仓储费的，存货人在存货时应向保管人支付约定的费用。

6. 保管人接收货物和保管货物

保管人应按照合同约定在接收仓储物之前准备好仓储场地，使场地适合仓储物存放和保管。保管人在接收仓储物之前必须验收仓储物，对仓储物进行理货检验，确认仓储物的状态、质量和准确数量。

合同约定由保管人负责仓储物装卸、堆放的，保管人应安排并妥善进行卸货、堆放。仓储物接收完毕，保管人应根据约定向存货人签发仓单。约定由存货人卸货存放的，存货人按照仓库的安排，将货物运至指定的地点卸货并按仓库的要求进行堆码摆放。

在仓储物入仓后，保管人应按照合理的方法、有效的措施对仓储物进行妥善的管理和相应的作业。在存放期间若仓储物损坏或发生变化，应及时通知存货人处理，并采取必要的处理措施，减少损失。

7. 存货人（仓单持有人）提货

仓储期届满，存货人或者仓单持有人凭仓单向保管人提取仓储物，交付仓储费用和保管人的垫费、由于仓储物的性质造成保管人的损失、超期存货费和超期加收费等费用。提货人在提货时要对仓储物进行检验，确认仓储物的状态和数量。

提货人提货完毕，在仓单上签署后，将仓单交回保管人。

如果合同未约定存储期限，存货人或者仓单持有人可以随时要求提取仓储物，但应有合理的通知期。

提货人对仓储中产生的残损货物、收集的地脚货、货物残余物等应一并提取。

仓储物在存放期间产生的孳息，没有约定由保管人享受的，保管人应交给仓单持有人。

五、仓储合同的定义和种类

（一）合同与仓储合同

《中华人民共和国合同法》（以下简称《合同法》）第2条规定："本法所称合同是平等主体的自然人、法人、其他组织之间设立、变更、终止民事权利义务关系的协议。"

仓储合同也称为仓储保管合同，是指仓储保管人接受存货人交付的仓储物，并进行妥善保管，在仓储期满将仓储物完好地交还，保管人收取保管费的协议。《合同法》第381条规定："仓储合同是保管人储存存货人交付的仓储物，存货人支付仓储费的合同。"《合同法》第395条规定："本章（仓储合同）没有规定的，适用保管合同的有关规定。"

（二）仓储合同的种类

1. 仓储保管合同

仓储保管合同是指仓库经营人提供完善的仓储条件，接受存货人的仓储物进行保管，在保管期届满时，将原先收保的仓储物原样交还给存货人而订立的合同。仓储保管合同的仓储物为确定物，保管人需原样返还。仓储保管合同特别重视对仓储物的特定化，且保管人严格承担归还原物的责任，包括仓储物在仓储期间自然产生的孳息。

2. 混藏式仓储合同

混藏式仓储合同是指存货人将一定品质、数量的仓储物交付给保管人，保管人将不同存货人的同样仓储物混合保存，存期满时，保管人只需以相同种类、品质、数量的仓储物返还给存货人，并不需要原物归还而订立的合同。这种仓储方式常见于粮食、油品、矿石或保鲜期较短的商品的储藏。混藏式仓储合同的标的物为确定的种类物，保管人严格按照约定数量、质量承担责任，且没有合理耗损的权利。混藏式仓储合同具有保管仓储物价值的功能。

混藏式仓储合同对于仓储物的品质、数量需要有极为明确的认定，并在合同中完整地描述。当保管人向提货人交还仓储物时不能按合同描述的，需补偿提货人的损失。

3. 消费式仓储合同

消费式仓储合同是指存货人在存放仓储物时，同时将仓储物的所有权转移给保管人，保管期满时，保管人只需将相同种类、品质、数量的替代物归还给存货人而订立的合同。存放期间的仓储物所有权由保管人掌握，保管人可以对仓储物行使所有权。消费保管的仓储物的经营人一般具有仓储物消费能力，如面粉加工厂的小麦仓储、加油站的油库仓储、经营期货交易的保管人等。消费式仓储合同与其他形式的仓储合同的不同之处在于：仓储物的所有权转移到保管人一方，保管人需要承担所有人的权利和义务。消费式仓储经营人的收益，除了约定的仓储费（一般较低）外，更重要的是消费仓储物与到期购回仓储物之间所带来的差价收益。

4. 仓库租赁合同

仓库租赁合同是指仓库所有人将所拥有的仓库以出租的方式开展仓储经营，由存货人自行保管商品而订立的合同。仓储人只提供基本的仓储条件、进行一般的仓储管理，如环境管理、安全管理等，并不直接对所存放的商品进行管理。仓库租赁合同严格意义上来说不是仓储合同，只是财产租赁合同，但是由于仓库出租方具有部分仓储保管的责任，所以具有仓储合同的一些特性。

六、仓储合同的当事人

仓储合同的双方当事人分别为存货人和保管人。

存货人是指将仓储物交付仓储的一方。存货人必须是具有将仓储物交付仓储的处分权的人，可以是仓储物的所有人，也可以是只有仓储权利的占有人，如承运人，或者是受让仓储物但未实际占有仓储物的准所有人，或者有权处分人，如法人、非法人单位、民营企业、事业单位、个体经营户、国家机关、群众组织、公民等。

保管人为货物仓储保管的一方。《合同法》规定，保管人必须具有仓储设备和专门从事仓储保管业务的资格，也就是说，保管人必须拥有仓储保管设备和设施，具有仓库、场地、货架、装卸搬运设施、安全、消防等基本条件，并取得相应的公安、消防部门的许可。从事特殊保管的，还要有特殊保管的条件要求。设备和设施无论是保管人自有的还是租赁的，保管人必须具有有效的经营使用权。同时从事仓储经营必须具有经营资格，进行工商登记，获得工商营业执照。保管人可以是独立的企业法人、企业的分支机构或者个体工商户、合伙组织、其他组织等，也可以是专门从事仓储业务的仓储经营者，还可以是贸易货栈、车站、码头的兼营机构，或者从事配送经营的配送中心。

七、仓储合同的标的和标的物

合同标的是指合同关系指向的对象，也就是当事人权利和义务指向的对象。仓储合同虽然约定的是仓储物的保管事项，但合同的标的却是仓储保管行为，包括仓储空间、仓储时间和保管要求，存货人要为此支付仓储费。因而，仓储合同是一种行为合同，是一种当事人双方都需要行为的双务合同。

标的物是标的的载体和表现，仓储合同的标的物就是存货人交存的仓储物。仓储物可以是生产资料，如生产原料、配件、组件、生产工具、运输工具等；也可以是生活资料，如一般商品，包括特定物或者种类物。但是仓储物必须是动产，能够移动到仓储地进行仓储保管，且是有形的实物动产，有具体的物理形状，不动产不能成为仓储物，货币、知识产权、数据、文化等无形资产和精神产品不能作为仓储物，如图书可以作为仓储物，但图书的著作权、书内的专利权不能成为仓储物。

八、仓储合同的订立

（一）合同订立的原则

仓储合同的订立应遵循平等、自愿、诚实信用、协商一致的原则，尊重社会公德，维护社会经济秩序，保护社会公共利益。

（二）合同订立的程序

实践中，订立合同往往需要经过要约与承诺两个阶段。

1. 要约

《合同法》第 14 条规定:"要约是希望和他人订立合同的意思表示。"在商业活动和对外贸易活动中,要约又称发盘、出盘、发价和报价等。发出要约的一方称为要约人,接受要约的一方称为受要约人。要约是订立合同必须经过的一个阶段。

一项有效的要约应当具备以下条件:

(1) 发出要约的人必须是特定的合同当事人。一项要约,可以由合同当事人任何一方提出,但必须是确定的自然人、法人或其他组织,他们会成为日后订立合同的当事人。

(2) 要约人必须具有订立合同的意图。这就是说,要约人在主观上具有订立合同的愿望和目的。其外在表现就是要约人主动要求与受要约人订立合同。

(3) 要约必须表明,该要约一经受要约人承诺,合同即告成立,要约人即受要约的约束。

(4) 要约的内容必须具体确定。要约的法律效力在于,一经受要约人承诺,合同即告成立。所以,要约的内容必须具体确定,具有足以使合同成立的主要条件。一般应至少包括三项内容:标的、数量、价格。要约人应当尽量明确、具体地表示要约的内容,以便受要约人判断要约人的意思。

(5) 要约必须向希望与之订立合同的相对人发出。向特定的人发出的要约,通常是向具体的法人、自然人或其他组织直接发出要约。向不特定的人发出的要约,是指面向社会公众发出的要约,如商店里陈列的标价商品、悬赏广告、铁路运输企业发布的车次、票价等信息。

(6) 要约必须能够到达受要约人。要约只有到达受要约人才能使受要约人知道,才能产生法律效力。

要约可以撤回,也可以撤销。撤回要约的通知应当在要约到达受要约人之前或者同时到达受要约人,否则,要约自到达受要约人时生效;撤销要约的通知应在受要约人发出承诺通知之前到达受要约人。但下列情况,要约不得撤销:要约中确定了承诺期限或者以其他形式明示要约不可撤销;受要约人有理由认为要约是不可撤销的,并且已为履行合同做了准备工作。

要约发出之后,要约人也并非永远受其约束,发生下列情形时,要约失效:拒绝要约的通知到达要约人;要约人依法撤销要约;承诺期限届满,受要约人未做出承诺;受要约人对要约的内容做出实质性变更。

2. 承诺

(1) 承诺的含义。

承诺是受要约人同意要约的意思表示。做出这种意思表示的人称为承诺人。要约人的要约一经受要约人的承诺,合同即告成立。承诺应以明示的方式做出,缄默或者不行为不被视为承诺。

(2) 承诺有效的要件。

承诺必须具备以下要件,才能产生法律效力:

①承诺必须由受要约人做出。根据要约的约束力,只有受要约人才能取得承诺的资格。

②承诺必须在合理期限内向要约人做出。

③承诺的内容必须与要约的内容一致。因为承诺是受要约人愿意按照要约的内容与要约

人订立合同的意思表示，也就是说，承诺是对要约的同意，同意内容必须与要约的内容一致，才能使合同成立。

④承诺必须表明受要约人决定与要约人订立合同。正如要约人必须具有与受要约人订立合同的目的一样，承诺中必须明确表明与要约人订立合同，才能因承诺而使合同成立。这就要求受要约人的承诺必须清楚明确，不能含糊。

⑤承诺的传递方式应当符合要约的要求。如果要约要求承诺应以一定的方式做出，那么承诺必须符合要约规定的方式，才有法律效力。

（3）对迟到承诺的处理。

对于迟到的承诺，应按下列规定处理：

①受要约人超过承诺期限发出承诺时，除要约人及时通知受要约人该承诺有效的以外，应视为新要约。

②受要约人在承诺期限内发出承诺，按照通常情况能及时到达要约人，但因其他原因承诺到达要约人时超过承诺期限的，除要约人及时通知受要约人因承诺超过期限不接受该承诺的情况以外，该承诺有效。

（4）承诺的生效和撤回。

《合同法》第26条规定："承诺通知到达要约人时生效。承诺不需要通知的，根据交易习惯或者要约的要求做出承诺的行为时生效。"

承诺可以在生效前撤回，即在承诺生效前，承诺人做出承诺不能发生法律效力的行为，但撤回承诺的通知必须先于或同时于承诺到达要约人。

签订合同，就是当事人双方进行要约和承诺的过程。在实践中，往往要经过多次反复协商，才能达成协议。这种反复协商的过程，也是"要约—新要约—新要约—……—承诺"的过程。

(三) 仓储合同的形式

电报、传真、电子数据、电子邮件也可以作为书面形式。因而仓储合同可以采用书面形式、口头形式或者其他形式。订立仓储合同的要约、承诺也可以是书面的、口头的或其他的形式。

由于仓储的货量较大、存期较长，还可能进行配送、加工等作业，还会涉及作为仓单持有人的第三人，所以仓储合同使用完整的书面合同较为合适，完整的书面合同有利于合同的保存、履行和发生争议时的处理。

合同的其他形式包括，通过行为订立合同、签发格式合同等。在未订立合同之前，存货人将货物交给仓储保管人，保管人接收货物，则表明事实上的合同已成立。在周转极为频繁的公共仓储中，保管人可以采用预先已设定好条件的格式合同。在格式合同中，存货人只有签署或者不签署合同的权利，而没有商定格式合同条款的权利。

九、仓储合同的条款

仓储合同为不要式合同，没有严格的条款规定，当事人根据需要商定合同事项，且由双方协议采用合同的形式。仓储合同的条款有当事人条款、仓储物条款、仓储条款、价款、当事人的权利和义务、违约责任和争议处理条款，具体包括以下内容。

（1）存货人、保管人的名称和地址。

(2) 仓储物的品种、数量、质量、包装、件数和标记。
(3) 交接时间和地点、验收方法。
(4) 仓储物的损耗标准。
(5) 储存场所。
(6) 储存期间。
(7) 仓储费。
(8) 仓储物的保险约定。
(9) 违约责任。
(10) 合同变更解除的条件。
(11) 争议处理。
(12) 合同签署。

十、仓储合同的变更、解除

在合同生效后，当事人应按照约定全面履行自己的义务，任何一方不得擅自变更和解除合同，这是《合同法》所确定的合同履行原则。仓储经营具有极大的变动性和复杂性，会因为主客观情况的变化而变化，为了避免当事人双方的利益受到更大的损害，变更或者解除已生效的不利合同是更有利的选择。

（一）仓储合同的变更

仓储合同的变更是指对已生效的仓储合同的内容进行修改或者补充，不改变原合同的关系和本质事项。

仓储合同当事人一方因为利益需要，向另一方提出变更合同的要求，并要求另一方在限期内答复，另一方可在期限内答复同意变更。如另一方在期限内未做答复，合同也发生变更，双方按照变更后的条件履行。如果另一方在期限内明确拒绝变更，则合同不能变更。合同变更后，按变更后的合同履行，对变更前已履行的部分没有追溯力，但因为不完全履行而发生的利益损害，作为受害一方可向对方请求赔偿，或者提出变更合同的条件。

（二）仓储合同的解除

仓储合同的解除则是将未履行的合同或合同还未履行部分不再履行，使希望发生的权利义务关系消亡，合同履行终止。

1. 仓储合同解除的方式

（1）存货人与保管人协议解除合同。协议解除合同和协议订立合同一样，是双方意见一致的结果，具有至高的效力。解除合同协议可以在合同生效后、履行完毕前由双方协商达成；也可以在订立合同时订立解除合同的条款，当约定的解除合同的条件出现时，一方通知另一方解除合同。

（2）出现法律规定的仓储合同解除条件而解除合同。这是当事人一方依照《合同法》规定的有权采取解除合同的法律规定的行为。《合同法》规定：因不可抗力致使不能实现合同目的，任何一方可通知对方解除合同；一方当事人将发生预期违约，另一方可以行使合同解除权；仓储合同的一方当事人迟延履行合同义务，经催告在合理期限内仍未履行，另一方可以解除合同；仓储合同一方当事人迟延履行义务或者有其他违约行为，致使合同目的不能实现，另一方可以解除合同。一方依法选择解除合同的，只要书面向对方发出解除合同的通知，当通知到达对方时，合同解除。有权解除合同的一方也可以要求人民法院或仲裁机构确定解除合同。

2. 仓储合同解除后的后果

合同解除后，因为仓储合同所产生的存货人和保管人的权利义务关系消灭，所以对于未履行的合同条款终止履行。合同解除并不影响合同的清算条款的效力，双方仍需要按照清算条款的约定承担责任和赔偿损失，需承担违约责任的一方仍要依据合同约定承担违约责任、采取补救措施和赔偿损失，如违约的存货人需要对仓库空置给予补偿，造成合同解除的保管人要承担运输费、转仓费、仓储费差额等损失赔偿。

十一、存货人的权利与义务

1. 告知义务

存货人的告知义务包括两个方面：对仓储物的完整明确的告知和瑕疵告知。完整明确告知是在订立合同时，存货人要完整细致地告知保管人仓储物的准确名称、数量、包装方式、性质、作业保管要求等涉及验收、作业、仓储保管、交付的资料，特别是危险货物，存货人还要提供详细的说明资料。存货人未明确告知的仓储物属于夹带品，保管人可以拒绝接受。

瑕疵包括仓储物及其包装的不良状态、潜在缺陷、不稳定状态等已存在的缺陷或将会发生损害的缺陷。保管人了解仓储物所具有的瑕疵后，可以采取针对性的操作和管理，以避免发生损害和危害。

因存货人未告知仓储物的性质、状态造成的保管人验收错误、作业损害、保管损坏，由存货人承担赔偿责任。

2. 妥善处理和交存货物

存货人应对仓储物进行妥善处理，根据性质进行分类、分储，根据合同约定妥善包装，使仓储物适合仓储作业和保管。

存货人应在合同约定的时间向保管人交存仓储物，并提供验收单证。交存仓储物不是仓储合同生效的条件，而是存货人履行合同的义务。存货人未照约定交存仓储物构成违约。

3. 支付仓储费和偿付必要费用

仓储费是保管人订立仓储合同的目的，是对仓储物进行保管所获得的报酬，是保管人的合同权利，存货人应根据合同约定按时、按量地支付仓储费，否则构成违约，如果存货人提前提取仓储物，保管人不减收仓储费，如果存货人逾期提取，应加收仓储费，由于未支付仓储费，保管人有对仓储物行使留置权的权利，即有权拒绝将仓储物交还存货人或应付款人，并可通过留置的仓储物等方式获得款项。

拍卖仓储物在仓储期间发生的应由存货人承担责任的费用支出或垫费，如保险费、仓储货物自然特性的损害处理费用、有关货损处理、运输搬运费、转仓费等，存货人应及时支付。

4. 查验、取样

仓储保管期间存货人有对仓储物进行查验、取样查验的权利，能提取合理数量的样品进行查验。查验会影响保管人的工作，取样还会造成仓储物的减量，但存货人合理进行的查验和取样，保管人不得拒绝。

5. 及时提货

存货人应按照合同的约定，按时将仓储物提离。保管人根据合同的约定安排仓库的使用计划，如果存货人未将仓储物提离，就会使保管人已签订的下一个仓储合同无法履行。存货人未在约定的时间提离仓储物，保管人可以向提存机关要求提存该仓储物。提存是一种民事义务的履行方式，由义务人向国家提存机关履行民事义务，或者义务人要求国家提存机关证明其已履行义务。

十二、仓储保管人的权利和义务

1. 合适的仓储条件

仓储保管人经营仓储保管的先决条件就是具有合适的仓储保管条件，有拟保管的货物的保管设施和设备，包括适合的场地、容器、仓库、货架、作业搬运设备、计量设备、保管设备、安全保卫设施等条件；同时，还应配备一定的保管人员、商品养护人员，制订有效的管理制度和操作规程等。保管人所具有的仓储保管条件还要适合所要进行保管的仓储物的相对仓储保管要求，如保存粮食的粮仓、保存冷藏货物的冷库等。保管人若不具有仓储保管条件，则构成根本违约。

2. 验收货物

验收货物不仅是保管人的义务，也是其合同权利。保管人应该在接受仓储物时对货物进行理货、计数、查验，在合同约定的期限内检验货物质量，并签发验货单证。验收货物按照合同约定的标准和方法，或者按照习惯的、合理的方法进行。保管人未验收货物推定为存货人所交存的货物完好，保管人也要返还完好无损的货物，保管人在验收中发现货物溢短，对溢出部分可以拒收，对于短少的有权向存货人主张违约责任。对于货物存在的不良状况，有权拒绝接受或要求存货人更换、修理，否则需如实编制纪录，以明确责任。

3. 签发仓单

保管人在接收货物后，根据合同的约定或者存货人的要求，及时向存货人签发仓单，在存期届满，根据仓单的记载向仓单持有人交付货物，并承担仓单所明确的责任，保管人根据实际收取的货物情况签发仓单。保管人应根据合同条款确定仓单的责任事项，避免将来向仓单持有人承担超出仓储合同所约定的责任。

4. 合理化仓储

保管人应在合同约定的仓储地点存放仓储物，并充分使用先进的技术、科学的方法、严格的制度，高质量地做好仓储管理。使用适合于仓储物保管的仓储设施和设备，如容器、货架、货仓等，在谨慎操作、妥善处理、科学保管和合理维护等各方面做到合理化仓储。保管人对于仓储物的保管承担严格责任，因其保管不善所造成的仓储物在仓储期间发生损害、灭失时，除非保管人能证明损害是由货物性质、包装不当、超期以及其他免责原因造成的，否则保管人要承担赔偿责任。

5. 返还仓储物

保管人应在约定的时间和地点向存货人或仓单持有人交还约定的仓储物。仓储合同没有明确存期和交还地点的，存货人或仓单持有人可以随时要求提取保管人应在合理的时间内交还存储物。同样保管人也可以随时要求存货人提取仓储物。保管期满，保管人在催告存货人提货期满后，可以提存仓储物。作为一般仓储合同，保管人在交返仓储物时，应将原物及其孳息、残余物一同交还。

6. 危险通知义务

当仓储物出现危险时，保管人应及时通知存货人或者仓单持有人，包括在货物验收时发现不良情况、发生不可抗力损害、仓储物的变质、仓储事故的损坏等事故，以及其他涉及仓储物所有权的情况。存货人掌握仓储物的状态是存货人具有所有权的权利体现，对于仓储物的危险涉及仓储物的交易、保险，以及可能造成的进一步损害，存货人及时掌握信息和采取措施处理，有利于减少损失。在发生或发现危险时，保管人有义务采取紧急措施处置，防止危害扩大。

7. 行使留置权

《中华人民共和国物权法》（以下简称《物权法》）第230条规定："债务人不履行到期债务，债权人可以留置已经合法占有的债务人的动产，并有权就该动产优先受偿。"在仓储经营活动中，如果提货人未支付仓储费、加工处理费或其他应向保管人支付的费用，那么仓储保管人可以留置处于保管人占有状态的仓储物为担保。如果提货人在合理期限内仍未偿还债务，保管人可以处分仓储物以保障其债权的实现。除鲜活易腐等不易保管物外，该合理期限为2个月以上。处分的方式为将留置财产按市场价格折价或者拍卖、变卖。如果所得价款超过债权，那么剩余部分归还提货人；如果所得价款不足，则继续向提货人追偿。

拟留置的财产属于债务人所有，也就是留置权只能针对债务人的财产。在仓储关系中，只能对提货人的债务行使留置权，主要债务指提货人要支付的仓储费、处理费和提货人承担的其他费用等。

留置物与债权之间的关系见《物权法》第231条："债权人留置的动产，应当与债权属于同一法律关系，但企业之间留置的除外。"也就是说，在企业之间，所留置的财产与债权之间可以没有关联性，可以因为提货人的其他债务对仓储物行使留置权。

仓储保管人只有在占有仓储物时，才能行使留置权。仓储物为可分物时，留置仓储物的价值与债务金额相当。

如果在仓储合同中有约定不得留置仓储物，那么仓储保管人不能行使留置权。当提货人对债务提供担保时，也不能再行使留置权。

十三、违约责任和免责

（一）仓储合同当事人违约责任的承担方式

违约是指存货人或者保管人不能履行合同约定的义务或者履行合同义务不符合合同的约定的不作为或作为。为了限制违约行为，以及为了避免一方的违约造成另一方的损失，由违约方承担违约责任不仅是合同法律制度的规范，也是当事人协议合同的必要事项。通过法定的和合同约定的违约责任的承担，增加违约成本，弥补被违约方的损失，减少违约的发生，有利于市场的稳定和秩序。

违约责任往往以弥补对方的损失为原则，违约方需对对方的损失，包括直接造成的损失和合理预见的利益损失给予弥补。违约责任的承担方式有支付违约金、赔偿损失、恢复原状、继续履行合同等。

1. 违约金

违约金是指合同约定当一方违反合同约定时需向另一方支付的金额。违约金是一种对违约的惩罚。违约金产生的前提是合同约定和违约行为的发生，包括发生预期违约，而无关是否产生损失。《合同法》第114条规定："当事人可以约定一方违约时应当根据违约情况向对方支付一定数额的违约金，也可以约定因违约产生的损失赔偿额的计算方法。"同时，

《合同法》规定,当违约金过高或者过低时,可以向法院或仲裁机构予以调整。因而违约金又是一种赔偿处理的方法,具有赔偿性。合同违约金的约定可以按照违约的现象进行约定,如未履行合同的违约金、不完全履行的违约金、迟延违约金等,也可以确定一种违约金的计算方法,当发生违约时通过计算确定具体违约金。

违约金以约定支付的方式进行,对于合同履行中因责任造成对方损失的,也可以采取违约金支付的方式,这样有利于简化索赔过程。

2. 赔偿损失

当事人一方由于违反仓储合同的约定,不履行合同义务或者履行合同义务不符合约定使合同对方发生损失的,应该承担对方损失的赔偿责任。赔偿损失的条件为违约和使对方产生损失。这种损失包括违约所造成的直接损失和违约方在订立合同时所能预见的履行合同后对方可以获得的利益。

违约的赔偿责任既是法定的责任也是约定的责任,是约定的合同的义务未得到履行,出现了损失,才导致赔偿的法律责任。

合同中约定违约金时,一方的违约造成超过所支付的违约金的损失时,另一方仍有权要求违约方赔偿超额的损失。

赔偿损失可以采用支付赔偿金的方式,也可以采用其他方式,如实物补偿等。

3. 继续履行

继续履行是指发生违约行为后,被违约方要求对方或请求法院强制对方继续履行合同的义务的违约责任承担制度。继续履行合同是一种违约责任的承担方式,而无论违约方是否支付了违约金和承担了对方的损失赔偿。其条件为合同还可以继续履行和违约方还具有履行合同的能力。但继续履行合同不违背原合同的性质和法律关系,也就是还是原来的合同标的、仓储标的物地点和仓储条件等。若法律上或者事实上不能履行、继续履行费用过高、被违约方未在合理期限内提出继续履行,违约方则可免除继续履行。

4. 采取补救措施

发生违约后,被违约方有权要求违约方采取合理的补救措施,弥补违约损失,并减少进一步损失的发生。如对损坏的仓储物进行修理、将仓储物转移到良好的仓库存放、修复仓储设备,或者支付保养费、维修费、运杂费等。

5. 定金惩罚

定金是《中华人民共和国担保法》(以下简称《担保法》)规范的一种担保方式。在订立合同时,当事人可以约定用定金的方式来担保合同的履行。在履约前,由一方先行支付定金,在合同履行完毕后,收取定金一方退还定金或者抵作价款。当合同未履行时,支付定金一方违约的,定金不退还;收取定金一方违约的,双倍退还定金。

定金不得超过合同金额的20%,同时,有定金和违约金约定的,当事人只能选择一种履行。

(二) 仓储合同当事人的免责

免责又称为免除民事责任,指不履行合同或法律规定的义务,致使他人财产受到损失,由于有不可归责于违约方的事由,违约方可以不承担民事责任。免责原因有法律规定的免责事项和合同约定的免责事项,但是造成对方人身伤害,因故意或者重大过失造成对方财产损失的,不能免责。

1. 不可抗力

不可抗力是指当事人不能预见、不能避免并且不能克服的客观情况，包括自然灾害和某些社会现象，如火山爆发、地震、台风、冰雹、洪涝等自然灾害，战争、罢工、国家行为等社会现象。

不可抗力的免责必须是实际发生的不可抗力，且直接由不可抗力造成的损失和不可抗力致使当事人不能履行合同或者不能完全履行合同的损失赔偿责任和违约责任。

不可抗力免责的范围仅限在不可抗力的直接影响，当事人未采取有效措施防范、救急所造成的损失扩大部分不能免责。对于延迟履行合同中所遇到的不可抗力不能免责。在发生不可抗力事件后所订立的合同不得引用不可抗力免责。

2. 仓储物的自然特性

因仓储物的性质、超过有效储存期造成仓储物变质、损坏的损失，保管人不承担赔偿责任。

3. 存货人的过失

由存货人造成仓储物的损害，如包装不符合约定、未提供准确的验收资料、隐瞒和夹带、存货人的错误指示和说明等，保管人不承担赔偿责任。

4. 合同约定的免责

基于当事人的利益，双方在合同中约定免责事项，对免责事项造成的损失，不承担互相赔偿责任。如约定货物入库时不验收重量，则保管人不承担重量短少的赔偿责任；约定不检验货物内容质量的，保管人不承担非作业管理不当的内容变质损坏责任。

十四、仓单

1. 仓单的概念和作用

仓单是保管人在接收仓储物后签发的表明一定数量的保管物已经交付仓储保管的法律文书。保管人签发仓单，表明已接收仓储物，并已承担对仓储物的保管的责任以及保证将向仓单持有人交付仓储物。签发仓单是仓储保管人的法律义务，《合同法》第385条规定："存货人交付仓储物的，保管人应当给付仓单。"

仓单的作用表现为：签发仓单表明保管人已接收了仓单上所记载的仓储物；仓单是仓储保管人凭以返还保管物的凭证；仓单是确定保管人和仓单持有人、提货人责任和义务的依据；同时仓单还是仓储合同的证明。

2. 仓单的作用

仓单作为仓储保管的凭证，其作用是显而易见的，主要表现在以下几个方面：

（1）仓单是保管人向存货人出具的货物收据。在存货人交付的仓储物经保管人验收后，保管人就向存货人填发仓单。仓单是保管人已经按照仓单所载状况收到货物的证据。

（2）仓单是仓储合同存在的证明。仓单是存货人与保管人双方订立的仓储合同存在的一种证明，只要签发仓单，就证明了合同的存在。

（3）仓单是货物所有权的凭证。它代表仓单上所列货物，谁占有仓单就等于占有该货物，仓单持有人有权要求保管人返还货物，有权处理仓单所列的货物。仓单的转移，也就是仓储物所有权的转移。因此，保管人应该向持有仓单的人返还仓储物。也正由于仓单代表着其项下货物的所有权，所以，仓单作为一种有价证券，也可以按照《担保法》的规定设定权利质押担保。

（4）仓单是提取仓储物的凭证。仓单持有人向保管人提取仓储物时，应当出示仓单。保管人一经填发仓单，则持单人对于仓储物的受领，不仅应出示仓单，还应交回仓单。仓单持有人为第三人，而该第三人不出示仓单的，除了能证明其提货身份的以外，保管人应当拒绝返还仓储物。

仓单还是处理保管人与存货人或提单持有人之间关于仓储合同纠纷的依据。

此外，仓单还有经济方面的作用：

安全可靠的仓单可以使存货的所有者按较低的实际利率向国外借款——特别是贷款有出口商品存货作为保证时——从而对国外借款的汇率风险进行了保值。由于较高的实际利率常常与潜在的风险有关，特别是当高利率涉及农业时，安全可靠的仓单可以降低风险，从而降低贷款利率。

按照规则签发的仓单，由于能够向仓单持有者保证农产品存货的数量和质量而无须查验，从而为银行提供了安全可靠的抵押品。如果在用仓单作为担保的合约中——如银行贷款——出现违约，仓单的持有者拥有第一个向仓单的标的商品或货币等价物提出请求的权利。

仓单对现货市场和远期现货市场的建立，对提高竞争力，发挥了促进作用。因为仓单提供了买卖双方达成交易需要的所有关键信息，因此，它为商品交易奠定了基础。因此，仓单的存在既增加了交易量，又降低了交易成本。由于买方无须看货，所以交易没有必要在仓库或检验地点进行。实际上，有了一个功能正常的仓单系统，商品很少在自己的仓库销售；商品交易可以按日常的方式进行，也可以在组织化的市场或交易所进行。

3. 生效条件

仓单生效必须具备两个要件。

（1）保管人须在仓单上签字或者盖章。

保管人在仓单上签字或者盖章表明保管人对收到存货人交付仓储物的事实进行确认。保管人未签字或者盖章的仓单说明保管人还没有收到存货人交付的仓储物，故该仓单不发生法律效力。当保管人为法人时，由其法定代表人或其授权的代理人及雇员签字；当保管人为其他经济组织时，由其主要负责人签字；当保管人为个体工商户时，由其经营者签字。盖章指加盖保管人单位公章。签字或者盖章由保管人选择其一即可。

（2）仓单须包括一定的法定必要记载事项。

《合同法》第 386 条规定，仓单的法定必要记载事项共有八项：

①存货人的名称或者姓名和住所。

②仓储物的品种、数量、质量、包装、件数和标记。

③仓储物的损耗标准。

④储存场所。

⑤储存期间。

⑥仓储费。

⑦仓储物已经办理保险的，其保险金额、期间以及保险人的名称。

⑧填发人、填发地和填发日期。

本章小结

本章主要介绍了仓储经营的理念、仓储经营的基本方法和仓储经营的项目；简要介绍了仓储商务管理的意义、要求；重点介绍了仓储商务管理的原则和仓储商务管理的内容；最后介绍了仓储合同订立的原则、过程，仓储合同各方当事人的权利义务关系以及违约情况的处理。

知识考查

一、单选题

1. 仓储中总收入等于（　　）。
   A. 总库容量×仓容利用率×平均费率
   B. 总库容量×平均费率
   C. 总库容量×平均费率
   D. 总库容量＋仓容利用率＋平均费率
2. 保管仓储的目的在于保持（　　）。
   A. 保管物数量　　B. 保管物原状　　C. 保管物质量　　D. 保管物外观
3. 仓储合同的双方当事人分别为存货人和（　　）。
   A. 发货人　　　　B. 收货人　　　　C. 保管人　　　　D. 承运人
4. 仓储合同的标的为（　　）。
   A. 仓储合同　　　B. 仓储设备　　　C. 仓储物　　　　D. 保管行为
5. 合同需要经过双方要约和（　　）的过程。
   A. 授权　　　　　B. 承诺　　　　　C. 同意　　　　　D. 赞成

二、多选题

1. 消费仓储的特点包括（　　）。
   A. 消费仓储是一种特殊的仓储形式　　B. 消费仓储以种类物为保管对象
   C. 消费仓储以物的价值保管为目的　　D. 消费仓储以消费品为保管物
2. 中间商主要有（　　）。
   A. 货运代理人　　B. 经纪人　　　　C. 物流企业　　　D. 仓储企业
3. 物流经营者的类型主要有（　　）。
   A. 物流经营者是参与物流某项功能的服务者
   B. 专业物流基本功能的服务者
   C. 综合物流经营者
   D. 虚拟物流
4. 仓储商务管理所应遵循的原则有（　　）。
   A. 满足社会需要　　　　　　　　　B. 适应市场竞争
   C. 依法进行商务活动　　　　　　　D. 追求利益最大化
5. 仓储合同的订立应遵循（　　）的原则。

A. 平等 　　　B. 自愿 　　　C. 诚实信用 　　　D. 协商一致

三、判断题

1. 运输中介即运输服务中间商，通常拥有运输设备。（　　）
2. 追求效益最大化不是仓储企业的生产经营目的。（　　）
3. 实践中，订立合同往往需要经过要约与承诺两个阶段。（　　）
4. 如果在仓储合同中有约定不得留置仓储物的，那么仓储保管人不能行使留置权。（　　）
5. 仓储合同的标的物就是存货人交存的仓储物。（　　）

第八章

仓储信息管理

知识目标：
(1) 明确先进技术设备在仓储管理中的重要作用。
(2) 对不同的仓储管理信息系统有较强的使用能力。
(3) 熟悉使用条形码扫描器等相关设备。

能力目标：
(1) 理解仓储管理信息系统的内容，能完成不同环境下的仓储作业内容。
(2) 熟练操作仓储管理信息系统软件，熟悉整个仓储运作流程。

素质目标：
(1) 培养学生信息素养。
(2) 培养学生数据分析应用的能力。
(3) 培养学生团队协作能力。

导入案例

智能仓库管理系统

智能仓库管理系统，采用射频识别智能仓库管理技术，系统优势是读取方便快捷，实现物流仓储的智能化管理。

传统的仓储业是以收保管费为商业模式的，希望自己的仓库总是满满的，这种模式与物流的宗旨背道而驰。现代物流以整合流程、协调上下游为已任，静态库存越少越好，其商业模式也建立在物流总成本的考核之上。由于这两类仓储管理在商业模式上有着本质区别，但是在具体操作上如入库、出库、分拣、理货等又很难区别，所以在分析研究时必须注意它们的异同之处，这些异同也会体现在信息系统的结构上。随着制造环境的改变，产品周期越来越短，多样少量的生产方式，对库存限制的要求越来越高，因而必须建立及执行供应链管理系统，借助电脑化、信息化将供应商、制造商、客户三者紧密联合，共担库存风险。仓储管理可以简单概括为8个关键管理模式：追、收、查、储、拣、发、盘、退。

库存的最优控制部分是确定仓库的商业模式，即要（根据上一层设计的要求）确定本仓库的管理目标和管理模式，如果是供应链上的一个执行环节，是成本中心，那么多以服务质量、运营成本为控制目标，追求合理库存甚至零库存。精确了解仓库的物品信息对系统来说至关重要，所以我们提出要解决精确的仓储管理。

仓储管理及精确定位在企业的整个管理流程中起着非常重要的作用，如果不能保证及时准确的进货、库存控制和发货，就会给企业带来巨大损失，这不但表现为企业各项管理费用的增加，而且会导致客户服务质量难以得到保证，最终影响企业的市场竞争力。所以我们提出了全新基于射频识别的仓库系统方案来解决精确仓储管理问题。

第一节　仓储管理系统

一、仓储管理系统概述

仓储管理系统（WMS）是一个实时的计算机软件系统，它能够按照运作的业务规则和运算法则，对信息、资源、行为、存货和分销运作进行更完美的管理，使其最大化满足有效产出和精确性的要求。

仓储管理系统包括软件、硬件、管理经验。传统的仓储管理系统概念中忽略了管理经验和自动识别硬件的缺失。仓储管理系统中的软件指的是支持整个系统运作的软件部分，包括收货处理、上架管理、拣货作业、月台管理、补货管理、库内作业、越库操作、循环盘点、射频操作、加工管理、矩阵式收费等。仓储管理系统中的硬件指的是用于打破传统数据采集和上传的瓶颈问题，利用自动识别技术和无线传输提高数据的精度和传输的速度。管理经验指的是开发商根据其开发经验中客户的管理方式和理念整合的一套管理理念和流程，为企业做到真正的管理。

二、仓储管理系统的特点

从财务软件、进销存管理软件 CIMS、MRP、MRP Ⅱ 到 ERP，代表了中国企业从粗放管理走向集约管理，竞争的激烈和对成本的要求使管理对象表现为：整合上游、企业本身、下游一体化供应链的信息和资源。而仓库，尤其是制造业中的仓库，作为供应链上的节点，不同链节上的库存观不同，在物流供应链的管理中，不再把库存作为维持生产和销售的措施，而将其作为一种供应链的平衡机制，其作用主要是协调整个供应链。但现代企业同时又面临着许多不确定因素，无论它们来自分供方还是来自生产或客户，对企业来说处理好库存管理与不确定性关系的唯一办法是加强企业之间信息的交流和共享，增加库存决策信息的透明性、可靠性和实时性。而这正是仓储管理系统所要帮助企业解决的问题。

仓储管理系统软件和进销存管理软件的最大区别在于：进销存管理软件的目标是对于特定对象（如仓库）的商品、单据流动，是对于仓库作业结果的记录、核对和管理——报警、报表、结果分析，比如记录商品出入库的时间、经手人等；而仓储管理系统软件则除了管理仓库作业的结果记录、核对和管理外，最大的功能是对仓库作业过程的指导和规范，即不但对结果进行处理，更是通过对作业动作的指导和规范保证作业的准确性、速度和相关记录数据的自动登记（入计算机系统），增加仓库的效率、管理透明度、真实度，降低成本。比如通过无线终端指导操作员给某订单发货：当操作员提出发货请求时，终端提示操作员应到哪个具体的仓库货位取出指定数量的那几种商品，扫描货架和商品条码核对是否正确，然后送到接货区，录入运输单位信息，完成出货任务，重要的是出货时间、操作员、货物种类、数量、产品序列号、承运单位等信息在货物装车的同时已经通过无线方式传输到了计算机信息中心数据库。

三、仓储管理系统的主要功能

仓储管理系统由多个功能软件子系统组合构成，主要有计划和执行两大功能。

计划功能包括：订货管理、运送计划设计、员工管理、仓储管理等。

执行功能包括：进货接收、分拣配货、发货运送等。

将这些功能细分，还可分为系统功能设定模块、基本资料维护模块、采购管理模块、仓库管理模块、销售管理模块等。

（一）系统功能设定模块

自定义整个系统的管理规则，包括定义管理员及其操作口令的功能。

（二）基本资料维护模块

对每批产品生成唯一的基本条码序列号标签，用户可以根据自己的需要定义序列号，每种型号的产品都有固定的编码规则，在数据库中可以对产品进行添加、删除和编辑等操作。

（三）采购管理模块

1. 采购订单

当需要采购的时候，可以填写采购订单，此时并不影响库存。

2. 采购收货

当采购订单被批准，完成采购后到货的时候，首先给货物贴上条形码序列号标签，然后在采购收货单上扫描此条形码，保存之后，库存自动增加。

3. 其他入库

包括借出货物归还、退货等，只需要填写采购收货单。

（四）仓库管理模块

1. 产品入库

采购入库或者其他入库，自动生成入库单号，货品选择方便快捷，可以区分正常入库、退货入库等不同的入库方式。

2. 产品出库

销售出库或者其他出库，可以自动生成出库单号，可以区分正常出库、赠品出库等不同的出库方式。

3. 库存管理

不需要手工管理，当入库和出库时，系统自动生成每类产品的库存数量，查询方便。

4. 特殊品库

当客户需要区分产品时，可以建立虚拟的仓库管理需要区分的产品，各功能和正常品库一致。

5. 调拨管理

针对不同的库之间需要调拨，可以自动生成调拨单号，支持货品在不同的仓库中任意调拨。

6. 盘点管理

用户随时可以盘点仓库，自动生成盘点单据，使盘点工作方便快捷。

7. 库存上限报警

当库存不满足一定数量的时候，系统报警。

（五）销售管理模块

当销售出库的时候，先填写销售出库单，此时不影响库存。将销售出库产品序列号扫描至该出库单上，保存之后，库存报表自动减少该类产品。

（六）报表生成模块

月末、季度末以及年末销售报表、采购报表以及盘点报表的自动生成功能，用户自定义需要统计的报表。

（七）查询功能

1. 采购单等查询功能

按照某个条件：如条形码序列号、出库日期、出库客户等来查询采购单情况、销售单情况、单个产品情况、库存情况等。

2. 履历查询功能

可针对货物、工作人员、客户为中心进行履历管理，包括货物在库履历、人员作业履历、客户业务履历。

四、仓储管理系统的应用

仓储管理系统是仓储管理信息化的具体形式，它在我国的应用还处于起步阶段。在我国市场上呈现出二元结构：以跨国公司或国内少数先进企业为代表的高端市场，其应用仓储管理系统的比例较高，系统也比较集中为国外基本成熟的主流品牌；以国内企业为代表的中低端市场，主要应用国内开发的仓储管理系统产品。下面主要结合中国物流与采购联合会征集的物流信息化优秀案例，从应用角度对国内企业的仓储管理系统概况做一个分析。

第一类是基于典型的配送中心业务的应用系统，在销售物流中如连锁超市的配送中心，在供应物流中如生产企业的零配件配送中心，都能见到这样的案例。北京医药股份有限公司的现代物流中心就是这样的一个典型。该系统的目标，一是落实国家有关医药物流的管理和控制标准 GSP 等；二是优化流程，提高效率。系统功能包括进货管理、库存管理、订单管理、拣选、复核、配送、射频终端管理、商品与货位基本信息管理等功能模块；通过网络化和数字化方式，提高库内作业控制水平和任务编排。该系统把配送时间缩短了 50%，订单处理能力提高了一倍以上，还取得了显著的社会效益，成为医药物流的一个样板。此类系统多用于制造业或分销业的供应链管理中，也是仓储管理系统中最常见的一类。

第二类是以仓储作业技术的整合为主要目标的系统，解决各种自动化设备的信息系统之间整合与优化的问题。武钢第二热轧厂的生产物流信息系统即属于此类，该系统主要解决原材料库（钢坯）、半成品库（粗轧中厚板）与成品库（精轧薄板）之间的协调运行问题，否则将不能保持连续作业，不仅放空生产力，还会浪费能源。该系统的难点在于物流系统与轧钢流水线的各自动化设备系统要无缝连接，使库存成为流水线的一个流动环节，也使流水线成为库存操作的一个组成部分。各种专用设备均有自己的信息系统，仓储管理系统不仅要整合设备系统，也要整合工艺流程系统，还要融入更大范围的企业整体信息化系统。此类系统涉及的流程相对规范、专业化，多出现在大型 ERP 系统之中，成为一个重要组成部分。

第三类是以仓储业的经营决策为重点的应用系统，其鲜明的特点是具有非常灵活的计费系统、准确及时的核算系统和功能完善的客户管理系统，为仓储业经营提供决策支持信息。

华润物流有限公司的润发仓库管理系统就是这样的一个案例。此类系统多用于一些提供公共仓储服务的企业中,其流程管理、仓储作业的技术共性多、特性少,所以要求不高,适合对多数客户提供通用的服务。该公司采用了一套适合自身特点的仓储管理系统以后,减少了人工成本,提高了仓库利用率,明显增加了经济效益。

第四类是以电子商务 B2C 仓库管理为目的的应用系统,这套系统侧重于仓库管理和配送管理的一体化,也就是我们通常所说的仓储管理系统+运输管理系统,这类系统大部分采用随机存储策略,以亚马逊的系统最为著名。国外知名厂商国内实施多为第三方,由于研发主要在国外,实施起来尤其有客户定制部分的会比较困难,而且大部分没有将运输管理系统与仓储管理系统真正衔接起来。国内仓配一体化做得比较好的有易邮递的 E8—DMS 系统,已经在中国移动网上商城等多家国内电子商务作业中被采纳。通过仓配一体化的系统,真正将电子商务的仓储管理、物流配送管理、客服管理、供应链可视化具体的实现。

仓储管理系统关注的核心理念是高效的任务执行和流程规划策略,是建立在成熟的物流理念基础上的。高性能的仓储管理系统、高效的管理流程、先进的设备共同铸造成功的仓储管理。仓储管理系统通过不同的功能模块支持企业仓储配送的执行并适应不断变化着的商务策略、电子商务、客户需求、现代化设备、订单的大小和结构环境,提高作业效率与资源利用率来降低物流成本和增强客户服务水平,实现对一个大型仓库或配送中心的所有执行过程的有效管理,从而使仓储管理策略长期处于领先地位,帮助企业打造物流管理的核心竞争力,诠释现代化物流管理理念。

第二节 仓储信息管理技术

一、条码技术

(一)简介

条码技术最早产生在 20 世纪,诞生于西屋公司的实验室里。那时候对电子技术应用方面的每一个设想都使人感到非常新奇。其想法是在信封上做条码标记,条码中的信息是收信人的地址,就像今天的邮政编码。

为此,Kermode 发明了最早的条码标识,设计方案非常简单,即一个"条"表示数字"1",两个"条"表示数字"2",以此类推。然后,他又发明了由基本的元件组成的条码识读设备:一个扫描器(能够发射光并接收反射光);一个测定反射信号条和空的方法,即边缘定位线圈;使用测定结果的方法,即译码器。

条码技术是实现 POS 系统、EDI、电子商务、供应链管理的技术基础,是物流管理现代化的重要技术手段。条码技术包括条码的编码技术、条码标识符号的设计、快速识别技术和计算机管理技术,它是实现计算机管理和电子数据交换必不可少的前端采集技术。

(二)发展

20 世纪 80 年代中期,我国一些高等院校、科研部门及一些出口企业把条码技术的研究和推广应用逐步提到议事日程上。一些行业,如图书馆、邮政部门、物资管理部门和外贸部门也已开始使用条码技术。

1991 年 4 月 9 日,中国物品编码中心正式加入了国际物品编码协会,国际物品编码协会分配给中国的前缀码为"690、691、692"。许多企业获得了条码标记的使用权,使中国大量的商品打入了国际市场,给企业带来了可观的经济效益。

条码技术广泛应用于商业、邮政、图书管理、仓储、工业生产过程控制、交通等领域,它是在计算机应用中产生并发展起来的,具有输入快、准确度高、成本低、可靠性强等优点。

(三)原理

Kermode 的扫描器利用当时新发明的光电池来收集反射光。"空"反射回来的是强信号,"条"反射回来的是弱信号。与当今高速度的电子元器件应用不同的是,Kermode 利用磁性线圈来测定"条"和"空"。就像一个小孩将电线与电池连接再绕在一颗钉子上来夹纸。Kermode 用一个带铁芯的线圈在接收到"空"的信号的时候吸引一个开关,在接收到"条"的信号的时候,释放开关并接通电路。因此,最早的条码阅读器噪声很大。开关由一系列的继电器控制,"开"和"关"由打印在信封上"条"的数量决定。通过这种方法,条码符号直接对信件进行分检。

此后不久,Kermode 的合作者 Douglas Young,在 Kermode 码的基础上做了些改进。Kermode 码所包含的信息量相当低,并且很难编出十个以上的不同代码。而 Young 码使用更少的条,但是利用条之间空的尺寸变化,就像今天的 UPC 条码符号使用四个不同的条空尺寸。新的条码符号可在同样大小的空间对一百个不同的地区进行编码,而 Kermode 码只能对十个不同的地区进行编码。直到 1949 年,在专利文献中才第一次有了 Norm Woodland 和 Bernard Silver 发明的全方位条码符号的记载,在这之前的专利文献中始终没有条码技术的记录,也没有投入实际应用的先例。Norm Woodland 和 Bernard Silver 的想法是利用 Kermode 和 Young 的垂直"条"和"空",并使之弯曲成环状,非常像射箭的靶子。这样扫描器通过扫描图形的中心,能够对条码符号解码,不管条码符号方向的朝向。

在利用这项专利技术对其进行不断改进的过程中,一位科幻小说作家 Isaac - Aziov 在他的《裸露的太阳》一书中讲述了使用信息编码的新方法实现自动识别的事例。那时人们觉得此书中的条码符号看上去像一个方格子的棋盘,但是今天的条码专业人士马上会意识到这是一个二维矩阵条码符号。虽然此条码符号没有方向、定位和定时,但很显然它表示的是高信息密度的数字编码。

直到 1970 年 Interface Mechanisms 公司开发出"二维码"之后,才有了价格适于销售的二维矩阵条码的打印和识读设备。那时二维矩阵条码用于报社排版过程的自动化。二维矩阵条码印在纸带上,由今天的一维 CCD 扫描器扫描识读。

CCD 扫描器发出的光照在纸带上,每个光电池对准纸带的不同区域。每个光电池根据纸带上印刷条码与否输出不同的图案,组合产生一个高密度信息图案。用这种方法可在相同大小的空间打印上一个单一的字符,作为早期 Kermode 码之中的一个单一的条。定时信息也包括在内,所以整个过程是合理的。当第一个系统进入市场时,包括打印和识读设备在内的全套设备大约要 5 000 美元。

此后不久,随着 LED(发光二极管)、微处理器和激光二极管的不断发展,条码技术迎来了新的标识符号(象征学)和其应用的大爆炸,人们称之为"条码工业"。今天很少能找到没有直接接触过既快又准的条码技术的公司或个人。由于在这一领域的技术进步与发展非常迅速,并且每天都有越来越多的应用领域被开发,用不了多久条码就会像灯泡和半导体收音机一样普及,将会使我们每一个人的生活都变得更加轻松和方便。

条码是由一组按一定编码规则排列的条、空符号，用以表示一定的字符、数字及符号组成的信息。条码系统是由条码符号设计、制作及扫描阅读组成的自动识别系统。

（四）技术应用

1. 物料管理

现代化生产物料配套的不协调极大地影响了产品生产效率，杂乱无序的物料仓库、复杂的生产备料及采购计划的执行几乎是每个企业所遇到的难题。

条码技术的解决思路：

（1）将物料编码，并且打印条码标签。不仅便于物料跟踪管理，还有助于做到合理的物料库存准备，提高生产效率，便于企业资金的合理运用。对采购的生产物料按照行业及企业规则建立统一的物料编码，从而杜绝因物料无序而导致的损失和混乱。

（2）对需要进行标识的物料打印其条码标签，以便在生产管理中对物料的单件跟踪，从而建立完整的产品档案。

（3）利用条码技术，对仓库进行基本的进、销、存管理，有效地降低库存成本。

（4）通过产品编码，建立物料质量检验档案，产生质量检验报告，与采购订单挂钩建立对供应商的评价。

2. 生产管理

条码生产管理是产品条码应用的基础，它建立产品识别码。在生产中应用产品识别码监控生产，采集生产测试数据，采集生产质量检查数据，进行产品完工检查，建立产品识别码和产品档案。有序的安排生产计划，监控生产及流向，提高产品下线合格率。

（1）制定产品识别码格式。根据企业规则和行业规则确定产品识别码的编码规则，保证产品规则化、唯一标识。

（2）建立产品档案：通过产品标识条码，在生产线上对产品生产进行跟踪，并采集生产产品的部件、检验等数据作为产品信息，在生产批次计划审核后建立产品档案。

（3）通过生产线上的信息采集点来控制生产的信息。

（4）通过产品标识码条码在生产线采集质量检测数据，以产品质量标准为准绳判定产品是否合格，从而控制产品在生产线上的流向及是否建立产品档案。

（5）打印合格证。

二、射频识别技术

（一）简介

射频究竟是什么

RFID 技术的载体

射频识别（Radio Frequency Identification，RFID）技术，又称无线射频识别技术，是一种通信技术，可通过无线电信号识别特定目标并读写相关数据，而无须识别系统与特定目标之间建立机械或光学接触。

射频一般是微波，1~100GHz，适用于短距离识别通信。

射频标签是产品电子代码（EPC）的物理载体，附着于可跟踪的物品上，可全球流通并对其进行识别和读写。射频识别技术作为构建"物联网"的关键技术，近年来受到人们的关注。射频识别技术最早起源于英国，应用于第二次世界大战中辨别敌我飞机身份，20 世纪 60 年代开始商用。射频识别技术是一种自动识别技术，美国国防部规定，2005 年 1 月 1 日以后，所有军需物资都要使用射频识别标签；美国食品与药品管理局（FDA）建议制药商从 2006 年起利用射频识别技术跟踪常造假的药品。沃尔玛、麦德龙等零售商应用射频识别技术等一系列行动更是推动了射频识别技术在全世界的应用热潮。2000 年，每个射频识别标签的价格是 1 美元。许多研究者认为射频识别标签非常昂贵，只有降低成本才能大规模应用。2005 年，每个射频识别标签的价格是 12 美分左右，现在超高频射频识别标签的价格是 10 美分左右。射频识别技术要大规模应用，一方面要降低射频识别标签的价格，另一方面要看应用射频识别技术之后能否带来增值服务。欧盟统计办公室的统计数据表明，2010 年，欧盟有 3% 的公司应用射频识别技术，应用分布在身份证件和门禁控制、供应链和库存跟踪、汽车收费、防盗、生产控制、资产管理等领域。

（二）定义

射频识别技术是一种无线通信技术，可以通过无线电信号识别特定目标并读写相关数据，而无须识别系统与特定目标之间建立机械或者光学接触。

一分钟了解射频识别技术标签

无线电信号是通过调成无线电频率的电磁场，把数据从附着在物品的标签上传送出去，以自动辨识与追踪该物品。某些标签在识别时从识别器发出的电磁场中就可以得到能量，并不需要电池；也有标签本身拥有电源，并可以主动发出无线电波（调成无线电频率的电磁场）。标签包含了电子存储的信息，数米之内都可以识别。与条形码不同的是，射频标签不需要处在识别器视线之内，也可以嵌入被追踪物体。

许多行业都运用了射频识别技术。将标签附着在一辆正在生产中的汽车上，厂方便可以追踪此车在生产线上的进度。仓库可以追踪药品的所在。射频标签也可以附在牲畜与宠物上，方便对牲畜与宠物的积极识别（积极识别的意思是防止数只牲畜使用同一个身份）。射频识别的身份识别卡可以使员工得以进入锁住的建筑部分，汽车上的射频应答器也可以用来征收收费路段与停车场的费用。

某些射频识别标签附在衣物、个人财物上，甚至植入人体。由于这项技术可能会在未经本人许可的情况下读取个人信息，因此这项技术也会有侵犯个人隐私之忧。

（三）特点

射频识别系统最重要的优点是非接触识别，它能穿透雪、雾、冰、涂料、尘垢和条形码无法使用的恶劣环境阅读标签，并且阅读速度极快，大多数情况下不到 100 毫秒。有源式射频识别系统的速写能力也是重要的优点，可用于流程跟踪和维修跟踪等交互式业务。

制约射频识别系统发展的主要问题是不兼容的标准。射频识别系统的主要厂商提供的都是专用系统，导致不同的应用和不同的行业采用不同厂商的频率和协议标准，这种混乱和割据的状况已经制约了整个射频识别行业的增长。许多欧美组织正在着手解决这个问题，并已经取得了一些成绩。标准化必将刺激射频识别技术的大幅发展和广泛应用。

（四）工作原理

射频识别技术的基本工作原理并不复杂：标签进入磁场后，接收解读器发出的射频信号，凭借感应电流所获得的能量发送出存储在芯片中的产品信息（无源标签或被动标签），或者由标签主动发送某一频率的信号（Active Tag，有源标签或主动标签），解读器读取信息并解码后，送至中央信息系统进行有关数据处理。

一套完整的射频识别系统，是由阅读器、电子标签（应答器）及应用软件系统三个部分所组成的，其工作原理是阅读器发射特定频率的无线电波能量，用以驱动电路将内部的数据送出，此时阅读器便依序接收解读数据，送给应用程序做相应的处理。

从射频识别卡片阅读器及电子标签之间的通信及能量感应方式来看，大致上可以分成感应耦合及后向散射耦合两种。一般低频的射频识别大多采用第一种方式，而较高频的大多采用第二种方式。

阅读器根据使用的结构和技术不同可以是读或读/写装置，是射频识别系统信息控制和处理中心。阅读器通常由耦合模块、收发模块、控制模块和接口单元组成。阅读器和应答器之间一般采用半双工通信方式进行信息交换，同时阅读器通过耦合给无源应答器提供能量和时序。在实际应用中，可进一步通过以太网或无线局域网等实现对物体识别信息的采集、处理及远程传送等管理功能。应答器是射频识别系统的信息载体，应答器大多是由耦合元件（线圈、微带天线等）和微芯片组成的无源单元。

（五）发展进程

1940—1950 年：雷达的改进和应用催生了射频识别技术，1948 年奠定了射频识别技术的理论基础。

1950—1960 年：早期射频识别技术的探索阶段，主要处于实验室实验研究。

1960—1970 年：射频识别技术的理论得到了发展，开始了一些应用尝试。

1970—1980 年：射频识别技术与产品研发处于一个大发展时期，各种射频识别技术测试得到加速，出现了一些最早的射频识别应用。

1980—1990 年：射频识别技术及产品进入商业应用阶段，各种规模应用开始出现。

1990—2000 年：射频识别技术标准化问题日趋得到重视，射频识别产品得到广泛采用，射频识别产品逐渐成为人们生活中的一部分。

2000 年后：标准化问题日趋为人们所重视，射频识别产品种类更加丰富，有源电子标签、无源电子标签及半无源电子标签均得到发展，电子标签成本不断降低，规模应用行业扩大。

电子车牌：基于物联网无源射频识别技术的一种应用

（六）产品分类

射频识别技术中所衍生的产品大概有三大类：无源射频识别产品、有源射频识别产品、半有源射频识别产品。

无源射频识别产品发展最早，也是发展最成熟、市场应用最广的产品。比如，公交卡、食堂餐卡、银行卡、宾馆门禁卡、二代身份证等，它在我们的日常生活中随处可见，属于近距离接触式识别类。其产品的主要工作频率有低频 125kHz、高频 13.56MHz、超高频 433MHz，超高频 915MHz。

有源射频识别产品是最近几年慢慢发展起来的，其远距离自动识别的特性，决定了其巨大的应用空间和市场潜质。在远距离自动识别领域，如智能监狱、智能医院、智能停车场、智能交通、智慧城市、智慧地球及物联网等领域有重大应用。有源射频识别在这个领域异军突起，属于远距离自动识别类。产品主要工作频率有超高频 433MHz、微波 2.45GHz 和 5.8GHz。

有源射频识别产品和无源射频识别产品，其不同的特性，决定了不同的应用领域和不同的应用模式，也有各自的优势。但在本书中，我们着重介绍于有源射频识别产品和无源射频识别产品之间的半有源射频识别产品，该产品集有源射频识别产品和无源射频识别产品的优势于一体，在门禁进出管理、人员精确定位、区域定位管理、周界管理、电子围栏及安防报警等领域有着很大的优势。

半有源射频识别产品,结合有源射频识别产品及无源射频识别产品的优势,在低频 125kHz 频率的触发下,让微波 2.45GHz 发挥优势。半有源射频识别技术,也可以叫作低频激活触发技术,利用低频近距离精确定位,微波远距离识别和上传数据,来解决单纯的有源射频识别产品和无源射频识别产品没有办法实现的功能。简单地说,就是近距离激活定位、远距离识别及上传数据。

(七)射频识别系统在仓储管理中的应用

(1)使用远距离射频识别系统时,可在货物仓库的库区内设置一定数量的信号发射和接收装置,使整个库区覆盖在一个完整的控制网络之下。

选用射频识别技术管理物品的优势

(2)在携带有射频标签的货物进入射频天线工作区后,射频标签被激活,标签上所有数据都通过标签上的发射天线发射出去,系统的接收天线接收到此信号后通过传输线传给阅读器,在阅读器解码和校验后输入计算机,此商品的全部信息被计算机中的数据库完整而准确地记录下来。

(3)节约管理成本,提高管理水平。

仓储管理中,读写器一般安装在仓库门口,射频识别系统自动记录入库信息,并监控货物的库内位置。

(4)方便操作,降低劳动强度。

射频识别具有穿透性,能远距离快速扫描,可实现快速盘点。

(5)加强货物的出入库管理。

DFID 对物流领域的价值

收货处和发货处的读写器可自动读取运输车辆及车辆上的货物标签信息,并将数据输送到仓储管理系统进行数据处理,同时打印出收货清单和发货清单。

三、电子数据交换

(一)简介

EDI:电子数据交换

一分钟了解 EDI

电子数据交换(Electronic Data Interchange,EDI),香港、澳门及海外华人地区称作"电子资料通"。电子数据交换是指将商业或行政事务按一个公认的标准,形成结构化的事务处理或文档数据格式,从计算机到计算机的电子传输方法。简单地说,电子数据交换就是按照商定的协议,将商业文件标准化和格式化,并通过计算机网络,在贸易伙伴的计算机网络系统之间进行数据交换和自动处理,俗称"无纸化贸易"。

电子数据交换的定义至今没有一个统一的标准,但是有三个方面是相同的。

(1)资料用统一的标准。

(2)利用电信号传递信息。

科学百科:EDI

(3)计算机系统之间的连接。

电子数据交换是将贸易、运输、保险、银行和海关等行业的信息,用一种国际公认的标准格式,通过计算机通信网络,使各有关部门、公司与企业之间进行数据交换与处理,并完成以贸易为中心的全部业务过程。

电子数据交换不是用户之间简单的数据交换,电子数据交换用户需要按照国际通用的消息格式发送信息,接收方也需要按国际统一规定的语法规则,对消息进行处理,并引起其他相关系统的电子数据交换综合处理。整个过程都是自动完成的,无须人工干预,减少了差错,提高了效率。

电子数据交换系统由通信模块、格式转换模式、联系模块、消息生成和处理模块等 4 个基本功能模块组成。

联合国标准化组织将其描述成"将商业或行政事务处理按照一个公认的标准,形成结构化的事务处理或报文数据格式,从计算机到计算机的电子传输方法"。

(二) 发展背景

当代世界,科学技术突飞猛进,社会经济日新月异。特别是自 20 世纪 80 年代以来,在新技术革命浪潮的猛烈冲击下,一场高技术竞争席卷世界,使人类社会的一切领域正在飞速地改变着面貌。国际贸易也空前活跃,市场竞争愈演愈烈。

在国际贸易中,由于买卖双方地处不同的国家和地区,因此在大多数情况下,不是简单地直接地面对面地买卖,而必须以银行进行担保,以各种纸面单证为凭证,方能达到商品与货币交换的目的。这时,纸面单证就代表了货物所有权的转移,因此从某种意义上讲,"纸面单证就是外汇"。

全球贸易额的上升带来了各种贸易单证、文件数量的激增。虽然计算机及其他办公自动化设备的出现可以在一定范围内减轻人工处理纸面单证的劳动强度,但由于各种型号的计算机不能完全兼容,实际上又增加了对纸张的需求,美国森林及纸张协会曾经做过统计,得出了用纸量超速增长的规律,即年国民生产总值每增加 10 亿美元,用纸量就会增加 8 万吨。此外,在各类商业贸易单证中有相当大一部分数据是重复出现的,需要反复地输入。有人对此也做过统计,计算机的输入平均 70% 来自另一台计算机的输出,且重复输入也使出差错的概率增高,据美国一家大型分销中心统计,有 5% 的单证中存在着错误。同时重复录入浪费人力、浪费时间、降低效率。因此,纸面贸易文件成了阻碍贸易发展的一个比较突出的因素。

另外,市场竞争也出现了新的特征。价格因素在竞争中所占的比重逐渐减小,而服务性因素所占的比重增大。销售商为了减少风险,要求小批量、多品种、供货快,以适应瞬息万变的市场行情。而在整个贸易链中,绝大多数的企业既是供货商又是销售商,因此提高商业文件传递速度和处理速度成了所有贸易链中成员的共同需求。同样,现代计算机的大量普及和应用以及功能的不断提高,已使计算机应用从单机应用走向系统应用;同时通信条件和技术的完善,网络的普及又为电子数据交换的应用提供了坚实的基础。

正是在这样的背景下,以计算机应用、通信网络和数据标准化为基础的电子数据交换应运而生。电子数据交换一出现便显示出了强大的生命力,迅速地在世界各主要工业发达国家和地区得到广泛的应用。正如中国香港贸易通公司的宣传资料所指出的那样:"当电子数据交换于 20 世纪 60 年代末期在美国首次被采用时,只属于当时经商的途径之一;时至今日,不但美国和欧洲大部分国家,以至越来越多的亚太地区国家,均已认定电子数据交换是经商的唯一途径。"

由于电子数据交换具有高速、精确、远程和巨量的技术性能,因此电子数据交换的兴起标志着一场全新的、全球性的商业革命的开始。国外专家深刻地指出:"能否开发和推动电子数据交换计划,将决定对外贸易方面的兴衰和存亡。如果跟随世界贸易潮流,积极推行电子数据交换,就会成为巨龙而腾飞,否则就会成为恐龙而绝种。"

20 世纪 60 年代末,欧洲和美国几乎同时提出了电子数据交换的概念。早期的电子数据交换只是在两个商业伙伴之间,依靠计算机直接通信完成。

20世纪70年代，数字通信技术的发展大大加快了电子数据交换技术的成熟和应用范围的扩大，也带动了跨行业电子数据交换系统的出现。20世纪80年代，电子数据交换标准的国际化又使电子数据交换的应用跃入了一个新的境界。

时至今日，电子数据交换历经萌芽期、发展期，已步入成熟期。英国的电子数据交换专家明确指出："以现有的信息技术水平，实现电子数据交换已不是技术问题，而仅仅是一个商业问题。"

（三）特点

1. 电子数据交换使用电子方法传递信息和处理数据

电子数据交换一方面用电子传输的方式取代了以往纸单证的邮寄和递送，从而提高了传输效率；另一方面通过计算机处理数据取代人工处理数据，从而减少了差错和延误。

2. 电子数据交换采用统一标准编制数据信息

这是电子数据交换与传真等其他传递方式的重要区别，传真等并没有统一格式标准，而电子数据交换必须有统一的标准方能运作。

3. 电子数据交换是计算机应用程序之间的连接

一般的电子通信手段是人与人之间的信息传递，传输的内容即使不完整、格式即使不规范，也能被人所理解。这些通信手段仅仅是人与人之间的信息传递工具，不能处理和返回信息。电子数据交换实现的是计算机应用程序与计算机应用程序之间的信息传递与交换。由于计算机只能按照给定的程序识别和接收信息，所以电子单证必须符合标准格式并且内容完整准确。在电子单证符合标准且内容完整的情况下，电子数据交换系统不但能识别、接受、存储信息，还能对单证数据信息进行处理，自动制作新的电子单据并传输到有关部门。在有关部门就自己发出的电子单证进行查询时，计算机还可以反馈有关信息的处理结果和进展状况。在收到一些重要电子邮件时，计算机还可以按程序自动产生电子收据并传回对方。

4. 电子数据交换系统采用加密防伪手段

电子数据交换系统有相应的保密措施，电子数据交换传输信息的保密通常是采用密码系统，各用户掌握自己的密码，可打开自己的"邮箱"取出信息，外人却不能打开这个"邮箱"，有关部门和企业发给自己的电子信息均自动进入自己的"邮箱"。一些重要信息在传递时还要加密，即把信息转换成他人无法识别的代码，接收方计算机按特定程序译码后还原成可识别信息。为防止有些信息在传递过程中被篡改，或防止有人传递假信息，还可以使用证实手段，即将普通信息与转变成代码的信息同时传递给接收方，接收方把代码翻译成普通信息进行比较，如二者完全一致，可知信息未被篡改，也不是伪造的信息。

（四）优点

1. 迅速准确

在国际、国内贸易活动中使用电子数据交换业务，以电子文件交换取代了传统的纸面贸易文件（如订单、发货单、发票），双方使用统一的国际标准格式编制文件资料，利用电子方式将贸易资料准确迅速地由一方传递到另一方，是发达国家普遍采用的"无纸贸易手段"，也是世界贸易组织成员将来必须使用和推广的标准贸易方式。

2. 方便高效

采用电子数据交换业务可以将原材料采购与生产制造、订货与库存、市场需求与销售，以及金融、保险、运输、海关等业务有机地结合起来，集先进技术与科学管理于一体，极大地提高了工作效率，为实现"金关"工程奠定了基础。安全可靠在电子数据交换系统中每个环节都建立了责任的概念，每个环节上信息的出入都有明确的签收、证实的要求，以便为责任的审计、跟踪、检测提供可靠的保证。在电子数据交换的安全保密系统中广泛应用了密码加密技术，以提供防止流量分析、防假冒、防否认等安全服务。

减少了许多重复劳动，提高了工作效率。如果没有电子数据交换系统，那么即使是高度计算机化的公司，也需要经常将外来的资料重新输入本公司的电脑。调查表明，从一台电脑输出的资料有多达70%的数据需要再输入其他的电脑，既费时又容易出错。电子数据交换使贸易双方能够以更迅速有效的方式进行贸易，大大简化了订货或存货的过程，使双方能及时地充分利用各自的人力和物力资源。美国数字设备公司应用了电子数据交换后，使存货期由5天缩短为3天，每笔订单费用从125美元降到32美元，通过电子数据交换可以改善贸易双方的关系，厂商可以准确地估计日后商品的寻求量，货运代理商可以简化大量的出口文书工作，商户可以提高存货的效率，大大提高了它们的竞争能力。

3. 降低成本

电子数据交换系统规范了信息处理程序，信息传递过程中无须人工干预，在提高了信息可靠性的同时，大大降低成本。香港对电子数据交换的效益做过统计，使用电子数据交换可提高商业文件传送速度81%，降低文件成本44%，减少错漏造成的商业损失41%，降低文件处理成本38%。

电子数据交换降低了纸张的消费。根据联合国组织的一次调查，进行一次进出口贸易，双方约需交换近200份文件和表格，其纸张、行文、打印及差错可能引起的总开销等大约为货物价格的7%。据统计，美国通用汽车公司采用电子数据交换后，每生产一辆汽车可节约成本250美元，按每年生成500万辆计算，可以产生12.5亿美元的经济效益。

4. 区别信箱

电子数据交换技术是电子信箱技术的自然发展，电子信箱的应用和发展大大提高了人们的办公效率，将它应用于商业事务的愿望促进了电子数据交换技术的发展。

电子数据交换和电子信箱之间既有联系又有区别。从通信的角度来说，电子数据交换和电子信箱是相似的，但是它们也有比较明显的区别。例如，电子信箱是通过交换网络将人与人联系起来，使人和人之间可以通过交换网络快速准确地交换信息，而电子数据交换则是通过交换网络将两个计算机系统联系起来，例如将服装进出口公司的电脑系统与海关的电脑系统联系起来，以此简化报关手续。所以说，电子数据交换是计算机之间通过交换网络传递商务信息。此外，电子信箱与电子数据交换的另一个不同是，电子信箱存储和传递的信息是用户（人）之间的信息，这种信息只要人能读懂即可，不要求有一定的格式（当然，你使用电子信箱时最好给信件加上前面的称呼和后面的祝词，否则，对方可能就会有意见了）。而电子数据交换通信不一样，电子数据交换通信的双方是计算机，说本质一点，是计算机上的软件。软件可没人那么聪明，什么格式都能看懂，软件之间的通信需要格式化信息内容，况且，电子数据交换通信内容主要是贸易中的文件和报表，使格式化信息成为可能，这是电子数据交换与电子信箱的另一个不同。

举一个例子，电子信箱传递的是普通的信件，电子数据交换传递的是文件、表格，但是无论传递的是何种内容的信息都要将这些待传递的内容装入信封，写上收信人地址，贴足邮票，放入邮筒。也就是说，通信的过程是一样的。

电子数据交换不是用户间的简单的数据交换系统，电子数据交换用户需要按照国际通用的消息格式发送消息，接收方也需要按照国际统一规定的语法规则对消息进行处理，并引起其他相关系统的电子数据交换综合处理，整个过程都是自动完成的，不需要人工的干预，减少了差错，提高了效率。例如，有一个工厂采用了电子数据交换系统，它通过计算机通信网络接收到来自用户的一笔电子数据交换方式的订货单，工厂的电子数据交换系统随即检查订货单是否符合要求和工厂是否接收订货，然后向用户发送确认信息。工厂的电子数据交换系统根据订货单的要求检查库存，如果需要则向相关的零部件和配套设备厂商发出电子数据交换订货单；向铁路、海运、航空等部门预订车辆、舱位和集装箱；以电子数据交换方式与保险公司和海关联系，申请保险手续和办理出口手续；向用户开电子数据交换发票；同银行以电子数据交换方式结算账目等。从订货、库存检查与零部件订货，办理相关手续及签发发货单等全部过程都由计算机自动完成，既快速又准确。

（五）标准体系

1. 简介

电子数据交换是目前为止最成熟和使用范围最广泛的电子商务应用系统。其根本特征在于标准的国际化，标准化是实现电子数据交换的关键环节。早期的电子数据交换标准，只是由贸易双方自行约定，随着使用范围的扩大，出现了行业标准和国家标准，最后形成了统一的国际标准。国际标准的出现，大大地促进了电子数据交换的发展。随着电子数据交换各项国际标准的推出，以及开放式电子数据交换概念模型的逐渐成熟，电子数据交换的应用领域不仅仅限于国际贸易领域，还在行政管理、医疗、建筑、环境保护等各个领域得到了广泛应用。可见电子数据交换的各项标准是使电子数据交换技术得以广泛应用的重要技术支撑，电子数据交换的标准化工作是在电子数据交换发展进程中不可缺少的一项基础性工作。

电子数据交换标准体系是在电子数据交换应用领域范围内的、具有内在联系的标准组成的科学有机整体，它由若干个分体系构成，各分体系之间又存在着相互制约、相互作用、相互依赖和相互补充的内在联系。我国根据国际标准体系和我国电子数据交换应用的实际以及未来一段时期的发展情况，制订了电子数据交换标准体系，以《EDI系统标准化总体规范》作为总体技术文件。该规范作为我国"八五"重点科技攻关计划，是这一段时间内我国电子数据交换标准化工作的技术指南，处于主导和支配作用。

根据该规范，电子数据交换标准体系分基础、单证、报文、代码、通信、安全、管理应用七个部分。

2. 基础标准

（1）电子数据交换基础标准体系。

电子数据交换基础标准体系主要由 UN/EDIFACT 的基础标准和开放式电子数据交换基础标准两部分组成，是电子数据交换的核心标准体系。其中，EDIFACT 有 8 项基础标准，包括电子数据交换术语、EDIFACT 应用级语法规则、语法规则实施指南、报文设计指南和规则、贸易数据元目录、复合数据元目录、段目录、代码表，我国等同采用了这 8 项标准；开放式电子数据交换基础标准是实现开放式电子数据交换最重要、最基本的条件，包括业务、法律、通信、安全标准及信息技术方面的通用标准等，ISO/IEC JTC1 SC30 推出《开放式 EDI 概念模型》和《开放式 EDI 参考模型》，规定了用于协调和制定现有的和未来的开放式电子数据交换标准的总体框架，成为未来开放式电子数据交换标准化工作的指南。随之推出的一大批功能服务标准和业务操作标准等成为指导各个领域电子数据交换应用的国际标准。

（2）电子数据交换单证标准体系。

电子数据交换报文标准源于相关业务，而业务的过程则以单证体现。单证标准化的主要目标是统一单证中的数据元和纸面格式，内容相当广泛。其标准体系包括管理、贸易、运输、海关、银行、保险、税务、邮政等方面的单证标准。

（3）电子数据交换报文标准体系。

电子数据交换报文标准是每一个具体应用数据的结构化体现，所有的数据都以报文的形式传输出去或接收进来。电子数据交换报文标准主要体现于联合国标准报文（United Nations Standard Message，UNSM），其 1987 年正式形成时只有十几个报文，而到 1999 年 2 月止，UN/EDIFACT D.99A 版已包括 247 个报文，其中有 178 个联合国标准报文、50 个草案报文（Message in Development，简称 MID）及 19 个作废报文，涉及海关、银行、保险、运输、法律、税务、统计、旅游、零售、医疗、制造业等诸多领域。

（4）电子数据交换代码标准体系。

在电子数据交换传输的数据中，除了公司名称、地址、人名和一些自由文本内容外，大多数数据都以代码形式发出，为使交换各方便于理解收到的信息内容，便以代码形式把传输数据固定下来。代码标准是电子数据交换实现过程中不可缺少的一个组成部分。电子数据交换代码标准体系包括管理、贸易、运输、海关、银行、保险、检验等方面的代码标准。

（5）电子数据交换通信标准体系。

计算机网络通信是电子数据交换得以实现的必备条件，电子数据交换通信标准则是顺利传输以电子数据交换方式发送或接收的数据的基本保证。电子数据交换通信标准体系包括国际电信联盟的 X.25、X.200/ISO 7498、X.400 系列/ISO 10021、X.500 系列等，其中 X.400 系列/ISO 10021 标准是一套关于电子邮政的国际标准。虽然这套标准，ISO 叫作 MOTIS，ITU 称为 MHS，但其技术内容是兼容的，它们和电子数据交换有着更为密切的关系。

（6）电子数据交换安全标准体系。

由于经电子数据交换传输的数据会涉及商业秘密、金额、订货数量等内容，为防止数据的篡改、遗失，必须通过一系列安全保密的规范给以保证。电子数据交换安全标准体系包括电子数据交换安全规范、电子签名规范、电文认证规范、密钥管理规范、X.435 安全服务、X.509 鉴别框架体系等。为制定 EDIFACT 安全标准，联合国于 1991 年成立了 UN/EDIFACT 安全联合工作组，进行有关标准的制定。

（7）电子数据交换管理标准体系。

电子数据交换管理标准体系主要涉及电子数据交换标准维护的有关评审指南和规则，包括标准技术评审导则、标准报文与目录文件编制规则、目录维护规则、报文维护规则、技术评审单格式、目录及代码编制原则、EDIFACT 标准版本号与发布号编制原则等。

（8）电子数据交换应用标准体系。

电子数据交换应用标准体系主要指在应用过程中用到的字符集标准及其他相关标准，包括：信息交换用七位编码字符集及其扩充方法；信息交换用汉字编码字符集；通用多八位编码字符集；信息交换用汉字编码字符集辅 2 集、4 集等。

电子数据交换标准体系的框架结构并非一成不变，它随着电子数据交换技术的发展和电子数据交换国际标准的不断完善而不断地进行更新和充实。

四、全球定位系统

(一) 简介

全球定位系统（Global Positioning System，GPS），是美国从 20 世纪 70 年代开始研制，于 1994 年全面建成，具有海、陆、空全方位实时三维导航与定位能力的新一代卫星导航与定位系统。全球定位系统是由空间星座、地面控制和用户设备三部分构成的。全球定位系统测量技术能够快速、高效、准确地提供点、线、面要素的精确三维坐标以及其他相关信息，具有全天候、高精度、自动化、高效益等显著特点，广泛应用于军事、民用交通（船舶、飞机、汽车等）导航、大地测量、摄影测量、野外考察探险、土地利用调查、精确农业以及日常生活（人员跟踪、休闲娱乐）等不同领域。现在全球定位系统与现代通信技术相结合，使测定地球表面三维坐标的方法从静态发展到动态，从数据后处理发展到实时的定位与导航，极大地扩展了它的应用广度和深度。载波相位差分法全球定位系统技术可以极大地提高相对定位精度，在小范围内可以达到厘米级精度。此外，由于全球定位系统测量技术对测点间地形通视和几何图形等方面的要求比常规测量方法更加灵活、方便，已完全可以用来施测各种等级的控制网。全球定位系统全站仪的发展在地形和土地测量以及各种工程、变形、地表沉陷监测中已经得到广泛应用，在精度、效率、成本等方面显示出巨大的优越性。

(二) 定位原理

全球定位系统的基本定位原理是：卫星不间断地发送自身的星历参数和时间信息，用户接收到这些信息后经过计算求出接收机的三维位置、三维方向以及运动速度和时间信息。

基于 ARM 的全球定位系统，将其数据接收装置安装在待跟踪的物体上，数据接收装置通过接收全球定位系统信号解析待跟踪物体的定位信息，数据接收装置再通过无线射频向数据处理装置发送待跟踪物体的定位信息，数据处理装置处理接收到的定位信息，实现物体远距离定位的目的。

也就是说，全球定位系统定位是在被定位的物体或是设备上提前安装全球定位系统装置，通过卫星去获取全球定位系统装置的位置信息，然后将位置信息传递给控制端的一个过程。被定位端要预先安装全球定位系统装置才可以定位，而且装置必须得处于工作状态，否则是定位不到的。

(三) 系统组成

全球定位系统包括三大部分：空间部分——全球定位系统卫星星座；地面控制部分——地面监控系统；用户设备部分——全球定位系统信号接收机。

1. 全球定位系统卫星星座

由 21 颗工作卫星和 3 颗在轨备用卫星组成全球定位系统卫星星座，记作（21+3）全球定位系统星座。24 颗卫星均匀分布在 6 个轨道平面内，轨道倾角为 55 度，各个轨道平面之间相距 60 度，即轨道的升交点赤经各相差 60 度。每个轨道平面内各颗卫星之间的升交角距相差 90 度，一轨道平面上的卫星比西边相邻轨道平面上的相应卫星超前 30 度。

在两万千米高空的全球定位系统卫星，当地球对恒星来说自转一周时，它们绕地球运行两周即绕地球一周的时间为 12 恒星时。这样对于地面观测者来说每天将提前 4 分钟见到同一颗全球定位系统卫星。位于地平线以上的卫星颗数随着时间和地点的不同而不同，最少可见到 4 颗，最多可见到 11 颗。在用全球定位系统信号导航定位时为了结算测站的三维坐标必须观测 4 颗全球定位系统卫星，称为定位星座。这 4 颗卫星在观测过程中的几何位置分布对定位精度有一定的影响。对于某地某时甚至不能测得精确的点位坐标，这种时间段叫作"间隙段"。但这种时间间隙段是很短暂的，并不影响全球绝大多数地方的全天候、高精度、连续实时的导航定位测量。全球定位系统工作卫星的编号和试验卫星的编号基本相同。

2. 地面监控系统

对于导航定位来说，全球定位系统卫星是一个动态已知点。卫星的位置是依据卫星发射的星历——描述卫星运动及其轨道的参数算得的。每颗全球定位系统卫星所播发的星历是由地面监控系统提供的。卫星上的各种设备是否正常工作以及卫星是否一直沿着预定轨道运行都要由地面设备进行监测和控制。地面监控系统另一个重要作用是保持各颗卫星处于同一时间标准——全球定位系统时间系统。这就需要地面站监测各颗卫星的时间求出钟差。然后由地面注入站发给卫星，再由导航电文发给用户设备。全球定位系统工作卫星的地面监控系统包括一个主控站、三个注入站和五个监测站。

3. 全球定位系统信号接收机

全球定位系统信号接收机的任务是：能够捕获到按一定卫星高度截止角所选择的待测卫星的信号，并跟踪这些卫星的运行对所接收到的全球定位系统信号进行变换、放大和处理，以便测量出全球定位系统信号从卫星到接收机天线的传播时间，解译出全球定位系统卫星所发送的导航电文，实时地计算出测站的三维位置甚至三维速度和时间。

全球定位系统卫星发送的导航定位信号是一种可供无数用户共享的信息资源。对于陆地、海洋和空间的广大用户来说，只要用户拥有能够接收、跟踪、变换和测量全球定位系统信号的接收设备（全球定位系统信号接收机），便可以在任何时候用全球定位系统信号进行导航定位测量。根据使用目的的不同，用户要求的全球定位系统信号接收机也各有差异。目前世界上已有几十家工厂生产全球定位系统接收机，产品也有几百种。这些产品可以按照原理、用途、功能等来分类。

静态定位中全球定位系统接收机在捕获和跟踪全球定位系统卫星的过程中固定不变，接收机高精度地测量全球定位系统信号的传播时间，利用全球定位系统卫星在轨的已知位置解算出接收机天线所在位置的三维坐标。而动态定位则是用全球定位系统接收机测定一个运动物体的运行轨迹。全球定位系统信号接收机所位于的运动物体叫作载体，如航行中的船舰、空中的飞机、行驶的车辆等。载体上的全球定位系统接收机天线在跟踪全球定位系统卫星的过程中相对地球而运动，接收机用全球定位系统信号实时地测得运动载体的状态参数（瞬间三维位置和三维速度）。

接收机硬件、机内软件以及全球定位系统数据的后处理软件包构成完整的全球定位系统用户设备。全球定位系统接收机的结构分为天线单元和接收单元两大部分。对于测地型接收机来说，两个单元一般分成两个独立的部件，观测时将天线单元安置在测站上，接收单元安置于测站附近的适当地方，用电缆线将两者连接成一个整机。也有的将天线单元和接收单元制作成一个整体，观测时将其安置在测站点上。

全球定位系统接收机一般用蓄电池做电源。同时采用机内机外两种直流电源。设置机内电池的目的在于更换外电池时不中断连续观测。在用机外电池的过程中机内电池自动充电。关机后，机内电池为内存供电，以防止丢失数据。

近几年，国内引进了许多种类型的全球定位系统测地型接收机。各种类型的全球定位系统测地型接收机用于精密相对定位时，其双频接收机精度可达 5 毫米 +0.1 毫米，单频接收机在一定距离内精度可达 10 毫米 +0.2 毫米。用于差分定位时其精度可达亚米级至厘米级。

目前各种类型的全球定位系统接收机体积越来越小、重量越来越轻，便于野外观测。全球定位系统和全球卫星导航系统兼容的全球导航定位系统接收机已经问世。

(四) 系统特点

全球定位系统具有以下主要特点：高精度、全天候、高效率、多功能、操作简便、应用广泛等。

定位精度高。应用实践已经证明全球定位系统相对定位精度在 50 千米以内可达 6~10 米，100~500 千米可达 7~10 米，1 000 千米可达 9~10 米。在 300~1 500 米工程精密定位中 1 小时以上观测的解，其平面位置误差小于 1 毫米。与 ME – 5000 电磁波测距仪测定的边长比较，其边长较差最大为 0.5 毫米，校差中误差为 0.3 毫米。

观测时间短。随着全球定位系统的不断完善、软件的不断更新，目前 20 千米以内相对静态定位仅需 15~20 分钟；快速静态相对定位测量时，当每个流动站与基准站相距在 15 千米以内时，流动站观测时间只需 1~2 分钟，然后可随时定位每站观测，只需几秒钟。

测站间无须通视。全球定位系统测量不要求测站之间互相通视，只需测站上空开阔即可，因此可节省大量的造标费用。由于无须点间通视点，位置根据需要可稀可密，使选点工作甚为灵活，也可省去经典大地网中的传算点、过渡点的测量工作。

可提供三维坐标。经典大地测量将平面与高程采用不同方法分别施测。全球定位系统可同时精确测定测站点的三维坐标。目前全球定位系统水准可满足四等水准测量的精度。

操作简便。随着全球定位系统接收机不断改进，自动化程度越来越高，有的已达"傻瓜化"的程度；接收机的体积越来越小、重量越来越轻，极大地减轻测量工作者的工作紧张程度和劳动强度，使野外工作变得轻松愉快。

全天候作业。目前全球定位系统观测可在一天 24 小时内的任何时间进行不受阴天黑夜、起雾刮风、下雨下雪等气候的影响，功能多、应用广。

从这些特点中可以看出全球定位系统不仅可用于测量、导航，还可用于测速、测时。测速的精度可达 0.1 米/秒，测时的精度可达几十毫微秒。其应用领域不断扩大。全球定位系统的应用前景广阔。当初设计全球定位系统主要是用于导航、收集情报等军事目的。但是后来的应用开发表明全球定位系统不但能够达到上述目的，而且用全球定位系统卫星发来的导航定位信号能够进行厘米级甚至毫米级精度的静态相对定位，米级至亚米级精度的动态定位，亚米级至厘米级精度的速度测量和毫微秒级精度的时间测量。因此，全球定位系统展现了极其广阔的应用前景。

(五) 用途

全球定位系统最初就是为军方提供精确定位而建立的，至今它仍然由美国军方控制。军用全球定位系统产品主要用来确定并跟踪在野外行进中的士兵和装备的坐标，给海中的军舰导航，为军用飞机提供位置和导航信息等。

目前全球定位系统的应用已经十分广泛，我们可以应用全球定位系统信号进行海、空和陆地的导航、导弹的制导，大地测量和工程测量的精密定位，时间的传递和速度的测量等。对于测绘领域，全球定位系统卫星定位技术已经用于建立高精度的、全国性的、大地测量控制网测定全球性的地球动态参数；用于建立陆地海洋大地测量基准进行高精度的海岛陆地联测以及海洋测绘；用于监测地球板块运动状态和地壳形变；用于工程测量；成为建立城市与工程控制网的主要手段。用于测定航空航天摄影瞬间的相机位置，实现仅有少量地面控制或无地面控制的航测快速成图，导致地理信息系统、全球环境遥感监测的技术革命。

许多商业领域和政府机构也使用全球定位系统设备来跟踪它们的车辆位置，这一般需要借助无线通信技术。一些全球定位系统接收器集成了收音机、无线电话和移动数据终端来适应车队管理的需要。

由于多元化空间资源环境的出现，使全球定位系统、全球卫星导航系统、国际海事卫星通信系统等都具备了导航定位功能，形成了多元化的空间资源环境。这一多元化的空间资源环境促使国际民间形成了一个共同的策略——一方面对现有系统充分利用，一方面积极筹建民间全球导航卫星系统，待到全球导航卫星纯民间系统建成，全球将形成全球定位系统、全球卫星导航系统、全球导航卫星系统三足鼎立之势，才能从根本上摆脱对单一系统的依赖，形成国际共有、国际共享的安全资源环境。世界才可进入将卫星导航作为单一导航手段的最高应用境界。国际民间的这一策略反过来又影响和迫使美国对其全球定位系统使用政策做出更开放的调整。总之，由于多元化空间资源环境的确立，给全球定位系统的发展应用创造了一个前所未有的良好的国际环境。

车载全球定位系统技术层面的发展趋势。第一个大趋势就是频率分集技术（frequency diversity），实际上已经在第二代全球定位系统替换老化卫星过程中进行。完成以后，现代化的卫星星座将为民用用户提供三种新的定位信号。此外，欧洲联盟在 2002 年 3 月启动的"伽利略"计划也采取了此种技术。第二个大趋势就是克服射频干扰（RFI）。全球定位系统广播的功率特别低，一般为 10～16 瓦，很容易就会被周围的射频信号所干扰而不能正常工作。全球定位系统接收器将通过把接收到的测距码与储存在本地的复制码的相位进行匹配来穿透噪声。当相位一致时，接收器就能够以定时信号作为精确的参考，因此就可以准确的定位。第三个大趋势就是安装保证定位误差小于某一个特定值的综合机械系统。采用微分全球定位系统技术，系统将获得来自地球同步轨道通信卫星的最新误差校正信息，修正数据来自地面参考接收器。过去全球定位系统的误差为 2 米，现在误差更小。

五、地理信息系统

（一）定义

地理信息系统（Geographic Information System 或 Geo-Information System，GIS）有时又称为"地学信息系统"。它是一种特定的十分重要的空间信息系统。它是在计算机硬件、软件系统支持下，对整个或部分地球表层、空中和地下空间中的有关地理分布数据进行采集、储存、管理、运算、分析、显示和描述的技术系统。

地理信息系统是一门综合性学科，结合地理学、地图学，以及遥感和计算机科学，已经广泛地应用在不同的领域，是用于输入、存储、查询、分析和显示地理数据的计算机系统，随着地理信息系统的发展，也有人称地理信息系统为"地理信息科学"（Geographic Information Science），近年来，也有人称地理信息系统为"地理信息服务"（Geographic Information Service）。

（二）特点

为了满足地理信息系统对地球表面、空中和地下若干要素空间分布和相互关系的研究，地理信息系统必须具备以下基本特点。

1. 公共的地理定位基础

所有的地理要素，要按经纬度或者特有的坐标系统进行严格的空间定位，才能使具有时序性、多维性、区域性特征的空间要素进行复合和分解，将隐含其中的信息变为显示表达，形成空间和时间上连续分布的综合信息基础，支持空间问题的处理与决策。强调坐标的重要性，所以对于一些没有坐标的或者不知道坐标系统的数据是基本没有什么用的。

2. 标准化和数字化

将多信息源的空间数据和统计数据进行分级、分类、规格化和标准化，使其适应于计算机输入和输出的要求，便于进行社会经济和自然资源、环境要素之间的对比和相关分析。分各个要素的特性，例如道路，标准的应该是平面的，是有宽度的，这样可以大致估算其车流量等。

3. 多维结构

在二维空间编码的基础上，实现多专题的第三维信息结构的组合，并按时间序列延续，从而使它具有信息存储、更新和转换能力，为决策部门提供实时显示和多层次分析的方便。这显然是常规二维或二维半的地形图所不具备的。在空间的基础上，还可以根据不同的属性信息来显示，如人口、经济等专题图。

4. 具有丰富的信息

地理信息系统数据库中不仅包含丰富的地理信息，还包含与地理信息有关的其他信息，如人口分布、环境污染、区域经济情况、交通情况等。纽约市曾经对其数据库进行了调查，发现有 80% 以上的信息为地理信息或与地理信息有关。

（三）地理信息系统与其他系统的区别

地理信息系统有别于数据库管理系统。地理信息系统具有以某种选定的方式对空间数据进行解释和判断的能力，而不是简单的数据管理，这种能力使用户能得到关于数据的知识，地理信息系统是能对空间数据进行分析的数据库管理系统，地理信息系统必须包含数据库管理系统。

地理信息系统有别于管理信息系统。地理信息系统要对图形数据和属性数据库共同管理、分析和应用。管理信息系统则只有属性数据库的管理，即使存储了图形，也是以文件形式管理，图形要素不能分解、查询，没有拓扑关系。管理地图和地理信息的管理信息系统不一定就是地理信息系统，管理信息系统在概念上更接近数据库管理系统。

地理信息系统有别于地图数据库。地图数据库仅仅是将数字地图有组织地存放起来，不注重分析和查询，不可能去综合图形数据和属性数据，进行深层次的空间分析和提供辅助决策的信息，它只是地理信息系统的一个数据源。

地理信息系统有别于计算机辅助设计系统。二者虽然都有参考系统，都能描述图形，但计算机辅助设计系统只处理规则的几何图形，属性库功能弱，更缺乏分析和判断能力。

六、销售时点信息系统

（一）销售时点信息系统概述

1. 系统介绍

销售时点信息系统（Point of Sale，POS），是指通过自动读取设备（如收银机）在销售商品时直接读取商品销售信息（如商品名、单价、销售数量、销售时间、销售店铺、购买顾客等），并通过通信网络和计算机系统传送至有关部门进行分析加工以提高经营效率的系统。

它最早应用于零售业，以后逐渐扩展到金融、物流等服务性行业，利用销售时点信息系统的范围也从企业内部扩展至整个供应链。现代销售时点信息系统已不仅仅局限于电子收款技术，它还要考虑将计算机网络、电子数据交换技术、条形码技术、电子监控技术、电子收款技术、电子信息处理技术、远程通信、电子广告、自动仓储配送技术、自动售货技术、自动备货技术等一系列科技手段融为一体，从而形成一个综合性的信息资源管理系统。

2. 主要功能

（1）识别功能。

收银员识别功能是指收银员必须在工作前登录才能进行终端操作，即门店中每个系统的收银员都实行统一编号，每一个收银员都有一个用户名和密码，只有收银员输入了正确的用户名和密码，才能进入"销售屏幕"进行操作。在交接班结束时，收银员必须退出系统以便让其他收银员使用该终端。如果收银员在操作时需要暂时离开终端，那么可以使终端处于"退出或关闭"状态，在返回时重新登录。

（2）销售功能。

销售时点信息系统有多种销售方式，收银员在操作时可根据需要选择商品各种销售方式的以下特殊功能。

①优惠、打折功能：优惠折扣商品或交易本身特价许可等，应进行权限检查。

②销售交易更正功能：包括清除功能、交易取消功能。

③退货功能：通常收银员无该种商品交易的权限，需管理人员来完成。

④挂账功能：是指在当前交易未结束的状态下保留交易数据，再进行下一笔交易的收银操作。

（3）付款功能。

付款方式主要有现金、支票、信用卡等。销售时点信息系统具备多种付款方式的设置功能。

（4）其他功能。

①票据查询功能：查询范围可以是某时间段内的全部交易，也可以是某时间点的交易情况。

②报表查询：根据收银机本身的销售数据制作出一些简单的报表，并在收银机的打印机上打印出来。报表包括结款表、柜组对账表等。

③前台盘点：盘点的过程主要是清查库存商品数量。前台盘点的实质是将要盘点商品的信息像销售商品一样手工输入或用条码扫描仪录入收银机，作为后台的数据来源。

④工作状态检查功能：是指对有关收银机、收银员的各种状态进行检查，包括一般状态、交易状态、网络状态、外设状态等。

3. 特点

销售时点信息系统能够对商品进行单品管理、员工管理和客户管理，并能适时自动取得销售时点信息和信息集中管理。它紧密地连接着供应链，是供应链管理的基础，也可以说是物流信息管理的起点。其特点如下：

（1）分门别类管理。

销售时点信息系统的分门别类管理不仅针对商品，还可以针对员工和顾客。

①单品管理。零售业的单品管理是指店铺陈列展示销售的商品以单个商品为单位进行销售跟踪和管理的方法。由于销售时点信息系统即时准确地记录单个商品的销售信息，因此销售时点信息系统的应用使高效率的单品管理成为可能。

②员工管理。员工管理指通过销售时点信息系统终端机上的计时器的记录，依据每个员工的出勤状况、销售状况（以月、周、日甚至时间段为单位）进行考核管理。

③顾客管理。顾客管理是指在顾客购买商品结账时，通过收银机自动读取零售商发行的顾客身份识别卡或顾客信用卡来把握每个顾客的购买品种和购买额，从而对顾客进行分类管理。

（2）自动读取销售时点信息。

在顾客购买商品结账时，销售时点信息系统通过扫描读数仪自动读取商品条形码标签或光学字符识别标签上的信息，在销售商品的同时获得实时的销售信息是销售时点信息系统的最大特征。

（3）集中管理信息。

在各个销售时点信息系统终端获得的销售时点信息以在线联结方式汇总到企业总部，与其他部门发送的有关信息一起由总部的信息系统加以集中并进行分析加工，如把握畅销商品、滞销商品以及新商品的销售倾向，对商品销售量和销售价格之间、销售量和销售时间之间的关系进行分析，对商品上架陈列方式、促销方法、促销期间、竞争商品的影响进行相关分析、集中管理等。

（4）连接供应链的有力工具。

供应链的参与各方合作的主要领域之一是信息共享，而销售时点信息是企业经营中最重要的信息之一，通过它能及时把握顾客的需要，供应链的参与各方可以利用销售时点信息并结合其他的信息来制订企业的经营计划和市场营销计划。目前，领先的零售商正在与制造商共同开发一个完全的物流系统——联合预测和库存补充系统（Collaboration Forecasting and Replenishment，CFAR）。该系统不但分离销售时点信息，而且联合进行市场预测，分享预测信息。

（二）销售时点信息系统的组成

销售时点信息系统包含前台销售时点信息系统和后台管理信息系统两大基本部分。

在商场完善前台销售时点信息系统的同时，也应建立商场管理信息系统（Management Information System，MIS，实际是销售时点信息系统网络的后台管理部分）。这样，在商品销售过程中的任意时刻，商品的经营决策者都可以通过管理信息系统了解和掌握销售时点信息系统的经营情况，实现商场库存商品的动态管理，使商品的存储量保持在一个合理的水平，减少了不必要的库存。

1. 前台销售时点信息系统

前台销售时点信息系统是指通过自动读取设备（主要是扫描器），在销售商品时直接读取商品销售信息（如商品名称、单价、销售数量、销售时间、销售店铺、购买顾客等），实现前台销售业务的自动化，对商品交易进行实时服务和管理，并通过通信网络和计算机系统传送至后台，通过后台管理信息系统的计算、分析与汇总等掌握商品销售的各项信息，为企

业管理者分析经营成果、制订经营方针提供依据,以提高经营效率的系统。它的功能有:

(1) 日常销售。完成日常的售货收款工作,记录每笔交易的时间、数量、金额,进行销售输入操作。如果遇到条码不能识读等现象,那么系统应允许采用价格或手工输入条码号进行查询。

(2) 交班结算。进行收款员交班时的收款小结等管理工作,计算并显示出本班交班时的现金及销售情况,统计并打印收款机全天的销售金额及各售货员的销售额。

(3) 退货。退货功能是日常销售的逆操作。为了提高商场的商业信誉,更好地为顾客服务,在顾客发现商品出现问题时,允许顾客退货。此功能记录退货时的商品种类、数量、金额等,便于结算管理。

(4) 支持各种付款方式。可支持现金、支票、信用卡等不同的付款方式,以方便不同顾客的要求。

(5) 即时纠错。在销售过程中出现的错误能够立即修改更正,保证销售数据和记录的准确性。

2. 后台管理信息系统

后台管理信息系统负责整个商场进、销、调、存系统的管理以及财务管理、库存管理、考勤管理,分析统计各种销售报表,快速准确地计算成本与毛利,也可以对售货员、收款员业绩进行考核,是员工分配工资、奖金的客观依据。因此,商场现代化管理系统中前台销售时点信息系统与后台管理信息系统是密切相关的,两者缺一不可。它的功能有:

(1) 商品入库管理。对入库的商品进行输入登录,建立商品数据库,以实现对库存的查询、修改、报表及商品入库验收单的打印等功能。

(2) 商品调价管理。由于有些商品的价格随季节和市场等情况而变动,本系统应能提供对这些商品所进行的调价管理功能。

(3) 商品销售管理。根据商品的销售记录,实现对商品的销售、查询、统计、报表等的管理,并能对各收款机、收款员、售货员等进行分类统计管理。

(4) 单据票证管理。实现商品的内部调拨、残损报告、变价调动、仓库验收盘点报表等各类单据票证的管理。

(5) 报表打印管理。打印内容包括:时段销售信息表、营业员销售信息报表、部门销售统计表、退货信息表、进货单信息报表、商品结存信息报表等。它可实现商品销售过程中各类报表的分类管理功能。

(6) 完善的分析功能。销售时点信息系统的后台管理软件应能提供完善的分析功能,分析内容涵盖进、销、调、存过程中的所有主要指标,同时以图形和表格的方式提供给管理者。

(7) 数据维护管理。完成对商品资料、营业员资料等数据的编辑工作,如商品资料的编号、名称、进价、进货数量、核定售价等内容的增加、删除、修改,营业员资料的编号、姓名、部门、班组等内容的编辑,还有商品进货处理、商品批发处理、商品退货处理。实现收款机、收款员的编码、口令管理,支持各类权限控制。具有对本系统所涉及的各类数据进行备份、交易断点的恢复功能。

(8) 销售预测。销售预测包括畅销商品分析、滞销商品分析、某种商品销售预测及分析、某类商品销售预测及分析等。

3. 销售时点信息系统的软件结构（图 8-1）

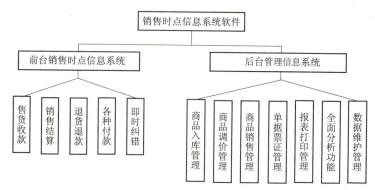

图 8-1 销售时点信息系统的软件结构

（三）销售时点信息系统的运行

销售时点信息系统的运行由以下五个步骤组成。

（1）店头销售商品都贴有表示该商品信息的条形码或光学识别标签。

（2）在顾客购买商品结账时，收银员使用扫描读数仪自动读取商品条形码标签或光学识别标签上的信息，通过店铺内的微型计算机确认商品的单价，计算顾客购买总金额等，同时返回给收银机，打印出顾客购买清单和付款总金额。

（3）各个店铺的销售时点信息通过 VAN 以在线联结方式即时传送给总部或物流中心。

（4）在总部，物流中心和店铺利用销售时点信息来进行库存调整、配送管理、商品订货等作业。通过对销售时点信息进行加工分析来掌握消费者的购买动向，找出畅销商品和滞销商品，并以此为基础，进行商品品种配置、商品陈列、价格设置等方面的作业。

（5）在零售商与供应链的上游企业（批发商、生产厂家、物流业者等）结成协作伙伴关系（也称为战略关系）的条件下，零售商利用 VAN 在线联结的方式把销售时点信息即时传送给上游企业。这样上游企业可以利用销售现场的最及时准确的销售信息制订经营计划、进行决策。例如，生产厂家利用销售时点信息进行销售预测，掌握消费者的购买动向，找出畅销商品和滞销商品，把销售时点信息和订货信息进行比较分析来把握零售商的库存水平，以此为基础制订生产计划和零售商库存连续补充计划（Continuous Replenishment Program，CRP）。

本章小结

信息化构建了当今的商场，搭建了销售渠道，同时也是连接供应链、客户、配送服务的纽带。"没有信息化，就没有当今的业务。"本章介绍了仓储作业时常需的二维码技术、全球定位系统技术、地理信息系统技术等。

知识考查

一、单选题

1. EDI 是指（   ）。
A. 电子数据处理   B. 电子数据交换   C. 电子订货系统   D. 全球定位系统

2. 条码在打印时颜色的选择是十分重要的，一般是以（ ）当作条色。
   A. 白色　　　　B. 黑色　　　　C. 绿色　　　　D. 粉色
3. 现代销售时点信息系统已不仅仅局限于电子收款技术，它还要考虑将计算机网络、电子数据交换技术、条形码技术等一系列科技手段融为一体，从而形成一个综合性的（ ）系统。
   A. 信息资源管理　　B. 信息管理　　C. 电子商务　　D. 销售管理
4. GPS 是指（ ）。
   A. 全球定位系统　　B. 地理信息系统　　C. 物流信息系统　　D. 电子订货系统
5. （ ）是实现销售时点信息系统、电子数据交换、电子商务、供应链管理的技术基础，是物流管理现代化的重要技术手段。
   A. 条码技术　　B. 全球定位系统　　C. 地理信息系统　　D. 射频识别技术

二、多选题

1. 根据射频系统完成的功能不同，可以粗略地把射频系统分为（ ）。
   A. 电子商品防盗系统　　　　B. 便携式数据采集系统
   C. 定位系统　　　　　　　　D. 网络系统
2. 电子数据交换系统结构中的模块包括（ ）。
   A. 格式转换模块　　　　　　B. 内部接口模块
   C. 报文生成及处理模块　　　D. 用户接口模块
   E. 通信模块
3. 下面哪些技术是仓储管理中常用的？（ ）
   A. 条形码技术　　B. 二维码技术　　C. 全球定位系统　　D. 销售时点信息系统
   E. 地理信息系统
4. 射频技术在零售业中有哪些应用？（ ）
   A. 物品跟踪　　B. 数据采集　　C. 货架识别　　D. 阅读包裹上的 ZIP 码
5. 仓储管理系统是由多个功能软件子系统组合构成的，例如（ ）。
   A. 订货管理　　B. 运送计划设计　　C. 员工管理　　D. 仓储管理

三、判断题

1. 条码技术是实现销售时点信息系统、电子数据交换、电子商务、供应链管理的技术基础，是物流管理现代化的重要技术手段。（ ）
2. 销售时点信息系统只可以针对商品进行管理分类。（ ）
3. 射频识别具有穿透性和远距离快速扫描的功能，可实现快速盘点。（ ）
4. 全球定位系统和地理信息系统都是定位系统，前者应用范围较后者更为广泛。（ ）
5. 现代仓储管理中，都是将各种信息技术搭配组合使用的，而不是单一一种。（ ）

第九章

商品养护

知识目标：
（1）了解商品的分类、特性。
（2）掌握典型商品的仓储养护方法。
（3）能够掌握物品质量的影响因素及其发生质变的规律。
（4）能熟练掌握物品保管养护的常用方法，并为不同种类的物品设计保管养护方案。

能力目标：
（1）能够运用所学知识和方法对典型商品进行质量评价、对储存养护提供咨询服务。
（2）熟练掌握配送的类型及配送业务在物流管理中的作用和地位。
（3）能够根据配送的业务流程完成货物最基本的配送业务流程操作。

素质目标：
（1）培养学生发现问题、分析问题、解决问题的能力。
（2）培养学生安全意识。
（3）培养学生责任感。

导入案例

德国食品保鲜技术

在德国，食品、农产品的保险非常讲究科学性和合理性。无论是肉类、鱼类，还是蔬菜、水果，从产地或加工厂到销售点，只要进入流通领域，这些食品就始终都在一个符合产品保质要求的冷藏链的通道中运行。而且这些保鲜通道都是由电脑控制的全自动设备，如冷藏保鲜库全部采用风冷式，风机在电脑的控制下调节库温，使叶菜类在这种冷藏环境中能存放2～5天。

对香蕉而言，则有一整套完全自动化的后熟系统，香蕉从非洲通过船舶和铁路运到批发市场时是半熟的，批发市场则要根据客户、零售商的订货需要进行后熟处理。在这套温控后熟设备中，除了温度控制外，还可使用气体催熟剂，使后熟控制在3～7天，具体时间完全掌握在批发商的手中。

在瓜果蔬菜方面，只要是块类不易压坏的均用小网袋包装，对易损坏产品则用透气性良好的硬纸箱包装。

叶菜类一般平行堆放在箱内，少量的产品则采用盒装，且包装盒都具有良好的透气性。肉类则通过冷冻、真空和重启等包装形式保鲜。在肉类加工处，原料每500千克装一个大冷藏真空包装袋后再装入塑料周转箱内,到了超市或零售店后则改用切片真空包装或充气包装。

小结:食品的保鲜能够留住其固有的色、香、味、形及营养成分,以保证其使用价值。德国食品的保鲜技术与方法非常的科学、合理,其科学性与合理性主要体现在两方面:一是运用现代科学技术控制外部环境因素,二是进行合理的包装。

第一节　商品养护概述

一、商品养护的含义

商品养护是指商品在储存过程中所进行的保养和维护。从广义上说,商品从离开生产领域到进入消费领域之前这段时间的保养与维护工作,都称为商品养护。

商品只能在一定的时间内、一定的条件下,保持其质量的稳定性。商品经过一定的时间,就会发生质量变化,这种情况在运输和储存中都会出现,而且由于商品的不同,其质量变化的快慢程度也不同。商品越容易发生质变,对储运条件的要求就越严格,它的流通空间就越狭窄,销售市场就越带有地方性。因此,越是易发生变质的商品,对其流动时间限制就越大,就越需要商品养护。

要做好商品养护工作,首先必须研究商品储存期间导致其质量变化的两个因素:第一个因素是商品本身的自然属性,即商品的结构、成分和性质,这是内因;第二个因素是商品的储存环境,包括空气的温度、湿度、氧气、阳光及微生物等,这是外因。

二、商品养护的目的

商品养护的目的在于维护商品的质量,保护商品的使用价值。因此"商品养护学"的内容主要有两个方面:一方面是研究商品在储存过程中受内外因素的影响,质量发生变化的规律;另一方面是研究安全储存商品的科学养护方法,以保证商品的质量,避免和减少商品损失。要搞好商品养护工作,就要不断地学习和了解各种新产品、新材料的性质,并采取新的养护技术与方法,推动商品养护科学化的进程,保证商品安全储存。

三、商品养护的任务

商品养护是流通领域各部门不可缺少的重要工作之一。在此过程中,应贯彻"以防为主、防重于治、防治结合"的方针,达到最大限度地保护商品质量、减少商品损失的目的。防是指不使商品发生质量上的降低和数量上的减损。治是指商品出现问题后采取救治的方法。防和治是商品养护不可缺少的两个方面。具体要做好以下七方面的工作。

1. 建立健全必要的规章制度

要做好商品的养护工作,应建立相应健全的规章制度,如岗位责任制,以便明确责任,更好地按照制度的要求,完成养护工作。

2. 加强商品的入库验收

商品入库验收时,一定要将商品的品种、规格和数量与货单进行核对;同时检查商品的包装是否完好,有无破损;检验商品的温度与含水量是否符合入库要求;检验商品是否已发生虫蛀、霉变、锈蚀、老化等质量变化。

3. 适当安排储存场所

应按照商品的不同特性，适当安排储存场所。易霉变、易生锈的商品，应储存在较干燥的库房；易挥发、易燃、易爆的商品，应储存在低温干燥的地下或半地下库房；贵重商品要储存在楼上防潮条件优越的库房内。

4. 有效地苫垫、堆码

应根据商品的性能、包装特点和气候条件做好苫垫、堆码工作。应将商品的垛底垫高，有条件的可以用油毡纸或塑料薄膜垫隔潮层。堆放在露天货场的商品，货区四周应设有排水渠道，并将货物严密苫盖，防止积水、日晒、雨淋。应选择适当的堆码方式，如采用行列式、丁字形、井字形、围垛式等堆成通风垛，垛高一般不超过 12 层。

5. 加强仓库温湿度的管理

要想加强仓库温湿度的管理，必须掌握气温变化规律，做好库内温湿度的测定工作，以便更好地对仓库的温湿度进行控制和调节。

6. 搞好环境卫生

为使商品安全储存，必须保持环境卫生。库区要铲除杂草，及时清理垃圾；库房的各个角落均应清扫干净，做好商品入库前的清仓消毒工作，将库房的清洁卫生工作持久化、制度化，杜绝一切虫鼠生存的空间，做好有效的防治工作。

7. 做好在库商品的检验工作

对于在库商品，应根据其本身的特性及质量变化规律，结合气候条件和储存环境，实行定期或不定期检查，及时掌握商品质量变化的动态，发现问题及时解决。

第二节　温湿度管理

冷库储存腊肉（熏肉）
温湿度要求及注意事项

一、温湿度管理概述

要做好仓库温湿度管理工作，首先要学习和掌握空气温湿度的基本概念以及有关的基本知识。

（一）空气温度

空气温度是指空气的冷热程度，简称气温。温度是分子运动的宏观表现，对商品的很多变化都有一定影响。气温是用温标来表示的。温标按其表示的方法不同分为摄氏和华氏两种，它们都以水沸腾时的温度（沸点）与水结冰时的温度（冰点）作为基准点。

一般而言，距地面越近气温越高，距地面越远气温越低。

在仓库日常温度管理中，多用摄氏度表示，凡 0 摄氏度以下的度数，在度数前加一个"－"，即表示零下多少摄氏度。

（二）空气湿度

空气湿度是指空气中水汽含量的多少或空气干湿的程度。空气湿度主要由以下四种指标来衡量。

1. 绝对湿度

绝对湿度是指单位容积的空气里实际所含的水汽量，一般以克/立方米为单位。温度对绝对湿度有着直接影响。在一般情况下,温度越高,水汽蒸发得越多,绝对湿度就越大;相反,绝对湿度就小。

2. 饱和湿度

饱和湿度是表示在一定温度下,单位容积空气中所能容纳的水汽量的最大限度。如果超过这个限度,多余的水蒸气就会凝结,变成水滴。此时的空气湿度便称为饱和湿度。空气的饱和湿度不是固定不变的,它随着温度的变化而变化。温度越高,单位容积空气中能容纳的水蒸气就越多,饱和湿度也就越大。

3. 相对湿度

相对湿度是指空气中实际含有的水蒸气量(绝对湿度)距离饱和状态(饱和湿度)程度的百分比,即在一定温度下,绝对湿度占饱和湿度的百分比数。相对湿度用百分率来表示,公式为:

$$相对湿度 = 绝对湿度 / 饱和湿度 \times 100\%$$
$$绝对湿度 = 饱和湿度 \times 相对湿度$$

相对湿度越大,表示空气越潮湿;相对湿度越小,表示空气越干燥。

空气的绝对湿度、饱和湿度、相对湿度与温度之间有着相应的关系。温度如发生了变化,则各种湿度也随之发生变化。

4. 露点

露点是指含有一定量水蒸气(绝对湿度)的空气,当温度下降到一定程度时所含的水蒸气就会达到饱和状态(饱和湿度)并开始液化成水,这种现象叫作结露。水蒸气开始液化成水时的温度叫作"露点温度",简称"露点"。如果温度继续下降到露点以下,空气中超饱和的水蒸气就会在商品或其他物料的表面上凝结成水滴,此现象称为"水池",俗称商品"出汗"。

常用商品温湿度,如表9-1所示。

表9-1 常用商品温湿度

种类	温度/℃	相对湿度/%	种类	温度/℃	相对湿度/%
金属及金属制品	5~30	≤75	重质油、润滑油	5~35	≤75
碎末合金	0~30	≤75	轮胎	5~35	45~65
塑料制品	5~30	50~70	布电线	0~30	45~60
压层纤维塑料	0~35	45~75	工具	10~25	50~60
树脂、油漆	0~30	≤75	仪表、电器	10~30	70
汽油、煤油、轻油	≤30	≤75	轴承、钢珠、滚针	5~35	60

二、库内温湿度变化

从气温变化的规律分析,一般在夏季降低库房内温度的适宜时间是22点至次日6点。当然,降温还要考虑到商品特性、库房条件、气候等因素的影响。

冷库储存土豆(马铃薯)温湿度要求

三、仓库温湿度的控制与调节

(一) 仓库温湿度的测定

测定空气温湿度通常使用干湿球温度表。

在库外设置干湿表,为避免阳光、雨水、灰尘的侵袭,应将干湿表放在百叶箱内。百叶箱中温度表的球部离地面高度为 2 米,百叶箱的门应朝北安放,以防观察时受阳光直接照射。箱内应保持清洁,不放杂物,以免造成空气不流通。

在库内,干湿表应安置在空气流通、不受阳光照射的地方,不要挂在墙上,挂置高度与人眼平,约 1.5 米。每日必须定时对库内的温湿度进行观测记录,一般在 8—10 时、14—16 时各观测一次。记录资料要妥善保存,定期分析,摸出规律,以便掌握商品保管的主动权。

(二) 控制和调节仓库温湿度

为了维护仓储商品的质量完好,创造适宜于商品储存的环境,当库内温湿度适宜商品储存时,要设法防止库外气候对库内的不利影响;当库内温湿度不适宜商品储存时,要及时采取有效措施调节库内的温湿度。实践证明,采用密封、通风与吸潮相结合的办法,是控制和调节库内温湿度行之有效的办法。

1. 密封

密封就是把商品尽可能严密地封闭起来,减少外界不良气候条件的影响,以达到安全保管的目的。

采用密封方法,要和通风、吸潮结合运用,如运用得当,可以收到防潮、防霉、防热、防溶化、防干裂、防冻、防锈蚀、防虫等多方面的效果。

密封保管应注意的事项有:

(1) 在密封前要检查商品质量、温度和含水量是否正常,如发现生霉、生虫、发热、水凇等现象就不能进行密封。发现商品含水量超过安全范围或包装材料过潮,也不宜密封。

(2) 要根据商品的性能和气候情况来决定密封的时间。怕潮、怕溶化、怕霉的商品,应选择在相对湿度较低的时节进行密封。

(3) 常用暖和的密封材料有塑料薄膜、防潮纸、油毡、芦席等。这些密封材料必须干燥清洁,无异味。

(4) 密封常用的方法有整库密封、小室密封、按垛密封、按货架密封、按件密封等。

2. 通风

通风就是指利用库内外空气对流,达到调节库内温湿度的目的。通风既能起到降温、降潮和升温的作用,又可排除库内的污浊空气,使库内空气适宜于储存商品的要求。

通风有自然通风和机械通风。自然通风就是打开库房门窗和通风口,让库内外空气自然交换,既可以降温、驱潮,又可以升温、增潮,而且还可以排除库内的污浊空气。夏天气温较高,天晴时可在凌晨和夜晚通风,雨天不能通风;库内湿度较高时,可用通风散潮,一般在上午通风,但要注意此时库外湿度要低于库内湿度。机械通风是用鼓风机、电扇等送风或排风,以加速空气交换,达到降温、散潮的目的。另外,为提高工作效率,也可将自然通风和机械通风配合使用。通风设施如图 9-1 所示。

图 9-1 通风设施

3. 吸潮

在梅雨季节或阴雨天，当库内湿度过高，不适宜商品保管，而库外湿度也过大，不宜进行通风散潮时，可以在密封库内用吸潮的办法降低库内湿度。

随着市场经济的不断发展，现代商场、仓库普遍使用机械吸潮方法。即使用吸湿机把库内的湿空气吸入吸湿机冷却器，使它凝结为水而排出。吸湿机一般适宜于储存棉布、针棉织品、贵重百货、医药、仪器、电工器材和烟糖类的仓间吸湿。

四、温湿度管理方法

（1）在库内外适当地点设立干湿球温度计，一般可在每个库房内的中部悬挂一个，悬挂的高度为离地面约 1.5 米；库外则应挂在百叶箱内。

（2）指定专人每天按时观察和记录。观察时间一般上下午各一次，记录的内容应包括：干湿球温度计所表示的温度，并依据换算表对当时的相对湿度、绝对湿度和饱和湿度进行换算，同时记录气候变化情况。每天的气候和温湿度情况，可用"气候通知牌"公布，以引起注意。每个大中型仓库都可以在库外设置气候通知牌，有关人员每天上下午及时将库外气候变化情况通知仓库保管人员，以便根据库内外温湿度情况，及时控制和调节库内温湿度。

（3）按月、季度、年对记录进行分析，统计该时期内最高、最低和平均温湿度，为改进仓库管理积累历史资料。

（4）当发现库内温湿度超过要求时，应立即采取相应措施，以达到商品安全储存的目的。

第三节　库存商品的变化及其影响因素

一、库存商品的变化

商品在储存期间，由于商品本身的成分、结构和理化性质及受到日光、温度、湿度、空气、微生物等客观外界条件的影响，会发生质量变化。商品质量变化的形式很多，归纳起来主要有物理变化、化学变化、生理生化变化和生物学变化。同时，由于受储存时间和储存占用资金的影响，也会发生价值变化。其具体表述如下：

（一）质量变化

1. 物理变化

商品的物理变化是指改变物质本身的外表形态，不改变其本质，没有新物质的生成，并且有可能反复进行的质量变化现象；物理变化的结果不是数量损失，就是质量降低，甚至使商品失去使用价值。商品常发生的物理变化有商品的挥发、溶化、熔化、渗漏、串味、沉淀、玷污、破碎与变形等。

（1）挥发。

挥发是低沸点的液体商品或经液化的气体商品在空气中经气化而散发到空气中的现象。这种挥发的速度与气温的高低、空气流动速度的快慢、液体表面接触空气面积的大小成正比。液体商品的挥发不仅会降低有效成分，增加商品损耗，降低商品质量，有些燃点很低的商品还容易引起燃烧或爆炸；有些商品挥发的蒸气有毒性或麻醉性，容易造成大气污染，对人体有害；一些商品受到气温升高的影响体积膨胀，使包装内部压力增大，可能发生爆破。常见易挥发的商品如酒精、白酒、香精、花露水、香水、化学试剂中的各种溶剂、医药中的一些试剂、部分化肥农药、杀虫剂、油漆等。防止商品挥发的主要措施是加强包装密封性。此外，要控制仓库温度，高温季节要采取降温措施，保持低温条件下储存，以防挥发。

（2）溶化。

溶化是指有些固体商品在保管过程中，能吸收空气或环境中的水分，当吸收达到一定的程度时，就会溶化成液体。易溶性商品必须具有吸湿性和水溶性两种性能，常见易溶化的商品有：食糖、果糖、食盐、明矾、硼酸、甘草流浸膏、氯化钙、氯化镁、尿素、硝酸铵、硫酸铵、硝酸锌、硝酸锰等。商品溶化与空气温度、湿度及商品的堆码高度有密切的关系。在保管过程中，有一些结晶粒状或粉状易溶化商品，在空气比较干燥的条件下，慢慢失水后结成硬块。特别是货垛底层商品，承受压力较重的部位较严重。虽然溶化后，商品本身的性质并没有发生变化，但由于形态改变，给储存、运输及销售部门带来很大的不便。对易溶化的商品应按商品性能，分区分类存放在干燥阴凉的库房内，不适合与含水分较大的商品同储。在堆码时要注意底层商品的防潮和隔潮，垛底要垫得高一些，并采取吸潮和通风相结合的温湿度管理方法来防止商品吸湿溶化。

（3）熔化。

熔化是指低熔点的商品受热后发生软化以至化为液体的现象。商品的熔化，除受气温高低的影响外，还与商品本身的熔点、商品中杂质种类和含量高低密切相关。熔点越低，越易熔化；杂质含量越高，越易熔化。常见易熔化的商品有：香脂、蛤蜊油、发蜡、蜡烛、复写纸、蜡纸、打字纸、圆珠笔芯、松香、石蜡、粗萘、硝酸锌、油膏、胶囊、糖衣片等。商品熔化，有的会造成商品流失、粘连包装、玷污其他商品；有的因熔解而体积膨胀，使包装爆破；有的因商品软化而使货垛倒塌。预防商品的熔化应根据商品的熔点高低，选择阴凉通风的库房储存。在保管过程中，一般可采用密封和隔热措施，加强库房的温度管理，防止日光照射，尽量减少温度的影响。

(4) 渗漏。

渗漏主要是指液体商品,特别是易挥发的液体商品,由于包装容器不严密,包装质量不符合商品性能的要求,或在搬运装卸时碰撞震动破坏了包装,而使商品发生跑、冒、滴、漏的现象。商品渗漏,与包装材料性能、包装容器结构及包装技术优劣有关,还与仓储温度变化有关。如金属包装焊接不严,受潮锈蚀;有些包装耐腐蚀性差;有的液体商品因气温升高,体积膨胀而使包装内部压力增大,胀破包装容器;有的液体商品在降温或严寒季节结冰,也会发生体积膨胀引起包装破裂而造成商品损失。因此,对液体商品应加强入库验收和在库商品检查及温湿度控制和管理。

(5) 串味。

串味是指吸附性较强的商品吸附其他气体、异味,从而改变本来气味的变化现象。具有吸附性、易串味的商品,主要是它的成分中含有胶体物质,以及疏松、多孔性的组织结构。商品串味与其表面状况、与异味物质接触面积的大小、接触时间的长短,以及环境中异味的浓度有关。常见被串味的商品有:大米、面粉、木耳、食糖、饼干、茶叶、卷烟等。常见的引起其他商品串味的商品有:汽油、煤油、桐油、腌鱼、腌肉、樟脑、卫生球、肥皂、化妆品、农药等。预防商品的串味,应对被串味的商品尽量采取密封包装,在储存和运输中不得与有强烈气味的商品同车、船并运或同库储藏,同时还要注意运输工具和仓储环境的清洁卫生。

(6) 沉淀。

沉淀是指含有胶质和易挥发成分的商品,在低温或高温等因素影响下,引起部分物质的凝固,进而发生沉淀或膏体分离的现象。常见的商品有:墨汁、墨水、牙膏、雪花膏等。又如饮料、酒在仓储中,分析出纤细絮状的物质,而发生混浊沉淀的现象。预防商品的沉淀,应根据不同商品的特点,防止阳光照射,做好商品冬季保温和夏季降温工作。

(7) 玷污。

玷污是指商品外表沾有其他脏东西、染有其他污秽的现象。商品玷污,主要是生产、储运中卫生条件差及包装不严所致。对一些外观质量要求较高的商品,如绸缎呢绒、针织品、服装等要注意玷污,精密仪器、仪表也要特别注意。

(8) 破碎与变形。

破碎与变形是常见的物理变化,指商品在外力作用下发生的形态上的改变。商品的破碎主要是脆性较大的商品,如玻璃、陶瓷、搪瓷制品、铝制品等因包装不良导致在搬运过程中,受到碰、撞、挤、压和抛掷而破碎、掉瓷、变形等。商品的变形通常是塑性较大的商品,如铝制品和皮革、塑料、橡胶等制品由于受到强烈的外力撞击或长期重压,商品丧失回弹性能,从而发生形态改变。对于容易发生破碎和变形的商品,主要注意妥善包装,轻拿轻放。在库堆垛高度不能超过一定的压力限度。

2. 化学变化

化学变化是指构成商品的物质发生变化后,不仅改变了商品本身的外观形态,也改变了本质,并有新物质生成的现象,常见的有氧化、分解、水解、化合、聚合、裂解、老化、曝光、锈蚀、风化等。库存商品的质量变化如图 9-2 所示。

(a)　　　　　　　　　　(b)

图 9-2　库存商品的质量变化

(a) 钢铁的锈蚀；(b) 土豆的发芽

（1）氧化。

氧化是指商品与空气中的氧或其他能放出氧的物质，所发生的与氧相结合的变化。商品发生氧化，不仅会降低商品的质量，有的还会在氧化过程中，产生热量，发生自燃，有的甚至会发生爆炸事故。商品容易发生氧化的品种比较多，例如，某些化工原料、纤维制品、橡胶制品、油脂类商品等。如棉、麻、丝、毛等纤维织品，长期同日光接触，发生变色的现象，也是由于织品中的纤维被氧化的结果。商品在氧化的过程中，如果产生的热量不易散失，就能加速其氧化过程，从而使反应的温度迅速升高，当达到自燃点时，会发生自燃现象。有些植物性油脂类或含油脂较多的商品，如豆饼、花生饼、核桃仁等在一定的条件下与纤维物质接触，也会发生自燃现象，而使其碳化。所以，此类商品要储存在干燥、通风、散热快和温度比较低的库房，才能保证其质量安全。

（2）分解。

分解是指某些性质不稳定的商品，在光、电、热、酸、碱及潮湿空气的作用下，由一种物质生成两种或两种以上物质的变化现象。商品发生分解反应后，不仅使其数量减少，质量降低，有的还会在反应过程中，产生一定热量和可燃气体而引起事故。对于易分解的商品，在储运中应尽量避免发生这些变化所需要的外部条件，尤其不宜与酸性或碱性商品混放。

（3）水解。

水解是指某些商品在一定的条件下，遇水发生分解的现象。如硅酸盐和肥皂，其水解产物是酸和碱，这样就同原来的商品具有不同的性质。另外，在高分子有机物中的纤维素和蛋白质在相应的酶的作用下发生水解后，能使其链接断裂，强度降低。商品的品种不同，在酸或碱的催化作用下，所发生的水解情况也是不相同的。例如，肥皂在酸性溶液中能全部水解，而在碱性溶液中却很稳定；蛋白质在碱性溶液中，容易水解，但在酸性溶液中却比较稳定，这就是羊毛等蛋白质纤维怕碱不怕酸的道理。棉纤维在酸性溶液中，尤其是在强酸的催化作用下，容易发生水解，能使纤维的大部分链节断裂，分子量降低，被分解成单个的纤维分子，这样就大大地降低了纤维的强度；而棉纤维在碱性溶液中却比较稳定，这就是棉纤维怕酸而耐碱的原因。此类商品在流通领域中，即在包装、储存的过程中要注意包装材料的酸碱性，哪些商品可以或不能同库储存，以防止商品的人为损失。

（4）化合。

化合是指商品在储存期间，在外界条件的影响下，两种以上的物质相互作用，而生成一种新物质的反应。此种反应，一般不是单一存在于化学反应中，而是两种反应（分解、化合）依次发生。如果不了解这种情况，就会给保管和养护此类商品造成损失。例如，化工商品中的过氧化钠为白色粉末，其劣质品多呈黄色。如果储存在密封性好的桶里，并在低温下与空气隔绝，其性质非常稳定。但如果遇热，就会发生分解放出氧气。过氧化钠同潮湿的空气接触，在迅速地吸收水分后，便发生分解，降低有效成分。氧化钙的吸潮作用也是一种化合反应的过程。

（5）聚合。

聚合是指某些商品在外界条件的影响下，能使同种分子互相加成，而结合成一种更大分子的现象。例如，桐油表面的结块、福尔马林的变性等现象，均是发生了聚合反应的结果。福尔马林是甲醛的水溶液（含甲醛40%），在常温下能聚合生成三聚甲醛或多聚甲醛，产生混浊沉淀，这样就改变了原来的性质。在桐油中含有桐油酸（十八碳三烯酸）的高度不饱和脂肪酸，在日光、氧、高温条件的作用下，能发生聚合反应，生成B型桐油块，浮在其表面，而使桐油失去使用价值。所以，储存和保管养护此类商品时，要特别注意日光和储存温度的影响，以便防止发生聚合反应，造成商品质量的降低。

（6）裂解。

裂解是指高分子有机物（棉、麻、丝、毛、橡胶、合成纤维等），在日光、氧、高温条件的作用下，发生分子链断裂、分子量降低，从而使其强度降低、机械性能变差，产生发软、发黏等现象。例如，天然橡胶是以橡胶烃为基本单体成分的高分子化合物，分子量为8万~10万。在日光、氧和一定温度的作用下，就能发生链节断裂、分子结构被破坏，而使橡胶制品出现变软、发黏而变质。另外，在塑料制品中的聚苯乙烯，在一定的条件下，也会同天然橡胶一样，发生裂变。此类商品在保管养护过程中，要防止受热和日光的直接照射。

（7）老化。

老化是指含有高分子有机物成分的商品（橡胶、塑料、合成纤维等），在日光、氧气、热等因素的作用下，性能逐渐变差的过程。商品发生老化后，能破坏其化学结构、改变其物理性能，使机械性能降低，出现变硬、发脆、发软、发黏等现象，而使商品失去使用价值。塑料制品老化后，所引起的性能变化，是由合成树脂的分子结构发生了变化造成的。合成纤维制品发生老化，是由于在日光、氧、高温等因素的作用下，发生变色，强度降低，严重时能逐渐变质脆化。橡胶制品发生老化，是由于橡胶分子在氧化的作用下，受到了破坏，即橡胶分子与氧结合后，破坏了橡胶烃的分子结构。因此，橡胶制品之所以能发生老化，是因为氧的作用。另外，橡胶同氧的接触面积越大，老化的速度也越快。容易老化的商品，在保管养护过程中，要注意防止日光照射和高温的影响，切不能使其在阳光下暴晒。商品在堆码时不宜过高，以防止在底层的塑料、橡胶制品受压变形。橡胶制品切忌同各种油脂和有机溶剂接触，以防止发生粘连现象。塑料制品要避免同各种有色物接触，以防止由于颜色的感染，发生串色。

（8）曝光。

曝光是指某些商品见光后，引起变质或变色的现象。例如，石碳酸（苯酚）为白色结晶体，见光即变成红色或淡红色；照相用的胶片见光后，即成为废品；漂白粉储存场所不当，在易受日光、热或二氧化碳影响的库房里，就能逐渐发生变化，而降低氯的有效成分。所以，要储存在密闭的桶中，并且严防受潮湿和二氧化碳的影响。能够曝光的商品在保管和养护过程中，要特别注意防止光线照射，并要防止空气中的氧和温湿度的影响，其包装要做到密封严密。

（9）锈蚀。

锈蚀是指金属或金属合金同周围的介质相接触时相互间发生了某种反应，而逐渐遭到破坏的过程。金属商品之所以会发生锈蚀，其一是因为金属本身不稳定，在其组成中存在着自由电子和成分的不纯；其二是因为受到水分和有害气体的作用。

（10）风化。

风化是指含结晶水的商品，在一定温度和干燥空气中，失去结晶水而使晶体崩解，变成非结晶状态的无水物质的现象。

3. 生理生化变化

生理生化变化是指有机体商品（有生命力商品）在生长、发育的过程中，为了维持其生命活动，自身发生的一系列特有的变化。如呼吸作用、后熟作用、发芽与抽薹、胚胎发育等现象，都属于自身的生理生化变化。这些变化使有机体商品消耗了大量的营养物质，使商品发热增湿，造成微生物的繁殖，以致污染、分解商品，加速了商品霉腐变质。

4. 生物学变化

生物学变化是指商品在外界有害生物作用下受到破坏的现象，如虫蛀、霉腐等。有些商品在温度适宜的条件下易受到虫蛀。在仓储条件较差时，商品也会受到鼠的咬损。由于有机商品是虫、鼠需要的营养成分，也是虫、鼠的食物，所以易被虫、鼠损坏。

（1）虫蛀。

商品在储存期间，常常会遭到仓库虫害的蛀蚀。经常危害商品的仓库害虫有40多种，仓库虫害在危害商品的过程中，不但破坏商品的组织结构，使商品发生破碎和孔洞，而且排泄各种代谢废物污染商品，影响商品质量和外观，降低商品使用价值，因此虫害对商品的危害性也是很大的。凡是有有机成分的商品，都容易遭受害虫蛀蚀。

（2）霉腐。

霉腐是商品在霉腐微生物作用下发生的霉变和腐败现象。在气温高、湿度大的季节，如果仓库的温湿度控制不好，储存的针棉织品、皮革制品、鞋帽、纸张、香烟以及中药材等许多商品就会霉变，肉、鱼、蛋类就会腐败发臭，水果、蔬菜就会腐烂，果酒就会变酸，酱油就会生白膜等。无论哪种商品，只要发生霉腐就都会受到不同程度的破坏，严重霉腐可使商品完全失去使用价值。有些食品还会因腐败变质而产生能引起人畜中毒的有毒物质。常见危害商品的微生物主要是一些腐败性细菌、酵母菌和霉菌。特别是霉菌，它是引起绝大部分日用工业品、纺织品和食品霉变的主要根源，对纤维素、淀粉、蛋白质、脂肪等物质，具有较强的分解能力。对霉腐的商品在储存时必须严格控制温湿度，并做好防霉和除霉工作。

（二）价值变化

1. 呆滞损失

商品如果储存的时间过长，虽然原商品的使用价值并未变化，但社会需要发生了变化，从而使该商品的效用降低，无法按原价值继续在社会上流通，形成长期聚积在储存领域的呆滞商品，这些商品最终要进行降低价格处理或报废处理，这个过程所形成的损失为呆滞损失。

2. 时间价值损失

商品储存实际上也是货币储存的一种形式。储存时间越长，利息支付越多，或者储存时间越长,资金的机会投资损失越大。这是储存时不可忽视的损失。

二、库存商品的损耗

商品在储存过程中,由于其本身的性质、自然条件等的影响、计量工具的合理误差,或人为的原因,均会发生损耗。商品的保管损耗是指在一定的期间内,保管某种商品所允许发生的自然损耗,一般以商品保管损耗率来表示。商品保管损耗率,即库存商品自然损耗率,是某种商品在一定的保管条件和保管期间内,其自然损耗量与该商品库存量之比,以百分数或千分数表示。其公式为:

$$商品保管损耗率 = 自然损耗量 \div 商品库存量 \times 100\%$$

商品保管损耗率低于标准,为合理损耗;反之,则为不合理损耗。商品保管损耗率是考核仓库工作质量好坏的指标。

1. 商品的自然损耗

其主要表现为商品的干燥、风化、黏结、散失、破碎等。

2. 人为因素或自然灾害造成的损失

它是指由于仓库保管人员的失职或保管不善、水灾、地震造成的非常损失,以及包装破损而造成的漏损等。

3. 装卸、搬运、上垛和磅差

商品从装卸、搬运、中转到分库验收、过磅、上垛、入库,都可能发生损耗。磅差是商品在进出库时,由于计量工具精度的差别造成的商品数量的差异。允许磅差是商品流通过程中各环节对商品的称量所允许发生的重量差别。

三、库存商品发生质量变化的因素

商品储存期间,会发生质量变化,质量变化的影响因素也是多方面的。下面仅以工业品为例来说明影响库存商品发生质量变化的因素。霉变、虫蛀、锈蚀、老化是工业品储存期间最易发生的质量变化。

1. 霉变

商品霉变主要是由霉菌引起的。由于霉菌在商品中进行新陈代谢,把商品中的营养物质变成各种代谢物,从而改变商品的物理性能,使机械性能降低,产生霉臭气味,甚至出现长毛现象,严重者会丧失其使用价值。商品的霉变如图9-3所示。

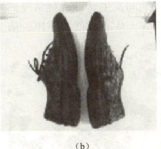

(a)   (b)

图9-3 商品的霉变

(a) 玉米的霉变;(b) 皮鞋的霉变

仓储实时监测温度湿气
保证药材不发霉

2. 虫蛀

商品在储存过程中，常常受到各种害虫的侵袭，不仅能蛀蚀、污染动植物性商品，有时还会危害塑料、化学纤维等高分子商品，直接威胁着商品的安全，甚至使商品完全失去使用价值。所以，虫蛀也是商品储存过程中的主要生物危害之一。

仓虫大多数来源于农作物，其食性广泛，为多食性昆虫，生殖力强，对环境条件有很大的适应性和抵抗能力。用药物防治害虫时，如果浓度低或剂量不足，剩余的个别仓虫通过长期世代遗传，可能会形成对某种药物的抗药性，因此，仓虫能在仓库这种特定的环境下生存与繁殖。此外，温度、湿度与食物对害虫的生长也有极大的影响。

3. 锈蚀

锈蚀又称腐蚀，是指金属与其所接触的物质发生化学或电化学作用引起的破坏现象，其本质是氧化还原反应。

金属制品在储存中易被潮湿的大气锈蚀。潮湿大气锈蚀，是在金属制品表面形成的水膜下发生的电化学锈蚀过程。所以，相对湿度的大小，直接影响着金属锈蚀的快慢。当空气中相对湿度较小时，制品只会发生化学锈蚀。当相对湿度逐渐增大，直到在金属表面形成的水膜足以满足电化学锈蚀的需要时，锈蚀的速度则明显加快，这时的相对湿度值称为临界湿度。一般金属锈蚀的临界湿度在70%左右。金属制品表面粗糙，结构复杂，表面吸附有盐类、尘埃及有害气体等，都能降低锈蚀的临界湿度。

4. 老化

高分子材料（塑料、橡胶、合成纤维等）在生产、加工、储存、使用过程中，由于内外因素的综合影响，会使其失去原有的优良性能，以致最后丧失使用价值，这种变化称为老化。影响老化的内在因素有高分子材料的结构、材料中含有的杂质等，影响老化的外部因素有日光、热、臭氧和相对湿度等。夏天的骤雨淋在晒热的高分子材料上，会引起热冲击作用，使其表面突然冷却，产生一定的应力；雨水、凝露形成的水膜，能使水溶性物质（增塑剂、亲水基团等）被溶解，加速其老化。

第四节　库存商品的养护方法

一、金属制品的养护处理

金属制品在储存期间发生锈蚀，是常见的现象。这不但影响其外观质量，造成商品陈旧，而且使其机械强度下降，从而降低其使用价值，严重者甚至报废。金属腐蚀如图9-4所示。

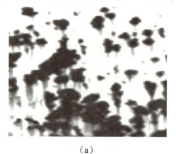

(a)　　　　　　　　　　　　(b)

图9-4　金属腐蚀

各种刀具因锈蚀会使其表面形成斑点、凹陷,难以平整并保持锋利;精密量具锈蚀,可能影响其使用的精确度。因此,就要对其进行养护处理。金属制品的养护处理措施如下:

(一) 选择适宜的保管场所

保管金属制品的场所,不论是库内还是库外,均应清洁干燥,不得与酸、碱、盐类,气体和粉末状商品混存。不同种类的金属制品在同一地点存放时,也应有一定的间隔距离,防止发生接触而腐蚀。

(二) 保持库房干燥

相对湿度在60%以下,就可以防止金属制品表面凝结水分,生成电解液层而遭受电化学腐蚀。但相对湿度60%以下较难达到,一般库房应控制在65%~70%。

(三) 塑料封存

塑料封存就是利用塑料对水蒸气及空气中腐蚀性物质的高度隔离性能,防止金属制品在环境因素的作用下发生锈蚀。其常用的方法有:

1. 塑料薄膜封存

塑料薄膜封存是指在干燥的环境中用塑料薄膜直接封装金属制品,或封入干燥剂以保持金属制品的长期干燥,不致锈蚀。塑料薄膜封存如图9-5所示。

图9-5 塑料薄膜封存

2. 收缩薄膜封存

收缩薄膜封存是将薄膜纵向或横向拉伸几倍,处理成收缩性薄膜,使包装商品时其会紧紧黏附在商品表面,既防锈又可减少包装体积。

3. 可剥性塑料封存

可剥性塑料封存是以塑料为成膜物质,加入增塑剂、稳定剂、缓蚀剂及防霉剂等加热熔化或溶解,喷涂在金属表面,待冷却或挥发后在金属表面可形成保护膜,以阻隔腐蚀介质对金属制品的作用,达到防锈的目的。这是一种较好的防锈方法。

4. 涂油防锈

涂油防锈是金属制品防锈的常用方法。涂油防锈是指在金属制品表面涂刷一层油脂薄膜,使商品在一定程度上与大气隔离开来,达到防锈的目的。这种方法省时、省力、节约、方便且防锈性能较好。涂油防锈一般采取按垛、按包装或按件的方式涂油密封。涂油前必须清除金属表面的灰尘污垢,涂油后要及时包装封存。

5. 气相防锈

气相防锈是指利用挥发性缓蚀剂，在金属制品周围挥发出缓蚀气体，来阻隔腐蚀介质的腐蚀作用，以达到防锈的目的。

气相缓蚀剂在使用时不需要涂在金属制品表面，只用在密封包装或容器中，因它是一种挥发性物质，在很短的时间内就能充满包装或容器内的各个角落和缝隙，既不影响商品外观，又不影响使用，也不污染包装，是一种有效的防锈方法。

金属制品的养护处理方法不同，在选择防锈材料及方法时，应根据其特点、储存环境、储存期的长短等因素，同时还要考虑相关的成本及防锈施工的难易等进行选择，以收到较好的防锈效果。

二、虫害与霉变的防治

（一）虫害的防治

仓库的害虫不仅蛀蚀动植物商品和包装，还能危害塑料、化纤等化工合成商品（图9-6）。因此，仓库虫害的防治工作是商品养护中一项十分重要的工作。

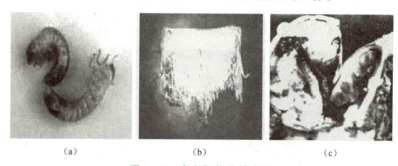

图9-6 仓虫与货品被虫蛀

1. 杜绝仓库害虫的来源

仓库一旦发生虫害，必然造成极大危害。因此，必须加强入库验收工作，将商品依据具体情况，分别入库，隔离存放；在商品储存期间，要定期对易染虫害的商品进行检查，做好预测、预报工作；做好日常的清洁卫生工作，铲除库区周围的杂草，清除附近沟渠的污水，同时辅以药剂进行空库消毒，在库房四周一米范围内用药剂喷洒防虫线，以有效杜绝害虫的来源。

2. 物理防治

物理防治就是利用物理因素（光、电、热、冷冻、原子能、超声波、远红外线、微波及高频振荡等）破坏害虫的生理机能与机体结构，使其不能生存或抑制其繁殖。

3. 化学防治

化学防治就是利用化学药剂直接或间接毒杀害虫的方法。常用药剂有敌敌畏、六六六等。此外，还有一些杀虫剂可以配成诱饵，被害虫吞食后通过胃肠吸收进入体内，使其中毒死亡，称为胃毒剂，如亚砒霜、亚砒霜钠等。

在化学防治中，要选用对害虫有较高毒性的药剂，同时选择害虫抵抗力最弱的时期施药。施药时，应严格遵守药物使用规定，注意人身安全和被处理商品、库房建筑以及备品用具的安全。应采取综合防治与轮换用药等方法，以防害虫形成抗药性。

(二)霉变的防治

霉变是仓储商品的主要质量变化形式。霉变产生的条件有：商品受到霉变微生物污染，其中含有可供霉变微生物利用的营养成分（如有机物构成的商品）；处在适合霉变微生物生长繁殖的环境下。霉菌往往寄生于能供给它养料的有机材料，如木、皮革、皮棉、麻制品等上面。要想防治霉变，必须根据霉菌的生理特点和生长繁殖的环境条件，采取相应的措施，抑制或杀灭霉菌微生物。

1. 常规防霉

常规防霉可以采用低温防霉法与干燥防霉法。低温防霉法就是根据商品的不同性能，控制和调节仓库温度，使商品温度降至霉菌生长、繁殖的最低温度界限以下，抑制其生长、繁殖；干燥防霉法就是降低仓库环境中的湿度和商品本身的含水量，使霉菌得不到生长、繁殖所需要的水分，达到防霉变的目的。

2. 药剂防霉

药剂防霉是将对霉变微生物具有杀灭或抑制作用的化学药品撒或喷到商品上，如苯甲酸、苯甲酸钠对食品的防腐，甲基硫菌灵对果菜的防腐保鲜。另外，还有水杨酰苯胺及五氯酚钠等对各类日用工业品、纺织品、服装鞋帽等的防腐。

防霉药剂能够直接干扰霉菌的生长、繁殖。理想的防霉药剂，应当是灭菌效果好，对人的毒害小，常用的有水杨酰苯胺、五氯酚钠、氯化钠、多菌灵、甲基硫菌灵等。

3. 气相防霉

气相防霉就是利用气相防霉剂散发出的气体，抑制或毒杀商品上的霉菌。它是一种较先进的防霉方法，用法是把挥发物放在商品的包装内或密封垛内。

对于已经发生霉变但可以救治的商品，应立即采取措施，根据商品性质可选用晾晒、加热消毒、烘烤、熏蒸等办法，以减少损失。

三、商品霉腐的防治

商品霉腐防治是根据商品霉腐原因采取适宜措施所进行的防霉防腐及其救治工作。商品的成分结构和环境因素，是微生物生长繁殖的营养源和生活的环境条件。必须根据微生物的生理特点，实行"以防为主，防治结合"的方针，从改善商品组成、结构和储存的环境条件等方面采取有效措施，造成不利于微生物的生理活动环境，从而达到抑制或杀灭微生物的目的。商品防霉腐主要方法有：

（1）化学药剂防霉腐包装技术。这主要是使用防霉防腐化学药剂将待包装物品、包装材料进行适当处理的包装技术。

这些化学药剂统称为防霉防腐剂，一般有两大类：一类是用于工业品的防霉剂，另一类是用于食品的防霉腐剂。应用防霉腐剂，有的是将药剂添加到原材料中生产出防霉腐包装材料，有的是直接加在某个包装工序中，有的是将药物制成溶液，喷洒或涂抹在商品表面，有的用药液浸泡包装材料、包装容器后再用于包装。但是这些处理都会使有些商品的质量与外观受到不同程度的影响。利用防霉防腐剂的杀菌机理主要是使菌体蛋白质凝固、沉淀、变性。有的是用防霉防腐剂与菌体酶系统结合，影响菌体代谢；有的是用防霉防腐剂降低菌体表面张力，增加细胞膜的通透性，而发生细胞破裂或溶解。

使用防霉防腐剂时应选择具有高效、低毒、使用简便、价廉、易购等特点的防霉防腐剂。要特别注意防霉防腐剂的使用范围，尤其是食品、药品等生活用品的防霉腐包装一定要保证药剂符合安全卫生的标准。同时还要求该防霉防腐剂不影响商品的性能和质量，有较好的稳定性、耐热性与持久性，对金属等包装材料无腐蚀作用。

（2）利用气相防霉腐剂的挥发气体直接与霉腐菌接触，杀死这些微生物或抑制其生长，以达到商品防霉腐的效果。

气相防霉腐是气相分子直接作用于商品上，对商品外观和质量不会产生不良影响，但要求包装材料和包装容器具有气率小，密封性能好的特点。

常用的气相防霉腐剂有多聚甲醛、环氧乙烷等防霉腐剂。多聚甲醛是甲醛的聚合物，在常温下可徐徐升华解聚成有甲醛刺激气味的气体，能使菌体蛋白质凝固，以杀死或抑制霉腐微生物。使用时将其包成小包或压成片剂，与商品一起放入包装容器内加以密封，让其自然升华扩散。但是多聚甲醛升华出来的甲醛气体在高温高湿条件下可能与空气的水蒸气结合形成甲酸，对金属有腐蚀性，因此不能用于金属包装的商品。另外，甲醛气体对人的眼睛黏膜有刺激作用，对眼睛有损害，所以操作人员应注意做好保护。环氧乙烷作为防霉腐剂，能与菌体蛋白质、酚分子的羧基、氨基、羟基中的游离的氢原子结合，生成羟乙基，使细菌代谢功能出现障碍而死亡。环氧乙烷分子穿透力比甲醛大，因此杀菌力也比甲醛强，环氧乙烷可在低温下使用，比较适宜于怕热、怕潮的商品防腐包装。但环氧乙烷能使蛋白质液化，会破坏粮食中的维生素和氨基酸，还会残留下有毒物质氯乙醇，因此不宜用作粮食和食品的防霉腐，只可用于日用工业品的防霉腐。

（3）将各类商品用不同的保护气体置换包装内的空气以达到防霉腐的效果。

气调防霉腐包装主要用于各类食品的保鲜，以延长食品货架期，提升食品价值。气调防霉腐包装常用的气体有二氧化碳、氮气、氧气等。二氧化碳具有抑制大多数腐败细菌和霉菌生长繁殖的作用。氮气是理想的惰性气体，它一般不与食品发生化学反应，也不被食品所吸收，但能减少包装内的含氧量，极大地抑制细菌、霉菌等微生物的生长繁殖，减缓食品的氧化变质及腐败。氧气具有抑制大多数厌氧腐败细菌的生长繁殖，维持新鲜果蔬生鲜状态的呼吸代谢的作用。

气调防霉腐是生态防霉腐的形式之一。霉腐微生物与生物性商品的呼吸代谢都离不开空气、水分、温度这三个因素。只要有效地控制其中一个因素，就能达到防止商品发生霉腐的目的。如只要控制和调解空气中氧的浓度，人为地造成一个低氧环境，霉腐微生物生长繁殖和生物性商品自身呼吸就会受到控制。气调防霉腐包装就是在密封包装的条件下，通过对包装盒或包装袋的空气进行置换，改变盒（袋）内食品的外部环境，抑制细菌（微生物）的生长繁衍，减缓新鲜果蔬新陈代谢的速度，从而延长食品的保鲜期或货架期。如通过改变包装内空气组成成分，以降低氧的浓度，造成低氧环境来抑制霉腐微生物的生命活动与生物性商品的呼吸强度，从而达到对被包装商品防霉腐的目的。

（4）通过一定的技术控制商品本身的温度，使其低于霉腐微生物生长繁殖的最低界限，从而抑制商品的呼吸和代谢分解，同时也抑制微生物繁殖的代谢和生长繁殖，从而达到防霉腐的目的。

低温冷藏防霉腐所需的温度与时间应按具体商品而定，在低温环境下，霉菌不仅活动会受到极大的抑制，甚至还会死亡。所以一般来说，环境温度越低，持续时间越长，霉腐微生物的死亡率越高，防霉腐的效果越好。

按冷藏温度的高低和时间的长短，低温防霉腐可分为冷藏和冷冻两种。冷藏防霉腐包装的温度一般为 3~5 摄氏度。在此温度下，霉腐微生物的酶几乎都失去了活性，新陈代谢的各种生理生化反应缓慢，甚至停止，因此霉菌的生长繁殖受到极大地抑制，但并未死亡。冷藏一般适于含水量大又不耐冰冻的易腐商品，如水果、蔬菜、鲜蛋等。冷冻是适于耐冰冻、含水量大的易腐商品，温度通常控制在 -12 摄氏度以下的冻结储藏，在此温度下，霉菌多数死亡。在冷冻期间，商品的品质基本上不受损害，商品上霉腐微生物同细胞内液变成冰晶脱水，冰晶水损坏细胞质膜而引起死伤。冷冻一般适合于肉类、鱼类等防霉腐包装，但低温冷冻防霉包装时应注意选用耐低温的包装材料。

（5）电离辐射是指能量通过空间传递，照射到物质上，射线使被照射的物质产生电离作用。电离辐射的直接作用是当辐射线通过微生物时能使微生物内部成分分解而引起诱变或死亡。其间接作用是使水分子离解成为游离基，游离基与液体中溶解的氧作用产生强氧化基团。此基团使微生物酶蛋白的疏基氧化，酶失去活性，因而使其诱变或死亡。辐射可导致害虫、虫卵、微生物体内的蛋白质、核酸及促进生化反应的酶受到破坏、失去活力，进而终止食品等被侵蚀和生长老化的过程，维持品质稳定。

电离辐射防霉腐包装目前主要应用 β 射线与 γ 射线。用于辐射包装的射线具有穿透力强、杀伤力大的特点，通过这种射线的辐射，寄生在食品中的病原菌、微生物及昆虫等都被杀死。同时，食品在辐射处理后还能抑制食品自身的新陈代谢过程，因而可以防止食品的变质与霉烂。包装的商品在电离辐射后即完成了消毒灭菌，在照射后，如果不再污染，配合冷藏的条件，则小剂量辐射能延长保存期数周到数月，而大剂量辐射可彻底灭菌，长期保存。但是，辐射剂量过大可能会加速包装材料的老化和分解，因此要注意控制剂量。

第五节　特殊商品

一、特殊商品概述

（一）危险品

1. 危险品的概念

危险品又称为危险化学品、危险货物，是指在流通中，由于本身具有的燃烧、爆炸、腐蚀、毒害及放射线等性能，或因摩擦、振动、撞击、曝晒或温湿度等外界因素的影响，能够发生燃烧、爆炸或使人畜中毒、表皮灼伤、以至危及生命，造成财产损失等危险性的商品。

在运输、装卸和储存过程中，危险品容易造成人身伤亡和财产毁损，是属于需要特别防护的一类货物。危险品主要有化工原料、化学试剂及部分医药、农业杀虫剂、杀菌剂等。

2. 危险品等级编码

危险品等级编码如表 9-2 所示。

表 9-2　危险品等级编码

危险品等级编码	危险品等级名称
0.0	非危险品
1.1	具有同时爆炸危险的物质和物品
1.2	具有喷射危险但无重大爆炸危险的物质和物品
1.3	具有燃烧危险，或者较小爆炸危险，或者较小喷射危险的物质和物品
1.4	无重大危险的物质和物品
1.5	具有同时爆炸危险但很不敏感的货物
1.6	没有整体爆炸危险的极不敏感物品
2.1	易燃气体
2.2	非易燃气体
2.3	有毒气体
3	易燃液体
4.1	易燃固体
4.2	易自燃物质
4.3	遇水放出易燃气体的物质
5.1	氧化物质
5.2	有机过氧化物
6.1	有毒物质
6.2	感染性物质
7	放射性物质
8	腐蚀品
9	杂类、海洋污染物

3. 危险品种类

（1）爆炸品。

本类货物是指在外界作用下，如受热、撞击等，能发生剧烈的化学反应，瞬时产生大量的气体和热量，使周围压力急骤上升，发生爆炸，对周围环境造成破坏的物品，也包括无整体爆炸危险，但具有燃烧、抛射及较小爆炸危险，或仅产生热、光、音响、烟雾等一种或几种作用的烟火物品。

本类货物按危险性分为六项。

①具有同时爆炸危险的物质和物品（如硝酸甘油），一般的压缩气体受撞击均会发生爆炸（如液态二氧化碳）。

②具有喷射危险但无重大爆炸危险的物质和物品。

③具有燃烧危险，或者较小爆炸危险，或者较小喷射危险的物质和物品。本项货物危险性较小，万一被点燃或引燃，其危险作用大部分局限在包装件内部，而对包装件外部无重大

危险。

④无重大危险的物质或物品,如演习手榴弹、安全导火索、礼花弹、烟火、爆竹、手操信号装置等。

⑤具有同时爆炸危险但很不敏感的货物。

⑥没有整体爆炸危险的极不敏感物品(如硝酸铵)。本项货物性质比较稳定,在着火试验中不会爆炸。

(2) 易燃气体。

本类物质是指易燃的气体、混合气体(如甲烷、氢气)。

(3) 易燃液体。

本类货物是指易燃的液体、液体混合物或含有固体物质的液体,但不包括由于其危险特性列入其他类别的液体。其闭杯试验闪点等于或低于61摄氏度,但不同运输方式可确定本运输方式适用的闪点,而不低于45摄氏度。

本类货物按闪点分为三项。

①低闪点液体。

本项货物是指闭杯试验闪点低于 -18 摄氏度的液体。

②中闪点液体。

本项货物是指闭杯试验闪点为 -18~23 摄氏度的液体。

③高闪点液体。

本项货物是指闭杯试验闪点为 23~61 摄氏度的液体。

(4) 易燃固体。

①易燃固体。

本项货物是指燃点低,对热、撞击、摩擦敏感,易被外部火源点燃,燃烧迅速,并可能散发出有毒烟雾或有毒气体的固体,但不包括已列入爆炸品的物质,如红磷、硫黄、镁粉。

②易自燃物质。

本项货物是指自燃点低,在空气中易于发生氧化反应,放出热量,而自行燃烧的物品,如白磷。

③遇水放出易燃气体的物质。

本项货物是指遇水或受潮时,发生剧烈化学反应,放出大量的易燃气体和热量的物品。有些不需明火,即能燃烧或爆炸,如钾、钠、铯、锂、碳化钙、磷化镁、磷化钙、硅化镁。

(5) 氧化物质和有机过氧化物。

①氧化物质。

本项货物是指处于高氧化态,具有强氧化性,易分解并放出氧和热量的物质。它包括含有过氧基的有机物,其本身不一定可燃,但能导致可燃物的燃烧,与松软的粉末状可燃物能组成爆炸性混合物,对热、震动或摩擦较敏感,如氯酸钾、高锰酸钾、高氯酸、过硫酸钠。

②有机过氧化物。

本项货物是指分子组成中含有过氧基的有机物,其本身易燃易爆,极易分解,对热、震动或摩擦极为敏感,如过氧乙醚。

(6) 有毒品。

①有毒物质。

本项货物是指进入肌体后，累积达一定的量，能与体液和组织发生生物化学作用或生物物理变化，扰乱或破坏肌体的正常生理功能，引起暂时性或持久性的病理状态，甚至危及生命的物品。经口摄取半数致死量：固体 LD50≤500 毫克/千克，液体 LD50≤2 000 毫克/千克；经皮肤接触 24 小时，半数致死量 LD50≤1 000 毫克/千克；粉尘、烟雾及蒸气吸入半数致死浓度 LC50≤10 毫克/升的固体或液体，以及列入危险货物品名表的农药，如苯酚、甲醇。

说明：有毒气体的等级编码为 2.3。

②感染性物质。

本项货物是指含有致病的微生物，能引起病态甚至死亡的物质。

（7）放射性物质。

本项货物是指有放射性的物品，如镭、铀、钴-60、硝酸钍、二氧化铀、乙酸铀酰锌、镭片。

（8）腐蚀品。

本类货物是指能灼伤人体组织并对金属等物品造成损坏的固体或液体。与皮肤接触在 4 小时内出现可见坏死现象，或温度为 55 摄氏度时，对 20 号钢的表面均匀年腐蚀率超过 6.25 毫米/年的固体或液体。本类货物按化学性质分为三项：

①酸性腐蚀品，如硫酸、盐酸、硝酸、氢碘酸、高氯酸、五氧化二磷、五氯化磷。

②碱性腐蚀品，如氢氧化钠、甲基锂、氢化锂铝、硼氢化钠。

③其他腐蚀品，如乙酸铀酰锌、氰化钾。

（9）杂类、海洋污染物。

二、冷冻冷藏商品

（一）冷库

1. 冷库简介

冷库主要用作对食品、乳制品、肉类、水产、禽类、果蔬、冷饮、花卉、绿植、茶叶、药品、化工原料、电子仪表仪器等的恒温储藏。冷库实际上是一种低温联合起来的冷气设备，冷库（冷藏库）也属于制冷设备的一种，与冰箱相比较，其制冷面积要大得多，但它们有相通的制冷原理。

2. 冷库分类

冷库实际上是一种低温冷冻设备，冷冻温度一般为 -30～-10 摄氏度，存储冷冻食品的量比较大。冷库的分类如下：

（1）按结构形式分，分为土建冷库、装配式冷库。

（2）按使用性质分，分为生产性冷库、分配性冷库。

（3）按规模大小分，分为大型冷库、中型冷库、小型冷库。

（4）按冷库制冷设备选用工质分，分为氨冷库、氟利昂冷库。

（5）按使用库温要求分，分为高温冷库、低温冷库、冷藏冷库。

（二）冷库结构

1. 冷却和冷冻间

货物在进入冷藏间或冷冻库房之前，先在冷却或冷冻间进行冷处理，将货物均匀地降温到预定的温度。对于冷藏货物,降温至 2~4 摄氏度;冷冻货物则迅速地降至 -20 摄氏度,使货物冻结,因而冷却和冻结间具有较强的制冷能力。

2. 冷冻库房

冷冻库房是经预冷达到冷冻保存温度的冷冻货物较长时间保存的库房。冷冻货物的货垛一般较小,以便降低内部温度。库内采用叉车作业为主,大多采用成组垛。

3. 冷藏库房

冷藏库房是冷藏货物存储的场所。货物在预冷后送入冷藏库房码垛存放。冷藏货物仍具有新陈代谢和微生物活动,还会出现自升温现象,因而冷藏库还需要进行持续的冷处理。冷藏库一般采用行列垛方式码垛存放,由于冷藏存放期较短,货物在库内搬运活性较高,托盘成组堆垛较为理想。

4. 分发间

冷库内不便作业,而且会造成库内温度波动较大,因此货物出库时采取迅速地将冷货从冷藏库或冷冻库移到分发间,在分发间进行作业装运。

第六节 在库货品的保管

一、保管原则

在仓库货品保管中,为了保证货品的质量和货品流通的有效性,一般应遵循以下的管理方法和原则。

1. 先进先出的管理方法

在仓库货品保管中,先进先出是一项非常重要的原则,尤其是有保质期的货品,如果不以先进先出的原则处理的话,恐怕会造成货品过期或者变质,以致影响整个仓库的保管效益。当然,也有些货品为了满足特殊的需求,按先进后出的原则安排。

2. 零数先出的管理方法

在仓库货品保管中,时常会有拆箱零星出货的情形发生。因此,在出货时,应优先考虑使零数或者已经拆箱的产品先出货,除非整箱订货。这样可以减少不必要的额外劳动,提高仓库工作的效率。

3. 重下轻上的管理方法

在储存规划时,如果是多层楼房,则应该考虑较重的产品存放在楼下,而较轻的产品存放在楼上;如果使用货架或者直接平放在地面上,则应该考虑较重的产品存放在下层容易进出的地方,而较轻的产品存放在上层。如此规划布置,才能避免较轻的产品被较重的产品压坏,同时,也可以提高仓库作业的效率。

4. ABC 分类的管理方法

ABC 分类管理是将库存物品按品种和占用资金的多少分为特别重要的库存(A 类)、一般重要的库存(B 类)和不重要的库存(C 类)三个等级,然后针对不同等级分别进行管理与控制(GB/T 18354-2006)。在产品的存放规划、布置上,首先应该按产品的出货频率,将产品分为 A、B、C 三类。在做平面规划时,把出货频率高的 A 类产品规划在靠近门口或者走道旁边,把出货频率最低的 C 类产品规划在角落或者靠门较远的地方,而 B 类产品则堆放在 A 类与 C 类产品之间。如果使用托盘式货架，则必须考虑将 A 类产品存放于货架第一层容易存取的地方，将 B 类产品存放在第二层，将 C 类产品存放于最上层不容易存取的地方。如果使用箱式料架，则按照人体操作原则，将 A 类产品存放于人站立时两手很容易存取的中层位置，将 B 类产品存放于需要蹲下时才能存取的下层位置，将 C 类产品存放于需要使用梯子或者椅子才能存取的上层位置。

5. 按照货品类别存放的管理方法

在仓库货品保管中，尽量将特性相同的货品放在一起存放。例如，有些产品会散发气味（香皂、香水等），有些产品则会吸收气味（茶叶等），而有些产品既散发气味也吸收气味（香烟等）。若把散发气味与吸收气味的产品存放在一起，则会使产品的质量发生变化。因此，在仓库中应将不同类别的货品分类存放，并考虑货品的特性，能够互相影响的货品要格外考虑。

二、冷冻货品的保管

（一）冷冻保管的意义

有些食品具有呼吸功能、后熟作用，也会出现萌发与抽薹、蒸发等现象，其本身的质量在不断发生变化，会降低食品的食用特性。在仓库保管中，可以通过影响食品的外界条件来延缓这些变化。降低环境温度和适当控制湿度是一项重要措施。

食品含有丰富的营养，为微生物繁殖创造了良好条件。在储存过程中，受环境和时间的影响，食品往往由于微生物的污染而发生腐烂、霉变和发酵等生物学变化。防止食品发酵的措施是：对于含水量低或干燥的食品，应在相对湿度低于 70% 的条件下存放，尽量保持其原有的安全水分含量；对于含水量较大的生鲜食品，应控制在低温条件下储存，储存温度一般应控制在 10 摄氏度以下，若长期储存则应采取冷冻措施。

（二）食品低温储藏的原理

1. 食品低温储藏的目的

有些食品在冷却或冻结后，应放在冷藏或冷冻的环境中储存，并尽可能使食品的温度和储存环境的温度处于平衡状态，以抑制食品中的各种变化，确保食品的鲜度和质量。冷冻状态的食品因 80% 以上的水冻结成冰，故能达到长期储藏、保鲜的目的。

2. 低温储藏、保鲜应遵循的原则

为了保持食品的质量，在冷库内储藏食品时，应遵循以下原则。

（1）食品入库前必须经过严格检验，适合冷冻、冷藏的产品才能入库。

（2）严格按照食品储存要求的温度条件进行储存。温度、湿度要求不相同的食品，不能存放在一起。

（3）有挥发性和有异味的食品应分别储藏，否则会造成串味并影响食品质量。

（4）食品严格按照先进先出的原则进行管理。

3. 食品冷冻链的环节

食品冷冻链由冷冻加工、冷冻储藏、冷藏运输和冷冻销售四个方面构成。

（1）冷冻加工。冷冻加工包括肉类、鱼类的冷却与冻结，果蔬的预冷与速冻，各种冷冻食品的加工等。其主要涉及冷却与冻结装置。

（2）冷冻储藏。冷冻储藏包括食品的冷却和冻结储藏，也包括果蔬的气调储藏。其主

要使用各类冷藏库、冷藏柜、冷冻柜和家用冰箱等设备。

（3）冷藏运输。冷藏运输包括食品的中、长途运输及短途送货等。其主要涉及铁路冷藏车、冷藏汽车、冷藏船、冷藏集装箱等低温运输工具。

在冷藏运输过程中，温度的波动是引起食品质量下降的主要原因之一，因此，运输工具必须具有良好的性能，不但要保持规定的低温，而且切忌大的温度波动，长距离运输尤其如此。

（4）冷冻销售。冷冻销售包括冷冻食品的批发及零售等，由生产厂家、批发商和零售商共同完成。在我国，早期的冷冻食品销售主要由零售商的零售车及零售商店承担，近年来，城市中超级市场的大量涌现，已使其成为冷冻食品的主要销售渠道。超级市场中的冷藏陈列柜，如冰激凌、速冻水饺的冷藏陈列柜，兼有冷藏和销售的功能，是食品冷冻链的主要组成部分之一。

4. 冷冻货品温度的检验与跟踪

冷冻货品的流通管理也叫冷冻链管理。冷冻链管理中非常重要的组成部分是对商品流通中的某一阶段或全过程的温度的检验、记录和跟踪。没有温度的检验和跟踪就不能保证冷冻链商品在流通的各环节都处于合格的温度控制范围，就不能及时发现冷冻链中存在的问题。冷冻链中温度的检验与跟踪也是货品交接中保证货品质量的依据。

5. 冷库库房的管理

冷库与一般通用库房不同，它的结构、使用性能都有特殊的要求。冷库是用隔热材料建成的低温密封性库房，具有怕潮、怕水、怕风、怕热交换等特性。因此，在使用冷库时，应注意以下问题。

（1）冷库门要保持常闭状态，商品出入库时，要随时关门。空气的对流是温度散失的主要原因，所以要尽量减少冷热空气的对流。凡经常出入货品的库门，要安装空气幕、塑料隔温帘或快速门等装置。要保持库门的灵活，并尽可能安装电动门，使库门保持随时关闭。

（2）冷库内各处（包括地面、墙面和顶棚）应无水、霜、冰，库内的排管和冷风机要定期除霜、化霜。库房墙面和顶棚出现冰霜可能是库房漏气或隔热层失效造成的，所以要严格检查。

（3）冷库是储存冷冻货品的设施，一般设计时没有考虑急速降温功能，所以没有经过冻结的温度过高的货品不能入库。一是由于较高温度的货品会造成库内温度的急速回升，使库温波动过大；二是货品入库后带入库房的热空气会产生凝结在库房墙面上的冰霜，时间一长会使库板夹层分离。

（4）冷库必须按规定用途使用，高、低温库不能混淆使用。冷库在没有商品储存时，也应保持一定的温度，速冻间和低温冷藏间应在 -5 摄氏度以下，高温冷藏间在露点温度以下，以免库内滴水受潮，影响建筑。

（5）冷库的地板与一般库房的地板不同，有隔热层，所以有严格的承重要求和保温要求。如果地板表面保护层被破坏，有水分浸入，则会使隔热层失效。因此，不能将商品直接铺放在库房地板上冻结；拆垛时，不能用倒垛的方法；脱钩和脱盘时，不能在地坪上摔击，以免砸坏地坪，破坏隔热层。

（6）为了防止冷库地板下面因温度差而发生冻结和鼓起，要安装自然通风或强制通风装置；要保持地下通风管道畅通，并定期检查地下通风管道内有无结霜、堵塞和积水，检查回风温度是否符合要求，地下通风管道周围严禁堆放物品。

（7）冷库货品的堆放要与墙、顶、灯、排管有一定的距离，以便检查、盘点等作业。

（8）冷库内要有合理的走道，方便操作、运输，并保证安全。库内操作要防止运输工具和商品碰撞冷藏门、电梯门、柱子、墙壁、排管和制冷系统的管道，在易受碰撞之处应加保护装置。

6. 冷库货品的管理

冷库中储存的货品一般是处于产成品阶段的货品。确保货品在库过程中的质量完好，并提高冷库的运作效率是冷库管理所追求的目标。冷库的货品管理一般应注意以下五个方面。

（1）严格控制库房温度、湿度，满足货品储存的特性要求。在一般情况下，冷库的平均温度升降幅度一昼夜不得超过 10 摄氏度，高温库房的温度一昼夜升降幅度不得超过 0.5 摄氏度。这不包括设备化霜和出入库所引起的短时间和局部的温度变化。在货物进出库过程中，低温库温度升高不得超过 4 摄氏度，高温库温度升高不得超过 3 摄氏度。食品的入库温度一般不应高于冷库设定温度 3 摄氏度以上，即在 −18 摄氏度的库房中，货品的入库温度达到 −15 摄氏度，较为合理。当入库货品温度偏高而影响库内原有货品温度时，应把入库货品单独储藏，在降温后再入库。

（2）降低货品干耗。食品在冷加工与储藏过程中，会发生水分的蒸发，即食品的干耗。干耗不但使食品干枯、降低营养价值，而且会引起重量损失。一般应采取以下措施。

①降低储藏温度。
②改进包装。
③控制库房湿度。
④用冰衣覆盖货品。

（3）合理堆放。冷库货品堆放要尽量紧密，以提高库房利用率。不同类别的货品放置在不同的地方，没有包装的货品不要和有包装的货品放在一起，味道差异比较大的货品不要放在一起。货品堆放要尽量避开风机、蒸发器下面，以免水滴在货品上。

（4）经常检查。冷库中的货品要经常检查，查看货品是否按照出入库要求先进先出，是否存放时间过长而发生质量变化，货品表面是否结冰、结霜等。

（5）减少货品搬动次数。冷库中由于作业环境的关系，应尽量减少货品搬动的次数。搬动次数的增加会增加货品破损的机会，并且低温环境下的人工作业会加大运作成本。可以采用整板出货、整层出货的方法减少人工搬动货品的机会。

7. 冷库人员的管理

冷库中的作业环境与其他仓库中的作业环境有相当大的差别，所以冷库中的作业人员管理也要引起足够的重视，以下五点需注意。

（1）加强防护，避免冻伤。冷库作业人员必须穿符合要求的保温工作服、保温鞋，戴手套；要按规定限制库内连续作业时间，一般冷库中连续作业不能超过 30 分钟；作业人员身体的裸露部位不得接触冷冻库内的物品，包括货物、排管、货架、作业工具等。

（2）防止人员缺氧窒息。冷库特别是冷藏库内的植物和微生物的呼吸作用会使二氧化碳浓度增加或者使冷媒泄入库内，从而使库房内氧气不足，造成人员窒息。人员在进入库房前，尤其是长期封闭的库房，需进行通风，排除氧气不足的可能性。

（3）避免人员被封闭在库内。冷库门在关闭之前一定要确认库内没有人员滞留，人员入库，应能看到悬挂的警示牌和逃生指示。冷库应有逃生门，并且要保持正常使用状态。

（4）加强培训，安全作业。冷库作业人员要加强培训，使每一个作业人员都了解冷库的操作特点和要求。在冷库中，作业人员不能跑动，不能攀爬货架，注意操作注意事项等，要让员工了解并遵照执行。

（5）妥善使用设备。冷库中所使用的设备和仪器必须有低温运行性能。冷库的叉车是特殊用途的叉车，冷库的灯也要用专用灯。一般的塑料托盘不能在冷库中使用，而必须用耐低温的专用托盘。

8. 我国冷冻链的管理现状

食品的冷冻加工处于冷冻链的生产阶段，即指易腐食品从收获后的现场冷冻保鲜至低温储藏的过程。食品的冷冻加工是目前我国食品冷冻链中比较薄弱的环节，具体表现为冻结设备少、加工能力不足，特别是缺少机械化加工设备。在渔业方面，只有少量渔船配备冷冻装置，绝大多数靠冰块保鲜，而冰块保鲜仅能维持 10～12 天，渔船回港后，舱底早期捕捞的鱼质量较差。果蔬加工同样存在这样的问题。当进入果蔬原料收摘旺季时，由于加工条件的限制，相当多的果蔬不能进入冷冻冷藏环节，大部分只能在常温下用敞篷车运输，损耗十分严重。许多易腐产品，由于冷冻加工处理不当，在冷冻链的其他环节虽能按部就班，但最终还是不能达到保鲜的目的。

冷冻冷藏运输属于冷冻链的流通阶段。流通阶段的硬件设施主要指流通过程中的冷藏运输设备，包括冷藏火车、冷藏汽车、冷藏船和冷藏集装箱等。我国的肉、蛋、奶、水产品、果蔬等每年增产 10% 以上，而这些食品中有 70% 以上为易腐食品。这些易腐食品主要靠铁路和公路运输。2000 年年初统计，我国有铁路机械冷藏车有 2 339 辆、加冰冷藏车有 5 055 辆、冷藏汽车有约 30 000 辆，但仅能满足温控货品运力的 50% 左右。美国和一些欧洲国家 80%～100% 的易腐货物在预冷后进行运输。而我国 80% 的易腐货物不经过预冷过程就直接装车运输，特别是未冷却的水果、蔬菜的田间热、呼吸热都很大，不经预冷就装车运输，不但增加了运输工具的热负荷，而且使 30%～50% 的货物质量明显降低，特别是在运输叶菜时，黄叶、腐烂率都比较高，不预冷就用冷藏车直接运输的损耗在 20% 以上。

冷藏集装箱有冷藏汽车无可比拟的优点。目前，我国有集装箱生产企业多家，但基本上都是生产海运集装箱，主要用来运输进出口的易腐食品，对内销食品没有起到大的帮助作用。只有当公路、水路和铁路的冷藏运输设备共同担负起我国易腐食品的冷藏运输任务，我国食品冷冻链的冷藏运输才能达到世界先进水平。

在销售环节，改革开放以前，我国易腐食品的销售，多数是在常温下进行的。改革开放以来，冷冻链消费环节的硬件设施建设有了快速发展，我国引进了国外零售业先进的冷藏生产设备，各种用途和各种类型的商用冷柜不断推进市场，商业批发、零售基本已配置冷柜或小冷库。销售环节冷藏设备的加强使冷冻链得到了延长，温控食品的质量得到了进一步的改善。

总的来讲，近几年我国冷冻链管理水平有了很大的提高，冷冻链所依靠的设施和设备有了很大发展，加工、储藏、销售等各环节的衔接更加紧密和协调，特别是冷藏陈列柜替代了冷藏库，成为冷冻链末端面对客户的设备主体，从而形成了一个较完整的冷冻链。这为保证食品质量、促进市场发展起到了关键的作用。

三、特种货品的保管

（一）易燃、易爆货品

易燃、易爆货品在保管时除了必须严格遵守国家的有关规定外，在管理时还要注意以下三点。

(1) 易燃液体在常温下会不断挥发出可燃蒸气，其蒸气一般有毒性，有时还有麻醉性，所以在入库时必须严格检查包装是否漏损，在储存期内也应定期检查，发现问题及时解决。同时，库房必须保持通风，作业人员应穿戴相应的防护用品，以免发生中毒事件。

(2) 易燃液体受热后蒸发出的气体，在压力增大后会使容器膨胀，严重时可使容器破裂发生爆炸事故，所以容器不可装得过满；同时，库房内和库区周围应严禁烟火，加强通风。

(3) 易爆货品受到外界的一定影响如高热、震动、摩擦、撞击或与酸、碱等物质接触时，会发生剧烈反应，产生大量气体和热量，由于气体的急剧膨胀，会产生巨大压力而爆炸。根据其性质，易爆货品可分为点火即起爆器材（点火绳、导爆索、雷管等）、炸药及爆炸性药品（TNT、硝化甘油炸药、黑火药等）和其他爆炸性物品（炮弹、枪弹、礼花炮、爆竹等）。保管该类物品应注意装卸和搬运时轻拿轻放，严禁碰撞、拖拉与滚动，作业人员严禁穿有铁钉的鞋，工作服严防产生静电。储存易爆货品的仓库必须远离居民区，还应与周围建筑、交通干道、输电线路保持一定的安全距离；库房一定要远离火源，必须保持通风干燥，同时还应安装避雷设备，保持适宜的温湿度。在一般情况下，库温以 15～30 摄氏度为宜，存储易吸湿爆炸品的库房的相对湿度不得超过 65%，仓库地面应铺垫 20 厘米左右的木板。盛放或携带零星易爆货品时，不能用金属容器，要用木、竹、藤制的筐或箱，以免因摩擦而发生爆炸事故。易爆货品必须单独隔离，限量储存。仓库内的电器设备应符合安全要求，定期检修，下班断电。

(二) 其他危险品

除了要对上述特种货品进行保管外，还应对压缩气体、液化气体、易燃固体、自燃物品、遇湿易燃物品、有毒物品、氧化剂、有机过氧化物、放射性物品、腐蚀品等危险品进行保管。其具体要求如下。

(1) 储存危险品的库房不得用地下室或其他地下建筑，应具有一定的耐火等级、层数、占地面积、安全疏散和防火间距；必须安装通风设备，并注意设备的防护措施；库区及库房内输配电线路、灯具、火灾事故照明和疏散指示标志，都应符合安全要求。

(2) 压缩气体、液化气体必须专库专用；盛装液化气体的容器属压力容器的，必须有压力表、安全阀、紧急切断装置，并定期检查，不得超装。

(3) 易燃固体、自燃物品和遇湿易燃物品，应注意库房温度的控制；装卸搬运时，应轻拿轻放，严禁与氧化剂、氧化性酸类混放。

(4) 有毒物品应储存在阴凉、通风、干燥的场所，不能露天存放，不能接近酸类物质。库内温度应在 32 摄氏度以下，相对湿度在 80% 以下。操作时严禁与皮肤接触，要注意防护。

(5) 氧化剂和有机过氧化物应储存在阴凉、通风、干燥的库房内，要轻拿轻放，严禁摩擦、拖拉，防止日晒。

(6) 腐蚀品应根据其性质的不同，进行分类存放；存放酸、碱的库房地面要用砂土、炉灰夯实；盛装酸类的容器不得与盛装其他物品的容器混用。

本章小结

本章主要介绍了商品在储存过程中的质量变化和影响商品质量变化的因素及其控制，讲述了商品养护的技术方法。通过本章的学习，使学生了解商品质量变化的类型和影响因素；明确库存商品的基本养护方法；掌握常见商品的储藏保管技术条件。

知识考查

一、单选题

1. 不属于化学防腐剂的是（　　）。
   A. 二氧化硫　　　B. 山梨酸　　　C. 山梨酸钾　　　D. 三氧化二铝
2. 储存爆炸品所用的仓库最好是（　　）。
   A. 冷藏库　　　B. 冷冻库　　　C. 立体仓库　　　D. 半地下库
3. 仓库害虫的物理防治方法有（　　）。
   A. 高温杀虫　　　B. 电离辐射　　　C. 充氮　　　D. 熏蒸剂
4. 多数细菌适宜在（　　）环境中生长，特别是肉、鱼、蛋等富含蛋白质的食物。
   A. 中性　　　B. 偏碱性　　　C. 酸性　　　D. 偏酸性
5. 下列哪些是易霉腐的商品？（　　）
   A. 糖果　　　B. 饼干　　　C. 罐头　　　D. 香烟

二、多选题

1. 流通领域中影响商品质量的因素有哪些？（　　）
   A. 商品包装因素　　B. 运输装卸因素　　C. 仓库储存因素　　D. 科学管理因素
   E. 员工素质因素
2. 商品储存期间，对商品质量的各种外界影响因素中，以（　　）的影响最重要。
   A. 空气温湿度　　B. 虫蛀　　C. 霉腐　　D. 被盗
3. 有害气体净化的方法有哪些？（　　）
   A. 吸附法　　B. 吸收法　　C. 催化法　　D. 空气净化器
4. 仓库空气的灭菌方法哪些？（　　）
   A. 杀毒剂　　B. 紫外线消毒法　　C. 加热消毒法　　D. 臭氧消毒法
5. 商品的物理变化有哪些？（　　）
   A. 串味　　B. 渗透　　C. 熔化　　D. 溶化
   E. 挥发　　F. 干裂

三、计算题

某仓库目前温度为35摄氏度，有一种商品保管温度为32摄氏度，请问：如何调节仓库温度？

第十章

仓储包装

知识目标：
（1）了解包装设备的概念、分类和特点。
（2）熟悉包装标识。
（3）掌握包装机械的工作原理。

能力目标：
（1）能够正确地选用和使用包装设备。
（2）熟练掌握包装的质量和包装速度。
（3）能够完成货物的包装。

素质目标：
（1）培养学生环保概念。
（2）培养学生创新意识。

导入案例

罗林洛克啤酒的独特包装策略

随着竞争的加剧和消费的下降，美国啤酒的竞争变得越来越残酷。像安毫斯·布希公司和米勒公司这样的啤酒业巨人正在占据越来越大的市场份额，从而把一些小的地区性啤酒商排挤出了市场。出产于宾夕法尼亚州西部小镇的罗林洛克啤酒在20世纪80年代后期勇敢地进行了反击。营销专家约翰·夏佩尔通过他神奇的经营活动使罗林洛克啤酒摆脱了困境，走向了飞速发展之路。而在约翰·夏佩尔的营销策略中，包装策略发挥了关键作用。包装在重新树立罗林洛克啤酒的形象时，扮演了重要角色。约翰·夏佩尔为了克服广告预算的不足，决定让包装发挥更大的作用。他解释道："我们不得不把包装变成牌子的广告。"该公司为罗林洛克啤酒设计了一种绿色长颈瓶，并漆上显眼的木装饰，使包装在众多的啤酒中很引人注目。约翰·夏佩尔说："有些人以为瓶子是手绘的，它跟别的瓶子都不一样，独特而有趣。人们愿意把它摆在桌子上。"事实上，许多消费者坚持认为装在这种瓶子里的啤酒更好喝。公司也重新设计了啤酒的包装箱。"我们想突出它的绿色长颈瓶与罗林洛克啤酒是用山区泉水酿制的这个事实。"约翰·夏佩尔解释道："包装上印有放在山泉里的这些瓶子。照片的质量很高，色彩鲜艳，图像清晰。消费者很容易从30厘米外认出罗林洛克啤酒。"

罗林洛克啤酒的包装策略符合"美观大方、突出特色"这一设计原则。"突出特色"容易识别产品，引起消费者注意，罗林洛克啤酒的包装采用绿色长颈瓶，与众不同。"美观大方"能吸引消费者，引起消费者的购买欲望。正因为罗林洛克啤酒的包装"美观大方、突出特色"，才使许多消费者坚持认为装在这种瓶子里的啤酒更好喝，从而促进了产品的销售，确立了竞争优势。

第一节 包装概述

一、包装的概念

我国国家标准《包装通用术语》（GB 4122 - 1983）中将包装定义为："在流通过程中保护产品，方便储运，促进销售，按一定技术方法而采用的容器、材料及辅助物等的总体名称；也指为了达到上述目的而采用容器、材料和辅助物的过程中施加一定技术方法等的操作活动。"按其在流通领域的作用，包装分为物流包装和商流包装两大类。

（一）物流包装

物流包装按包装大小不同分为单件运输包装和集合包装。

1. 单件运输包装

单件运输包装是指在物流过程中作为一个计件单位的包装。常见的单件运输包装有箱、桶、袋、包等。

2. 集合包装

集合包装又称成组化运输包装，是指一定数量的包装件或商品，装入具有一定规格、强度、适宜长期周转使用的大包装器内，形成一个合适的装卸搬运单位的包装。常见的集合包装有集装袋、集装包、托盘、集装箱等。

集合包装的主要作用是有利于装卸搬运的机械化、自动化，能够提高物流效率及服务水平，确保物品在物流过程中的安全。

（二）商流包装

商流包装又叫销售包装，是指直接接触商品，并随商品进入零售网点，和消费者或客户直接见面的包装。

物流包装与商流包装的区别：物流包装是为了满足运输要求而进行的包装，而商流包装通常是指销售包装；物流包装在商品流通中进行，商流包装在生产完毕时进行；物流包装的主要目的是保护商品运输，商流包装的主要目的是提高商品附加价值；物流包装在到达消费者手中之前消失，商流包装随产品到达消费者手中。

二、包装的作用

现代工业生产中，产品包装处于生产过程的末尾和物流过程的开头状态，而包装机械是使产品包装实现机械化、自动化、智能化的根本保证，包装机械在流通领域中起着相当重要的作用，主要体现在以下四个方面。

（1）劳动生产率大幅提高。包装机械综合了计算机技术、通信技术、传感器技术，可实现包装自动化、称重自动化、测控自动化，从而使包装效率几倍乃至几十倍地提高，例如，啤酒灌装率可达 36 000 瓶/小时，糖果包装机每分钟可包糖果数百块甚至上千块。

（2）保证产品质量，提高包装技术水平。采用机械包装能有效地摆脱人为因素的影响，减少污染，使产品稳定、卫生、可靠。机械包装有利于实现包装自动化、机械化、标准化、规格化，使包装物品外观整齐、美观。

（3）改善劳动条件，降低劳动强度。采用包装机械后，对于有害、危险、易污染物品的包装，可使操作者免于直接接触，防止污染；同时也可使操作者摆脱紧张重复的手工操作以及繁重的体力劳动，使劳动条件大为改善。

（4）综合效益提高。采用包装机械作业，可大大提高生产效率和产品质量，在商品美化、商品保护、促进销售、提高质量等方面实现了标准化，减少了物料损耗，包装成本降低了，提高了包装的综合效益。

三、包装的合理化

从现代物流学的观点来看，物流包装的合理化，是物流包装自身的问题，更是整个物流系统的合理化。分析物流包装是否合理，一方面用整个物流系统的效益来评价，而另一方面则是对物流包装自身的材料、技术运用、方式等组合进行评价。常见的不合理物流包装表现形式有以下两个方面。

（一）物流包装不足

物流包装不足主要指以下四个方面。

（1）物流包装的强度不足。

（2）物流包装材料不能起到防护作用。

物流包装材料的选择应遵循以下原则。

①包装材料应与包装物相适应，在满足功能的基础上尽量降低材料费。

②包装器材要与包装类别相协调，物流包装注重包装防护及物流环节的方便性，常用的器材有托盘、集装箱、木箱等。

③包装器材应与流通条件相适宜。

（3）物流包装容器的层次及容积不足。

（4）物流包装成本低，不能有效地包装。

（二）物流包装过剩

物流包装过剩主要体现在以下五个方面。

（1）包装强度设计过高。

（2）包装材料费用过高。

（3）包装技术过高。

（4）包装体积过大，层次过高。

（5）包装成本过高。

另外，运输工具、运输距离、道路状况对物流包装都有较大影响。这些都需要根据实际情况研究。

四、包装机械的种类

对于包装行业，不管是销售包装还是物流包装，包装质量的好坏，一方面取决于技术和包装材料，另一方面取决于包装机械设备。目前，我国常用的包装机械设备有以下几种。

(一) 充填机

充填机（图 10-1）是将数量精确的产品充填到各种包装容器中的机械。充填机一般由物料供送装置、计量装置、下料装置等组成。它可以单机独立使用，也可与各种包装机组成机组联合工作。在实际生产中，由于产品的性质、状态、计量精确度和充填方式等不同的因素，出现了各种类型的充填机。按照计量方式的不同，充填机可以分为容积式充填机、称重式充填机和计数式充填机三种。

图 10-1 充填机

果汁灌装机蓝莓汁灌装

枕头靠垫充装填充机

12 头全自动定量灌装机

1. **容积式充填机**

容积式充填机是将产品预定容量充填到包装容器内的机械，适用于粉状固体的填充。它的特点是结构简单、计量速度快、造价低、计量精度较低。因而，容积式充填机适用于价格比较便宜的物品的包装作业。根据计量原理的不同，容积式充填机有固定式和可调式量杯充填机、螺杆式充填机、计量泵式充填机等多种。

（1）固定式和可调式量杯充填机。

固定式量杯充填机采用定量的量杯将物料充填到包装容器内。它适用于颗粒较小且均匀的物料，计量范围一般在 200 毫升以下为宜。

可调式量杯充填机定量装置由上、下两部分组成，通过用手或自动微调，可以改变上、下量杯的相对位置，以实现容积的微调。其适用范围、充填原理都与固定式量杯充填机相同。可调式量杯充填机的特点是工作速度高、计量精度低、结构简单。

（2）螺杆式充填机。

螺杆式充填机利用螺杆的螺旋槽的容积来计量物料，通过控制螺杆旋转度或时间量取产品，并将其充填到包装容器内。

（3）计量泵式充填机。

计量泵式充填机是利用计量泵中转鼓的一定转数量取产品，并将其充填到包装容器内。

2. **称重式充填机**

称重式充填机是将产品按预定质量充填至包装容器内的机器，充填过程中，实现称出预定质量的产品，然后填充到包装容器内。它可分为毛重式充填机和净重式充填机。

(1) 毛重式充填机。

毛重式充填机是指对完成充填作业的物料和包装容器一起称重的机器。它的结构简单、价格低廉，但包装容器的质量直接影响充填物料的规定质量，所以它不适用于包装容器质量变化较大、物料质量占总体质量比例较小的场合，适用于价格较低的自由流动的物料及黏性物料的充填包装。

(2) 净重式充填机。

净重式充填机是指对物料称出预定质量后再充填入包装容器的机器。

3. 计数式充填机

计数式充填机是将产品按数目充填至包装容器内的机器。多用于被包装物规则排列的产品包装。

(二) 灌装机

灌装机（图10-2）是将液体物料按预定的量充填到包装容器内的机器。其主要机构包括包装容器的供给装置、灌装物料的供给装置和灌装阀三部分。

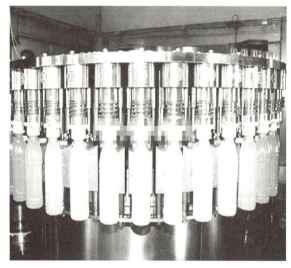

图10-2 灌装机

包装容器的供给装置的作用主要是将容器间隔地送至灌装工位，在灌装后，再将容器送出灌装机。灌装物料供给装置的作用主要是将物料提供给灌装阀，再灌装入包装容器。灌装阀的作用是根据灌装工艺的要求切断或打开液室、气室和待灌装容器之间液料流通的通道。

灌装机主要用于食品领域中的包装，以及洗涤剂等化工类液体产品的包装。包装所用的容器主要有桶、瓶、听、软管等。在自动化食品包装生产线上，灌装机通常与封口机、贴标机等连接使用，使包装工序紧凑，可以降低食品在传输过程受二次污染的可能性。

(三) 封口机

封口机（图10-3）是在包装作业过程中使用的机器。封口作业是一种常见的包装操作。它可以分为手动封口和机械封口两种，手动封口主要是使用封箱器手动作业，缺点是速度慢，效率低，包装质量不稳定；机械封口主要是使用封口机完成封口作业。

封口机的主要作用是在包装容器内充填产品后，对容器进行封口，使产品得以密封保

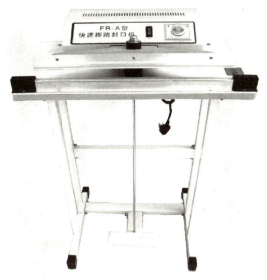

图 10-3 封口机

存，保证产品质量，避免产品污染变质。

制作包装容器的材料很多，不同的包装容器有不同的封口方式。按照封口方式的不同，封口机可分为热压式封口机、熔焊式封口机、缝合式封口机、卷边式封口机、滚压式封口机、旋合式封口机、结扎式封口机。

（1）热压式封口机。热压式封口机是采用加热和加压的方式完成封闭包装容器的机器，主要用于各种塑料包装袋的封口作业。

（2）熔焊式封口机。熔焊式封口机是通过加热使包装容器封口处熔化而将包装容器封闭的机器。常用的加热方式有超声波、电磁感应和热辐射等，主要用于较厚的包装材料的封口等。

（3）缝合式封口机。缝合式封口机是使用缝线缝合包装容器的机器，主要用于麻袋、布袋、复合编织袋的封口等。

（4）卷边式封口机。卷边式封口机又称封罐机，是用滚轮将金属盖与包装容器开口处相互卷曲勾合以封闭包装容器的机器，主要用于罐头类食品的密封包装。

（5）滚压式封口机。滚压式封口机是指用滚轮滚压金属盖使之变形来封闭包装容器的机器。

（6）旋合式封口机。旋合式封口机是通过旋转封口器材来封闭包装容器的机器，主要用于饮料、植物油、日化用品的包装封口机器。

（7）结扎式封口机。结扎式封口机是使用线、绳等结扎材料封闭包装容器的机器，主要用于小包装件的集束封口，如面包、糖果等食品袋袋口的结扎。

（四）捆扎机

捆扎机（图 10-4）是利用带状或绳状捆扎材料将一个或多个包件紧扎在一起的机器，属于外包装设备。利用机器捆扎替代传统的手工捆扎，不仅可以加固包件，减少体积，便于装卸保管，确保运输安全，更重要的是可降低捆扎劳动作业强度，大大提高工作效率。

捆扎机广泛用于食品、医药、五金、化工、服装、邮政等行业，适用于纸箱、纸张、包裹信函、药箱、轻工业、五金工具、陶瓷制品、汽车配件、日化用品、文体用品、器材等各种大小货物的自动打包捆扎。

图 10-4 捆扎机

1. 捆扎机的分类

按捆扎材料、自动化程度、传动形式、包件性质、接头接合方式及接头位置的不同,捆扎机分为多种不同的形式。

(1) 按捆扎材料分,可分为塑料带捆扎机、聚酯带捆扎机、钢带捆扎机、纸带捆扎机和尼龙绳捆扎机。

(2) 按自动化程度分,可分为全自动捆扎机、自动捆扎机、半自动捆扎机和手提式捆扎机。

(3) 按接合形式分,可分为人为热熔搭接式捆扎机、超声波式捆扎机、高频振动式捆扎机、热钉式捆扎机、打节式捆扎机和摩擦焊接式捆扎机。

(4) 按接合形式分,可分为底封式捆扎机、侧封式捆扎机、顶封式捆扎机、轨道开闭式捆扎机和水平轨道式捆扎机。

目前,我国生产的捆扎机基本上采用以塑料带作为捆扎材料。塑料带因其使用成本较低和较强的机械适应性、强度适中、手感柔软、制造方便、无锈蚀污染等优点,正逐渐替代其他捆扎材料。生产中基本上采用塑料带作为捆扎材料,利用热熔搭接的方法使其紧贴包装件表面,塑料带两端加压黏合捆紧包件。

2. 机械式自动捆扎机

机械式自动捆扎机是比较常用的捆扎机,它采用电测控技术,无须手工穿带,可连续或单次自动完成捆扎,适用于纸箱、木箱、铁箱、包裹等多种包件的捆扎。

(五) 贴标机

贴标机主要具有两面贴标签的作用,适用于医药、食品、润滑油、化妆品等行业的产品进行两个对应表面贴标签。目前市面上提供了多种贴标机,主要有扁瓶贴标机、单面贴标机、侧面贴标机、洗发水瓶贴标机、不干胶贴标机、自动贴标机、全自动贴标机、两面贴标机等。

1. 贴标机的分类

按照不同的粘胶涂布方式分类,分为不干胶贴标机、糨糊贴标机(上糊贴标机、胶水贴标机）和热熔胶贴标机。

按产品的形式分类，分为直线式贴标机和回转式贴标机。

按不同的贴标功能分类，分为平面贴标机、侧面贴标机和圆周贴标机。

按自动化程度分类，分为全自动贴标机、自动贴标机、半自动贴标机和手动贴标机。

综合来说，贴标机主要有：不干胶贴标机、套标机、圆瓶贴标机、啤酒贴标机、半自动贴标机、全自动贴标机、自动贴标机、贴标签机、自动粘贴标签机及热熔胶贴标机。这些产品可完成平面粘贴、包装物的单面或多面粘贴、柱面粘贴、局部覆盖或全覆盖圆筒粘贴、凹陷及边角部位粘贴等。

2. 两种常用的贴标机

（1）不干胶贴标机。

不干胶贴标机是采用的不干胶卷筒贴标纸，在采用理瓶机配套自动进瓶过程中，连续将卷筒标签纸撕下，按要求的位置贴到瓶身上的自动化包装机械。该设备控制系统有电脑编程及全中文液晶触摸屏、文本式及按钮式等形式，具有启动缓冲功能、整体灵敏度高、低速扭矩大、速度稳定、工作电压稳定、抗干扰能力强等技术特性，是现代的机电一体化产品，具有优良和可靠的工作性能。此外，不干胶贴标机还具有清洁卫生、不发霉，贴标后美观、牢固、不会自行脱落，生产效率高等优点，广泛适用于医药、食品、轻工、日化等行业的圆形塑料瓶、玻璃瓶等类似物体的贴标。该类型贴标机能自动完成分瓶、送标带、同步分离标签、标贴和自动打印批号等作业。

（2）全自动贴标机。

全自动贴标机应用广泛，适应性很强，可以根据客户的特定要求，贴圆瓶的单面，方瓶的单面、双面、三面，扁瓶的单面、双面等。

（六）封箱机

封箱机具有自动封箱、自动捆扎、光电感应、精确无误、自动输送、自动转向等功能，可调节打包距离。

（七）喷码机

喷码机广泛应用于食品、饮料、化工、建材、制药和塑胶等行业，可根据需要喷印中文、英文、数字、日期、批号等信息。

第二节　包装标志

自动贴标机

包装标志是为了便于货物交接、防止错发错运，便于识别，便于运输、仓储和海关等有关部门进行查验等工作，也便于收货人提取货物，在进出口货物的外包装上标明的记号。

一、包装储运图示标志

《包装储运图示标志》（GB/T 191-2008）规定了包装储运图示标志的名称、图形、尺寸、颜色及使用方法。该标准适用于各种货物的运输包装。

二、标志名称和标志图形

标志共17种。标志名称和标志图形如表10-1所示。

表 10－1　标志名称和标志图形

序号	标志名称	标志图形	含义	备注/示例
1	易碎物品		运输包装件内装易碎品，因此搬运时应小心轻放	
2	禁用手钩		搬运运输包装件时禁用手钩	
3	向上		表明运输包装件的正确位置是竖直向上	a) b) c)
4	怕晒		表明运输包装件不能直接照晒	
5	怕辐射		包装物品一旦受辐射便会完全变质或损坏	
6	怕雨		包装件怕雨淋	
7	重心		表明一个单元货物的重心	本标志应标在实际的重心位置上

续表

序号	标志名称	标志图形	含义	备注/示例
8	禁止翻滚		不能翻滚运输包装	
9	此面禁用手推车		搬运货物时此面禁放手推车	
10	禁用叉车		不能用升降叉车搬运的包装件	
11	由此夹起		表明装运货物时夹钳放置的位置	
12	此处不能卡夹		表明装卸货物时此处不能用夹钳夹持	
13	堆码重量极限		表明该运输包装件所能承受的最大重量极限	
14	堆码层数极限		相同包装的最大堆码层数，n 表示层数极限	
15	禁止堆码		该包装件不能堆码并且其上也不能放置其他负载	

序号	标志名称	标志图形	含义	备注/示例
16	由此吊起	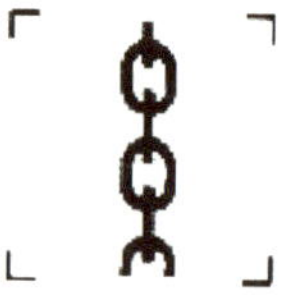	起吊货物时挂链条的位置	 本标志应标在实际的起吊位置上
17	温度极限		表明运输包装件应该保持的温度极限	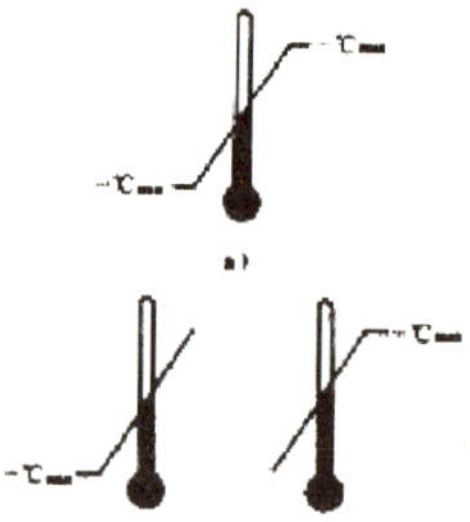

三、包装标志的尺寸和颜色

1. 包装标志的尺寸

标志尺寸一般分为4种,见表10-2。

表10-2 标志尺寸

序号	长/毫米	宽/毫米
1	70	50
2	140	100
3	210	150
4	280	200

如遇特大或特小的运输包装件,标志的尺寸可以比上表的规定适当扩大或缩小。

2. 包装标志的颜色

标志颜色应为黑色。如果包装的颜色使黑色标志显得不清晰,则应在印刷面上用适当的对比色,最好以白色作为图示标志的底色。

应避免采用易于同危险品标志相混淆的颜色。除非另有规定,一般应避免采用红色、橙色或黄色。

四、标志的使用方法

1. 标志的打印

可采用印刷、粘贴、拴挂、钉附及喷涂等方法打印标志。印刷时,外框线与标志名称都要印上,喷涂时,外框线及标志名称可以省略。

2. 标志在各种包装件上粘贴的位置

（1）箱类包装：位于包装端面或侧面。

（2）袋类包装：位于包装明显处。

（3）桶类包装：位于桶身或桶盖。

（4）集装单元货物：应位于四个侧面。

第三节　包装自动生产线

荷兰果蔬自动化包装

随着商品流通的增加，物质不断的丰富，包装工业得以快速发展。在现代化生产中，产品的包装不再是以单机完成各道工序、生产效率极低的作业过程了，取而代之的是包装流水线及包装自动生产线。包装自动生产线是包装工业发展的方向，它可以提高劳动生产率，改善工作环境，降低劳动强度，减少占地面积，降低包装产品成本，减少被包装物品及环境污染，提高包装产品的质量和档次，增加附加价值，提高效率。

一、包装自动生产线的概念

包装自动生产线是由数台智能自动包装机连续组成的包装系统，在自动包装线上还要设置自动扫描、自动计量、自动检测、自动包装、自动分拣、自动运输储存装置、调整补偿装置及自动供送料装置。

二、包装自动生产线的分类

根据不同的特征可将包装自动生产线按照不同方式进行分类。

（一）按包装机排列形式分类

1. 串联自动包装线

各包装机按工艺流程单台顺序连接，各单机生产率匹配。

2. 并联自动包装线

为提高生产能力，将相同包装机分组共同完成同一包装操作。在此类自动生产线中一般需设置一些换向或合流装置。

3. 混联自动包装线

在一条自动包装生产线上，同时采用串联和并联两种连接形式，主要是实现各包装机的生产率匹配，一般该自动包装线较长，机器数量较多，因此输送机上需装备与之匹配的换向分流合流装置。

（二）按包装机之间的联系特征分类

1. 刚性自动包装线

各包装机间用输送装置直接连接起来，以一定的生产节拍运行。但如果其中一台设备发生故障停车，将引起全线停止运行。

2. 半柔性自动包装线

将自动线分成若干区段，对不易出现故障的工序不设储料器，以提高其刚性；对经常出现故障的工序设置储料器，以提高其柔性。这样既保证了生产效率，又可节约资金。

3. 柔性自动包装线

各包装机之间均装有储料器,由储料器对后续包装机供料。如果某台设备发生故障,就不会因此而影响其他机器的工作,故生产效率高,但投资相对较大。

三、包装自动生产线的组成

不同行业、不同产品、不同规模的生产包装,其包装要求是不同的,包装自动生产线的类型和形式也是多种多样的。但总的来讲,包装自动生产线主要由自动包装机、辅助工艺装置、输送装置、控制系统等组成。

(一)自动包装机

自动包装机是一种无须操作人员直接参与,各机构能自动实现协调动作,在规定的时间内完成包装操作的机器。它是包装自动生产线中的主要工艺设备,是包装自动生产线的主体。其动作主要包括包装材料(或包装容器)与被包装物料的输送与供料、定量、充填、包封、贴标等。

(二)辅助工艺装置

为满足包装自动生产线工艺要求,使包装自动生产线能协调地工作,正常发挥运行效率,在包装自动生产线中,尚需配置一些辅助工艺装置,如转向装置、分流装置、合流装置等。

1. 转向装置

转向装置主要用于改变被包装物品的输送方向或改变被包装物品的输送状态。其结构形式很多,根据不同物品、不同形状选择。

2. 分流装置

分流装置主要用于衔接前道工序与后道工序,将其分流给几台包装机连续进行包装加工,起到了前后生产效率匹配的作用。常用的分流装置有挡壁式、直角式、活门式、转向滚轮式、摇摆式、导轨滑板式等。

3. 合流装置

合流装置主要用在前道工序多台包装机完成包装加工后,将其合流供一台包装机继续进行包装加工。常用的合流装置有推板式、导板式、回转圆盘式等。

(三)输送装置

输送装置是将各台自动包装机连接起来,使之成为一条包装自动生产线的重要装置。它不但担负包装工序间的传送任务,而且使包装材料(或包装容器)、被包装物品进入包装自动生产线,成品离开包装自动生产线。一般将带式输送机和辊子式输送机联合使用,拐弯处用辊子式输送机。

1. 重力输送装置

它是利用物品的重力克服输送过程中产生的摩擦力而得以实现输送,所以不需要动力,其结构比较简单。但这类装置只能由高处向低处输送,且输送时间难于精确保证。

2. 动力输送装置

它是利用动力源(一般是电动机)的驱动使物品得以输送,是包装线中最常用的输送装置。它不但可实现由高处向低处的输送,而且能实现由低处向高处的输送,且输送速度稳定可靠。常用的动力输送装置有带式输送机、动力滚道、链式输送机和链板式输送机等。

3. 其他输送装置

为适应不同物品材料的特性，还有一些特殊输送装置。如对钢铁材料物品，可采用磁性输送装置；对一些质量较小的圆形或薄形物品，则可采用摩擦带输送装置等。

（四）控制系统

在包装自动生产线中，所有的设备连接成一个有机的整体。控制系统起着类似人的大脑通过神经系统传输信号指令使手脚完成各种动作的作用。它主要包括工作循环控制系统、信号处理装置及检测装置。控制系统主要是微型计算机或可编程逻辑控制器，相当于人的大脑，各类传感器相当于人的视觉、触觉、嗅觉器官，收集信息并转换成数字信息，由神经系统反馈给大脑，大脑按原计划整理判断后发出命令，各类包装设备相当于人的四肢，去执行大脑发出的命令，完成工作任务。通信系统在大屏幕上显示包装设备的工作情况，供操作者观察各设备的运行状况。

四、包装自动生产线的特点

随着科学技术的发展，电子技术、高度自动化机械以及智能型检测、控制、调节装置等技术已被引入包装生产，从而加快了包装自动生产线的发展，包装自动生产线也体现出在包装领域的优势。其特点如下：

（一）包装自动化

自动化程度是衡量包装机械技术水平的重要标志。其内容包括自动控制（工艺过程、工作参数、产品质量、运行故障、安全防范等控制）和自动检测（包装物、包装容器及材料、包装产品、包装过程等检测）两个方面。由于大量采用了微电子、远红外线、传感等高科技技术，特别是微型计算机的应用，使上述两个方面的水平迅速提高，从而简化了产品结构，减少了人工操作，大大提高了包装质量。

（二）设备成套性强

包装生产线大多是连续作业的单机联动线和机组，成套性较强。它通常是把具有不同功能的单机或机组与辅助设备配套成为连续作业，设计制造具有多种功能的作业线，现代化生产中包装机械不但将制袋、充袋、封口、称量、码垛、运输等功能组合在一起，而且将清洗灭菌、计量、贴标、打印、检测和传输等功能也结合起来组成成组作业。

（三）通用性较强

包装设备的通用化、系列化、标准化，更有利于实现包装自动化。工业包装线及装备的构成应该模块化。每一个特定用户在物料的性质、称量精度、生产率以至码包、封口方式等方向都有不同的需求，但是有很多动作是相同或相似的，只是尺寸大小不一样。粮食类谷物自动包装与化肥、矿物颗粒自动包装以及小包装的动作也有相似之处，因此将包装装备的组件设计成通用化。

（四）技术含量高

微电子技术、传感技术和计算机技术的应用，形成高新技术与传统技术的复合，提高了包装自动生产线的工作质量、精度、速度和可靠性，促进了包装生产线向智能化、高度自动化发展。

(五) 管理控制一体化

在包装自动生产线的发展中，管理控制离一体化的要求越来越高。计算机控制功能主要分为三类，即过程控制、数据处理和物料输送。例如，瓦楞纸和纸箱生产线，整个计算机分成若干子系统，应用于卷筒纸材料的储存和取用自动化、瓦楞纸板生产线湿部自动化、瓦楞纸板生产线干部自动化、各输送系统自动化、纸箱加工设备的自动化和工厂管理系统的自动化。

(六) 可靠性高

包装自动生产线功能多、工位多、机构复杂，要求运动准确、动作迅速、协调，工作可靠。在现代化工业生产中包装设备已是生产流水线上的关键设备。为此采用了必要的检测和监控措施，对故障及时显示或报警，针对故障错误操作，设置安全防护措施，使设备即使在意外情况下也不致损坏。在报警发出后，由操作人员干预，对设备进行维修，使设备恢复正常运转。

五、包装自动生产线的布置

包装工艺路线和生产线设备确定后，如何合理解决包装生产线在车间中的排列走向和安装位置等问题应从以下三个方面考虑。

(一) 合理布局

设备布置应本着简单、实用、经济的原则，力求最佳布局。实际上包装生产线的布局形式较为灵活，由于被包装物品的包装形式、工艺过程、生产能力及设备形式、场地等情况不同，均有着各种不同的布局方式，因此最合适的即为最好的布局。

(二) 设备辅件布置恰当

包装生产线中的管道、电线应尽可能集中铺设，利用管线棚架，由空间架送，以免影响地面操作。作业场所在较为干燥的场合可将管线设置在地下沟槽中，潮湿环境中则尽可能在空间铺设，并尽量贴近建筑墙壁架设。

(三) 合理划分区域

不同的区域则有不同的目的和作用，有的出于物料输送或仓储等方面的考虑，采用楼层布置，上层包装，下层仓储；有的出于卫生、安全等方面的考虑，将物品的整理及包装材料的整理同包装区域隔离开；有的为了保障安全，采用隔栏、隔网将通道、活动区与自动机隔开；车间内还应设置物品堆放区，对于堆放区、操作区、通道等不同区域要明确划分开，以利于生产管理及操作。

六、典型的包装自动生产线

(一) 酒类灌装 (图10-5) 自动工厂

成垛的空酒瓶由汽车运到工厂入口，由卸垛机卸下，排成单行送到卸瓶机处，由卸瓶机将空瓶吊出放到传送带上，空托盘被输送到堆垛机上。空的塑料箱被送至洗箱机，在洗净后再运送到装箱机装内销酒；如果用的是纸箱，则由装箱机加工好后送到另一台装箱机装外销酒。空瓶在洗瓶机、排列机、灌装机、封口机、检液机、贴标机等完成清洗、灌装、贴标后，会被分送到外销与内销装箱机处装箱。对外销的纸箱还要封箱。产品装箱后，被输送到储存输送设备上，经分类机把不同品种的产品分别存在不同的部位。然后，储存输送设备将同类产品送到堆垛机。堆垛好的托盘在收缩包装机包裹结实后，送入自动仓库存放。汽车在出口处按订货数量从自动仓库运出。

10-5 酒类灌装设备

（二）药品包装生产线

药品包装生产线（图10-6）包括铝塑泡罩包装机、多功能装盒机、热收缩薄膜包装机、自动检重秤及装箱机等几部分，它用于完成药品铝塑泡罩包装—泡罩板装盒—成品盒的动态称量—成品盒的捆扎式热收缩薄膜包装—装箱等一系列工作，从而实现药品包装的自动化生产，将人为差错降到最低，有效防止药品在包装过程中受到污染和质量降低，保证药品的包装生产过程完全符合《药品生产质量管理规范》的要求。

图10-6 药品包装生产线

七、包装自动生产线的技术经济指标

在包装生产过程中，运行指标集中反映了包装自动生产线在运行过程中的技术状态、运行效率和经济效果，是包装自动生产线的重要依据，也是包装过程控制管理和运行评价的重要指标依据。

包装自动生产线的技术经济指标主要包括：生产能力，生产效率，物料损耗，包装材料、包装容器的损失，合格品率，动力、能源消耗，劳动生产率七项指标。

（一）生产能力

生产能力是指包装线或机器设备在单位时间内完成包装的产品数量。

（二）生产效率

生产效率是包装自动生产线运行状态的综合评价指标，它集中反映了包装自动生产线上设备的性能、无故障率、效率、安全可靠程度、设备匹配的合理性等方面的因素。它反映了生产线上其他机组对核心自动包装机及整条包装线生产能力的干扰程度，是衡量各机组故障的标准。

（三）物料损耗

物料损耗是评价包装自动生产线质量和运行效果的重要技术经济指标之一，也是包装自动生产线的运行过程、操作管理及经济核算的主要指标之一。

（四）包装材料、包装容器的损失

包装自动生产线工作过程中会出现包装材料和包装容器损失现象，其主要原因：一是包装材料和容器的质量、规格与机械设备互不匹配；二是包装作业的操作、管理不科学。

（五）合格品率

合格品率用来表示产品的质量状况，属于包装质量指标，是评价包装工艺、包装设备及操作管理的重要依据。

（六）动力、能源消耗

动力、能源消耗主要指在包装生产过程中包装自动生产线的水、电、气耗用量。

（七）劳动生产率

劳动生产率是指人在单位时间内完成的合格包装产品数量，亦可用完成单位产品包装耗用的劳动时间表示。

劳动生产率的提高，意味着在单位时间内完成包装的产品数量增加或完成单位产品所消耗的劳动时间有所减少。影响劳动生产率的因素主要有工人操作水平，设备生产率及自动化程度，运行、操作管理水平等。

本章小结

本章介绍了包装的概念、作用和种类；按照不同的分类标准，详细地阐述了常见包装设备（充填机、灌装机、封口机、贴标机等）的组成和特点；介绍了包装自动生产线的概念和分类、组成和特点，并以一些典型的包装自动生产线为例，进行了进一步阐述；指出包装自动生产线成为包装工业发展的重要方向。

知识考查

一、单选题

1. 下列包装属于物流包装的是（　　）。
   A. 盛化妆品的瓶子装入盒内　　　　B. 多箱方便面捆扎在一起
   C. 不带盒子的剃须刀装入纸箱　　　D. 啤酒瓶装入周转箱

2. 下列操作正确的是（　　）。
   A. 封口机应放置在通风、干燥、灰尘少的地方，要求水平放置

B. 热收缩包装机工作完毕应该立刻断电
C. 给捆扎机送带轮和塑料带上加油进行润滑
D. 自动包装生产线开启前检查设备状态

3. 选用捆扎机时应该考虑（　　）因素。
   A. 包件批量和包件尺寸　　　　B. 包件重量
   C. 包件质量　　　　　　　　　D. 包件货物形态

4. （　　）类型的裹包机在站场码头用得最多。
   A. 折叠式　　　B. 覆盖式　　　C. 缠绕式　　　D. 接缝式

5. 自动包装生产线的技术经济指标没有（　　）。
   A. 生产率　　　B. 物料损耗　　C. 动力消耗　　D. 合格品率

二、多选题

1. 包装自动生产线的技术经济指标包括（　　）。
   A. 生产能力　　　　　　　　　B. 生产效率
   C. 物料损耗　　　　　　　　　D. 包装材料、包装容器的损失

2. 药品包装生产线，由（　　）组成。
   A. 铝塑泡罩包装机　　　　　　B. 多功能装盒机
   C. 热收缩薄膜包装机　　　　　D. 自动检重秤及装箱机

3. 按照封口方式不同，封口机可分为（　　）。
   A. 手压式　　　B. 脚踏式　　　C. 热压式　　　D. 熔焊式
   E. 液压式

4. 包装按其在物流过程中的作用不同，可分为（　　）。
   A. 商业包装　　B. 运输包装　　C. 集合包装　　D. 促销包装

5. 集合包装包括（　　）。
   A. 集装箱　　　B. 集装托盘　　C. 集装袋　　　D. 滑片集装
   E. 框架集装　　F. 托盘集装

三、判断题

1. 动力、能源消耗主要指在包装生产过程中包装自动生产线的水、电、气耗用量。（　　）

2. 包装自动生产线功能多、工位多、机构复杂，要求运动准确、动作迅速、协调，工作可靠。（　　）

3. 输送装置是将各台自动包装机连接起来，使之成为一条包装自动生产线的重要装置。（　　）

4. 贴标机主要具有两面贴标签的作用。（　　）

5. 包装分为销售包装和物流包装。（　　）

参 考 文 献

[1] 张璠,周萱. 物流基础 [M]. 上海:上海交通大学出版社,2017.
[2] 黄福高,郭明德. 物流管理学 [M]. 武汉:湖北科学技术出版社,2016.
[3] 周晓杰. 物流仓储与配送实务 [M]. 北京:机械工业出版社,2016.
[4] 康桂凡. 铁路物流实务 [M]. 北京:中国铁道出版社,2016.
[5] 宋文官. 仓储与配送管理实务(第2版) [M]. 北京:高等教育出版社,2014.
[6] 叶怀珍. 现代物流学(第3版) [M]. 北京:高等教育出版社,2014.
[7] 何庆斌. 仓储与配送管理(第2版) [M]. 上海:复旦大学出版社,2015.
[8] 叶伟媛. 仓储与配送管理 [M]. 大连:东北财经大学出版社,2018.
[9] 钱芝网. 仓储管理实务(第3版) [M]. 北京:电子工业出版社,2015.
[10] 陈修齐. 现代仓储与配送管理 [M]. 北京:电子工业出版社,2008.
[11] 蒋旭德,彭金山. 仓储管理实务 [M]. 北京:北京出版社,2016.
[12] 薛威. 仓储作业管理(第3版) [M]. 北京:高等教育出版社,2018.
[13] 孙宏英. 仓储与配送管理:理论、实务、案例、实训(第2版) [M]. 大连:东北财经大学出版社,2017.
[14] 卢桂芬,王海兰. 仓储与配送实务(第2版) [M]. 北京:中国人民大学出版社,2018.
[15] 王淑荣,李俊梅. 仓储与配送实务 [M]. 北京:科学出版社,2018.
[16] 杨帆. 仓储作业实务 [M]. 北京:北京交通大学出版社,2018.
[17] 靳荣利. 仓储与配送管理(基于ITP一体化教学管理平台) [M]. 北京:机械工业出版社,2018.
[18] 姜奕阳. 仓储作业管理 [M]. 大连:大连海事大学出版社,2018.
[19] 郑久昌. 物流仓储作业管理 [M]. 北京:中国轻工业出版社,2017.
[20] 郑文岭,赵阳. 仓储管理 [M]. 北京:机械工业出版社,2012.
[21] 徐杰. 采购与仓储管理 [M]. 北京:北京交通大学出版社,2004.
[22] 李陶然. 仓储与配送管理实务(第2版) [M]. 北京:北京大学出版社,2014.
[23] 田源. 仓储管理(第3版) [M]. 北京:机械工业出版社,2015.
[24] 浦震寰,李海华. 仓储管理实务 [M]. 北京:中国人民大学出版社,2015.
[25] 邓春姊,卢改红. 仓储管理 [M]. 南京:南京大学出版社,2016.
[26] 刘斌,王玉春. 物流管理(第2版) [M]. 北京:高等教育出版社,2016.
[27] 李永生,郑文岭. 仓储与配送管理(第3版) [M]. 北京:机械工业出版社,2015.